HYGIÈNE DE L'AME

LIBRAIRIE J.-B. BAILLIÈRE et FILS

ANGERSTEIN et ECKLER. — *La Gymnastique à la Maison, à la Chambre et au Jardin*. 1 vol. in-16, avec figures. . 2 fr.

— *La Gymnastique des Demoiselles*. 1 vol. in-16, avec fig.   2 fr.

BRÉMOND (Félix). — *Les Passions et la Santé*. 1 vol. in-16.   2 fr.

CABANIS. — *Rapports du Physique et du Moral de l'Homme*. 8ᵉ *édition*, par L. PEISSE. 1 vol. in-8.................   6 fr.

CERISE. — *Influence de l'Education physique et morale* sur la production de la surexcitation du système nerveux et des maladies consécutives. 1 vol. in-4, 370 pages..........   3 fr.

CORNARO (L.). — *Le Régime de Pythagore*, d'après le docteur COCCHI. — *De la sobriété*, conseils pour vivre longtemps, par L. CORNARO. 1 vol. in-18, avec 5 pl..................   3 fr. 50

COUVREUR (E.). — *Les Exercices du Corps*, le développement de la force et de l'adresse, étude scientifique. 1 vol. in-16, avec 78 figures, cart............................   4 fr.

DONNÉ. — *Hygiène des gens du monde*. 2ᵉ *édition*, 1 vol. in-16 de 447 pages.............................   3 fr. 50

FRÉDAULT (F.). — *Les Passions*. 1 vol. in-16....   3 fr. 50

ÉCOLE DE SALERNE (L'). — Traduction en vers français, par CH. MEAUX-SAINT-MARC, avec le texte latin. 1 vol. in-18 de 600 p., avec figures................................   7 fr.

HUFELAND (C.-W.). — *L'Art de prolonger la vie*. 1896, 1 vol. in-18..................................   3 fr. 50

HUXLEY (Th.). — *Les Sciences naturelles et l'Education*. 1891, 1 vol. in-16..............................   3 fr. 50

MONIN. — *Le Cœur et l'Esprit* ou la Gymnastique de l'âme. 1 vol. in-8..................................   1 fr. 50

RÉVEILLÉ-PARISE (J.-H.). — *Hygiène de l'Esprit*. 1 vol. in-16 de 435 pages.............................   3 fr. 50

RIANT. — *Le Surmenage intellectuel* et les exercices physiques. 1 vol. in-16..............................   3 fr. 50

SIMON (Max.). — *Les Maladies de l'Esprit*. 1 vol. in-16 de 32 pages.....................................   3 fr. 50

— *Hygiène de l'Esprit*. 1 vol. in-18...............   2 fr.

TUCKE (Hack). — *Le Corps et l'Esprit*. Action du moral sur le physique. 1 vol. in-8 de 404 pages, avec 2 planches....   6 fr.

HYGIÈNE
DE L'AME

HYGIÈNE MORALE

PAR

E. DE FEUCHTERSLEBEN

Valere aude.

PARIS

LIBRAIRIE J.-B. BAILLIÈRE ᴇᴛ FILS

Rue Hautefeuille, 19, près du boulevard Saint-Germain

—

1904

HYGIÈNE DE L'AME

HYGIÈNE MORALE

ÉTUDES BIOGRAPHIQUES ET LITTÉRAIRES

SUR

E. DE FEUCHTERSLEBEN

I

ÉTUDE BIOGRAPHIQUE

Édouard de Feuchtersleben naquit à Vienne, le 20 avril 1806. Sa famille, d'origine saxonne, était depuis longtemps établie en Autriche, où son père remplissait les fonctions élevées de Conseiller aulique.

En naissant, Feuchtersleben apportait déjà avec lui le germe de ces souffrances physiques, qui, pendant quarante-trois ans, ne devaient laisser à son corps que de bien courts instants de répit. Sa constitution était si faible, ou pour mieux dire si chétive, que longtemps on désespéra de sa vie, et qu'à bout de ressources les médecins durent lui interdire le séjour de la ville. On lui fit quitter Vienne, pour l'envoyer à la campagne. C'est là que s'écoulèrent ses premières années ; bientôt l'air pur des champs eut ranimé sa santé débile. Mais si ce milieu vivifiant exerça sur son corps une action puissante, il ne resta pas non plus sans influence sur le développement et les tendances de son esprit. Comme beaucoup d'enfants maladifs, il était doué d'une disposition précoce à la réflexion, et le spectacle grandiose de cette nature bienfaisante, qui semblait l'avoir fait renaître, produisit sur son âme une impression durable. La vue du beau éveilla de bonne heure en lui les idées d'admiration et de reconnaissance ; de bonne heure, ainsi qu'il nous l'apprend lui-même, il éprouva le besoin de remercier et d'adorer. La nature fut le premier objet de son culte : c'est elle qui l'initia aux croyances élevées, qui, plus tard, devinrent sa force et son soutien.

Cependant l'âge des études classiques était arrivé : l'enfant, devenu jeune homme, pouvait, sans danger, supporter la vie du collège ; il fut donc ramené à Vienne et placé à l'Institut impérial de Marie-Thérèse, où sa naissance lui donnait le droit d'être admis. Ce dut être pour lui une épreuve bien rude ; il quittait ces horizons lointains qu'il avait adorés, cet air embaumé qui l'avait sauvé, pour ne plus voir que les murs étroits d'une Académie, dont il devait subir les habitudes, moitié militaires et moitié ecclésiastiques. Beaucoup n'eussent pas résisté à cette transition si brusque ; mais ce n'était pas une intelligence ordinaire que celle de cet enfant précoce, qui dès l'âge de onze ans (1817), composant un sonnet sur le but de la poésie, lui assignait, comme récompense unique, l'immortalité.

Feuchtersleben se soumit donc, sinon sans douleur, du moins sans révolte, et bientôt il sut trouver dans cette vie nouvelle la source de nouvelles jouissances. Enfant, il avait chéri la nature; adolescent, il aima les lettres, puis les sciences, et cet amour, auquel il resta fidèle toute sa vie, charma les petites misères de l'écolier comme il consola plus tard les douleurs et les désillusions de l'homme. Le monde antique s'ouvrait devant lui et présentait ses riches trésors à cet esprit si bien fait pour en comprendre toute la beauté. Grâce à son heureux naturel, à son travail assidu, aux soins éclairés du savant père Bonifacius, son maître, il eut bientôt franchi les premiers obstacles qui le séparaient de l'étude des chefs-d'œuvre de la Grèce et de Rome. Bientôt il fut à même de comprendre ce que pouvaient l'art et la pensée humaine; dès lors, il était réconcilié avec le collège : ce n'était plus pour lui une prison.

Ses progrès dans les lettres grecques et latines avaient été rapides, et pourtant, contrairement au reproche banal fait à la science, le développement de l'intelligence n'avait ni affaibli son sens moral, ni dépravé son cœur. Le penseur de douze ans, enlevé tout à coup à ses réflexions solitaires pour être transporté au milieu de collégiens bruyants, avait trouvé, parmi ses jeunes camarades, des compagnons de jeu, il ne pouvait y rencontrer des confidents de ses méditations précoces. Cependant ces idées, que l'observation et la lecture lui suggéraient, il éprouvait le besoin de les communiquer; aussi, n'ayant personne qui pût encore les comprendre, il prit le parti de se les conter

à lui-même et résolut de les consigner chaque jour
par écrit. C'est au collège qu'il commença à tenir une
sorte de journal de sa pensée, et, persuadé sans doute
que ce travail, fait avec loyauté, serait, à la fois, une
satisfaction intellectuelle et un frein moral, il le continua pendant toute sa vie.

Nous devons à l'exécution persévérante de ce plan de
sa jeunesse une série de documents intéressants et précieux, bien qu'ils contiennent fort peu de renseigne-
ments biographiques proprement dits.

Ce n'était pas, en effet, des événements matériels et
vulgaires que Feuchtersleben prenait note ; le journal
du collégien, pas plus que celui du médecin ou du ministre, ne renferme guère de ces détails individuels
ayant le caractère de l'anecdote ; en revanche, les
remarques, les réflexions générales y abondent, et chaque phase par laquelle passe l'esprit de l'auteur y est
soigneusement enregistrée. Il nous raconte, par exemple, les hésitations qui s'emparèrent de lui, quand, à
l'âge de quinze ans, il voulut, par un examen consciencieux, acquérir une conviction religieuse. Partagé
entre le sentiment et la raison, entre l'esthétique et la
logique, nous le voyons, tantôt entraîné par ses sympathies, incliner vers Luther, tantôt, contraint par ses
réflexions, se rallier à Calvin. Puis, sous l'empire d'un
enthousiasme littéraire, il se passionne pour les croyances des philosophes de la Grèce et de Rome et finit par
confesser qu'au fond de son cœur règne toujours le
catholicisme, au sein duquel il a été élevé et dont il
sent en lui la vitalité puissante, alors surtout que la
souffrance vient éprouver son âme ou torturer son
corps.

Il nous dit aussi l'impression profonde que lui causa la première lecture de Plutarque, et, parmi les grands hommes, vivants dans l'histoire ou créés par le génie des poètes, il nous cite comme ses héros préférés : l'empereur Joseph II, Guillaume Tell, Washington, le marquis de Posa, Napoléon ; personnages disparates, il est vrai, mais que le jeune enthousiaste réunissait dans une admiration commune, car, pour lui, ils représentaient les deux côtés lumineux et enviables de la nature humaine : le beau et le bien, l'intelligence et la volonté.

En effet, comme les esprits véritablement supérieurs, dans les études littéraires ou historiques, Feuchtersleben ne se laissait jamais séduire par le seul charme de la forme ou par l'éclat isolé du fait ; toujours, avant d'admirer, il cherchait la valeur de l'idée et la portée de l'enseignement. Le beau pour lui ne consistait pas seulement dans le pouvoir plastique et les dehors sensuels ; il existait et captivait surtout par ses qualités morales et immatérielles. Ainsi, lorsque, plein de respect, le jeune écolier s'inclinait devant les puissants génies de Goëthe et de Schiller, il vénérait en eux, non-seulement les poètes harmonieux, mais encore les sublimes penseurs, auxquels l'humanité devait des chefs-d'œuvre tels que *Don Carlos* et *Goetz von Berlichingen*.

Cette méthode d'études ne devait pas rester stérile : Feuchtersleben n'était pas un de ces dilettanti du bien, un de ces Athéniens ingénieux, sachant parfaitement distinguer et approuver la vertu, osant même parfois critiquer le vice, mais incapables, par indolence ou par lâcheté, d'établir l'accord entre leur conduite et leur doctrine. Il comprit bien vite que tout n'était pas dans l'excellence du précepte, mais que, chez l'honnête homme, l'action doit toujours confirmer la parole. Cette tendance pratique de son esprit, il la manifesta de bonne heure ; nous en trouvons la preuve dans une des rares anecdotes que contient son journal.

Un de ses amis les plus intimes, pour l'éprouver sans doute, imagina un jour de l'accuser près de ses maîtres d'un assez grave méfait. Avant de chercher à se disculper, Feuchtersleben demanda d'abord quel était son accusateur, et, quand on le lui eut nommé, il ne voulut pas se défendre et se soumit sans murmurer à la punition encore sévère qui lui était infligée. Voyant l'issue inattendue de sa malcontreuse idée, son imprudent ami se jette tout éploré dans ses bras ; il avoue ses torts, demande son pardon et l'obtient, sans recevoir d'autre reproche que ces mots : « La seule peine que tu m'aies faite, c'est qu'il t'ait fallu mentir pour te convaincre de mon amitié. »

Une autre fois, comme il venait de composer une esquisse historique de la vie d'Algernon Sydney, il voulut la lire à un de ses camarades dont il aimait la vive intelligence. Son jeune auditeur, insensible aux tendances élevées du travail qui lui était soumis, n'en parut saisir que le côté mondain et dramatique. Ce fut pour Feuchtersleben un premier grief, mais la rupture devint complète, lorsqu'un jour il découvrit par hasard, dans le pupitre de son ami, une sorte de brevet imaginaire dans lequel, par plaisanterie, celui-ci se décorait d'une foule d'ordres de tous pays, d'une masse de titres, de places et de pensions. A partir de ce moment, toutes relations amicales cessèrent entre ces deux caractères, si opposés et si peu faits pour se comprendre.

Nous aurions omis sans regret ces traits d'héroïsme juvénile si, dans la vie que nous avons entrepris de raconter, ils eussent seulement brillé comme des étincelles fugitives, jaillissant sous l'action des études classiques ; nous les avons rapportés au contraire, parce qu'ils sont les manifestations premières d'un caractère déjà formé et où seule l'exagération de l'adolescent devait faire place à la tolérance charitable de l'homme qui a vécu et souffert.

La littérature ancienne et la littérature moderne ne composaient pas seules le programme suivi à l'Académie. Les sciences, et particulièrement les sciences naturelles, occupaient aussi une place honorable dans l'enseignement scolaire. Leur étude apprenait à Feuchtersleben à sonder ces mystères devant lesquels son enfance contemplative s'était arrêtée, étonnée et rêveuse ; elle semblait de plus devoir lui révéler les moyens de rendre à son corps souffrant la santé et la vigueur ; aussi exerça-t-elle une influence considérable sur la grave détermination qu'il était sur le point de prendre. Après douze années passées au collège, il arrivait à l'âge où le choix d'une profession devient nécessaire. Sa naissance, son instruction profonde, les services rendus par son père lui assuraient un avenir brillant, s'il eût voulu suivre la carrière administrative et consacrer au service de l'État ses rares et solides qualités. Tout semblait l'attirer dans cette voie, qui promettait de le conduire rapidement au but ordinaire de la convoitise humaine, à la fortune et aux honneurs ; mais, fidèle à ses principes, il préféra à cette perspective séduisante un horizon plus modeste et plus circonscrit. Il renonça donc à l'ambition de devenir un homme d'État, et choisit la seule profession où l'activité de son intelligence pût librement s'exercer, sans nuire à l'indépendance de son cœur ; il voulut être médecin.

Du reste, cette résolution n'était pas le fruit d'un mouvement d'enthousiasme passager ; elle résultait de longues réflexions. Dans une lettre adressée à son père, dont il cherchait à obtenir le consentement, il a exposé les raisons qui décidèrent son choix. Cet écrit, œuvre de sa dix-neuvième année, prouve la maturité précoce de son esprit ; il met, en outre, en évidence, les motifs qui réglaient sa conduite ; aussi, croyons-nous devoir en reproduire ici quelques passages.

Il commence d'abord par rappeler à son père son enfance passée au milieu des champs et la délicatesse excessive de sa constitution, qui de bonne heure durent diriger son attention vers les phénomènes de la nature et les mystérieuses conditions de la vie. Puis, après avoir fait valoir les avantages qu'il devait tirer des connaissances acquises à l'Académie, il ajoute : « Je n'abor- « derai donc pas des études auxquelles je serais tout à « fait étranger. D'ailleurs, un citoyen n'a de valeur « qu'autant qu'il sait proportionner son action à ses « forces, et un examen approfondi m'a convaincu que, « si je suis apte à rendre quelques services, c'est sur- « tout en qualité de médecin. Toujours mon vœu le « plus cher a été de contribuer directement au bonheur « de mes concitoyens, et toujours, à mon esprit préoc- « cupé de cette pensée, est apparue l'image du médecin, « dont l'influence sur la vie et l'activité humaine est si « évidente. Tout le monde n'est pas appelé à exercer « des fonctions aussi belles ; bien petit, au contraire, « est le nombre de ceux à qui cela est permis. Pour-

« quoi donc, si je sens en moi cette vocation, l'étouf-
« ferais-je, afin d'embrasser une carrière plus brillante
« en apparence, mais pour laquelle peut-être je serais
« insuffisant. Pourquoi ne suivrais-je pas les cours
« d'une faculté qui dans mon pays occupait et occupe
« encore un rang si honorable? D'ailleurs, n'y suis-je
« pas déjà préparé par mon séjour à l'Académie, où le
« temps, j'ose le dire, n'a pas été complètement perdu
« pour moi? J'ajouterai, en outre, que, devant moi,
« planent sans cesse les grands exemples de Jenner et
« de Van Swieten, dont, il est vrai, je ne puis espérer d'at-
« teindre le mérite, mais que j'égalerai en volonté, quand
« il s'agira de contribuer par mon travail au bien-être
« de mes semblables. On m'objecte que l'Académie n'est
« point destinée à préparer des médecins ; mais je ré-
« pondrai à cela que la grande Impératrice Marie-Thé-
« rèse n'a jamais eu l'intention d'empêcher ses pupilles
« de se consacrer à l'étude de la médecine, et que jamais
« elle n'a pu prétendre à les détourner de leur vocation,
« surtout quand celle-ci est le fruit d'une méditation
« sérieuse, d'un penchant irrésistible. N'ai-je pas, du
« reste, en ma faveur, l'exemple d'un certain nombre
« de mes camarades? J'ose donc, mon cher père, espé-
« rer que vous approuverez ma résolution, et que, loin
« de me détourner de ce plan de conduite, vous m'en-
« couragerez à y persévérer. »

Toutefois, son père avait rêvé pour lui une autre destinée. Croyant d'abord que c'était une fantaisie d'adolescent, il s'opposa à l'exécution d'un projet si contraire
à ses propres vues; mais bientôt il reconnut qu'il s'a-
gissait d'une conviction inébranlable, et son opposition
céda devant l'insistance respectueuse, mais opiniâtre, de

son fils. Le jeune homme put-donc quitter l'Académie
pour l'Université, et se livrer sans contrainte à des études vers lesquelles l'entraînait une curiosité ardente.
C'est un rude apprentissage que celui de la médecine.
Soumis aux travaux les plus pénibles et les plus repous-
sants, ayant sans cesse devant les yeux les sombres
tableaux de la souffrance et de la mort sous ses formes
les plus réelles et les plus désolantes, le jeune étudiant
doit, certes, posséder beaucoup de fermeté et de courage pour n'être pas effrayé et arrêté dès son début.
Feuchtersleben était soutenu par sa volonté énergique ;
la noblesse du but qu'il poursuivait l'encourageait ;
aussi parvint-il à dompter la répulsion instinctive qu'inspire toujours à une organisation délicate le contact
incessant avec la mort. Jamais il n'hésita, jamais il
ne pensa à reculer ou à regarder en arrière. S'il sortit
victorieux de cette première épreuve, il sut triompher
aussi d'un danger plus pressant encore auquel l'expo-
saient fatalement ses études de chaque jour. L'enseignement de la médecine repose sur l'analyse. L'école
apprend à décomposer le tout, afin d'en étudier les
détails ; rarement, elle montre à reconstruire l'ensemble pour le ramener à son unité fondamentale. Aussi
bien souvent l'étudiant aperçoit-il seulement l'heureux
agencement, l'ingénieuse texture de la machine admirable soumise à son examen. Il classe avidement dans
sa mémoire tous les faits, tous les phénomènes, mais
il néglige ou ne saisit pas le lien qui les unit, la source
d'où ils procèdent ; en un mot, il regarde l'effet et ne
voit pas la cause. Feuchtersleben ne pouvait tomber
dans de pareils écarts ; le principe de la vie ne se trouvant nulle part sous son scalpel, il n'alla pas, comme

tant d'autres, conclure qu'il n'existait pas; mais, fort du
témoignage de sa conscience, il le plaça en dehors de
cette matière qu'il interrogeait en vain, et en fit une
force distincte, sinon indépendante. Il reconnut donc
que le corps était animé par l'âme et l'âme par Dieu ;
dès lors, armé de cette croyance, où se résumaient
fidèlement ses premiers instincts, il se sentit capable
d'affronter les plus dures épreuves.

L'époque de la lutte véritable était arrivée ; le jeune
étudiant venait d'être reçu docteur, et quittait l'Université pour entrer dans le monde. Mais, à peine à ses
débuts, une effroyable catastrophe allait le frapper.
Privé depuis longtemps de sa mère, il s'était uni à son
père par les liens d'une affection devenue chaque jour
plus intime. Celui-ci, au seuil de la veillesse, avait osé
tenter une de ces démarches qui réussissent rarement
à un âge aussi avancé que le sien. Il paraissait triste et
préoccupé ; cependant, rien dans sa conduite ne pouvait faire soupçonner à l'amitié inquiète de ses enfants
qu'il méditât quelque sombre projet. Un soir, il fit appeler ses deux fils près de lui, s'entretint longtemps avec
eux de leur avenir ; puis, après leur avoir remis une
certaine somme d'argent, destinée, dit-il, à récompen-
rer leurs succès, il les congédia en les embrassant.
Rien, dans l'attitude ni dans les discours du père, ne
faisait prévoir une détermination fatale : la valeur de
l'argent distribué n'avait rien d'excessif; les deux frères se retirèrent donc sans défiance. Aussi, le lendemain, quelle dut être leur stupeur, quands ils ne
virent point leur père, d'habitude si exact, descendre
pour prendre part au repas de la famille. Ils le cher-
chèrent partout sans pouvoir le trouver; et bientôt

des indices trop certains vinrent les convaincre de l'horrible réalité. Leur père les avait abandonnés pour toujours. Pendant la nuit, le vieillard avait quitté furtivement sa demeure, s'était fait conduire à un endroit nommé Nutzdorf, situé sur les bords du Danube, et là, égaré par un désespoir qu'il avait dissimulé à tous, il s'était précipité dans le fleuve.

Feuchtersleben n'avait plus de père ; son ami le plus cher, son appui le plus sûr lui manquait. Et maintenant, il ne lui restait même pas le loisir de soulager par des larmes son cœur cruellement déchiré. La misère était entrée chez lui, en même temps que la mort. Par suite de circonstances qu'il est inutile de rapporter ici, il se voyait dépouillé de tout son patrimoine et sauvait à peine de la saisie ses propres effets. Tout à coup il tombait d'une position aisée dans un dénûment presque absolu, et il lui fallait, sans tarder, se mettre au travail, pour gagner son pain.

Bien d'autres, certes, eussent désespéré ; il ne se laissa point abattre, et, loin de se courber devant l'adversité, il résolut de lutter contre elle ; bien plus, même, il la brava. Peu de temps, en effet, après la mort de son père, il se maria et choisit pour compagne une femme sans fortune, sans naissance, dont l'éducation même était moins qu'ordinaire, mais pour laquelle il ressentait l'amour le plus vif, l'estime la plus sincère. Dans la position précaire où il se trouvait, ce mariage, audacieux défi jeté à la fortune, qui aurait dû le perdre à jamais, le sauva. Il y puisa une énergie nouvelle. Désormais, ce n'était plus pour lui seul qu'il devait vaincre : à ses côtés, un être chéri soutenait son courage et sanctifiait son travail.

Pour subvenir aux besoins de son modeste ménage, il devait avant tout se créer une clientèle ; il y parvint, grâce à son activité incessante, à son infatigable dévouement. Toutefois, les commencements furent pénibles : car, outre sa jeunesse, Feuchtersleben avait contre lui sa naissance. Naguère, guidé par l'enthousiasme un peu superficiel de l'adolescence, il avait renoncé à son titre de baron, et, malgré les remontrances sensées de son frère, il n'avait jamais voulu se prévaloir de cette qualité. Devenu homme et chef de famille, il avait repris son titre, car sa raison, mûrie par l'expérience, n'avait pas tardé à reconnaître que, de nos jours, il est plus facile d'abdiquer sa noblesse que de la porter avec honneur et dignité. Mais, parmi les clients du docteur, quelques-uns, par un scrupule exagéré, craignaient que d'insuffisants honoraires n'humiliassent le jeune baron, et oubliaient de s'acquitter envers lui ; d'autres, au contraire, pensaient bien à la dette contractée ; mais, ignorant cette détresse, qui se cachait noblement à tous les yeux, ils reconnaissaient les soins du gentilhomme par le don d'un objet d'art, d'un tableau, d'une statuette. Ces cadeaux précieux, qui, par égard pour les donateurs, devaient être conservés, remplissaient, il est vrai, et ornaient le salon, mais ils laissaient chômer la cuisine. Aussi, trop souvent, les jeunes époux durent-ils, par économie, abréger la veillée du soir et, sacrifice plus pénible à leur âge, réduire le nombre de leurs repas frugals. Dans cette misérable lutte contre les prosaïques mais implacables besoins de la vie matérielle, combien de brillants esprits ne voit-on pas s'obscurcir, de nobles cœurs se dégrader ! Feuchtersleben sortit de cette

épreuve énervante sans avoir rien perdu de sa pureté
ni de sa puissance. Au secours de la médecine insuffisante pour le faire vivre, il appela la littérature, qui
n'avait jamais cessé d'être l'objet de son culte assidu.
Ce qui n'avait été jusque-là qu'un délassement devint
une ressource.

Sous des titres divers, il publia, de 1835 à 1836, quelques poésies, qui, sans avoir un grand retentissement,
attirèrent cependant l'attention sur le nom de leur
auteur. Cette notoriété lui permit de trouver facilement un éditeur pour des œuvres plus sérieuses, et
bientôt après il fit paraître un travail critique sur le
premier livre de la *Diététique d'Hippocrate,* puis un
Traité de la certitude et de la dignité de l'art médical;
enfin, en 1859, son livre sur l'*Hygiène de l'âme,* qui
obtint le succès le plus éclatant.

Ces œuvres, où brillaient à la fois les grandes qualités du savant et du penseur, augmentèrent sa réputation naissante et lui valurent une place éminente dans
le monde lettré. A partir de ce moment, les nuages qui
obscurcissaient son avenir se dissipent, les obstacles
qui entravaient sa marche sont chaque jour renversés
et nous le voyons s'avancer d'un pas rapide dans la
voie du succès? Sa clientèle devient plus nombreuse et
plus rémunératrice ; il est élu membre, puis, bientôt
après, secrétaire de la Société médicale de Vienne. A
quelque temps de là, il est en outre nommé professeur,
et commence une série de leçons sur la science de
l'âme, envisagée au point de vue de la médecine. Vul-
garisateur puissant et lucide, il possédait encore une
connaissance approfondie du sujet qu'il voulait traiter;
aussi son enseignement eut-il dans l'école un succès

prodigieux. On accourait en foule pour entendre sa
parole ; et la vogue devint telle que ses collègues de
la Faculté, privés de leur auditoire habituel, furent
obligés de changer l'heure des cours qui coïncidaient
avec le sien. En outre, sa réputation ne resta point
enfermée dans l'étroite enceinte de l'Université ; elle
se propagea au dehors. Ses leçons, recueillies et
imprimées, furent lues avidement par tous ceux que
préoccupent les études sérieuses. Traduites en Angleterre, par Lloyd et Babington, elles y firent sensation
et acquirent, de même qu'en Allemagne, une autorité
classique qu'elles conservent encore.

Les exigences de la pratique et les devoirs du pro-
fessorat absorbaient à cette époque presque tous les
loisirs de Feuchtersleben. D'ailleurs, juge rigoureux de
son propre mérite, il avait renoncé à l'exercice actif
de la littérature, il allait même, d'après le témoignage
de Grillparzer, jusqu'à se refuser toute inspiration
poétique. Cependant, il n'avait point pour cela rompu
tout commerce avec les lettr   ; les œuvres de l'art ne
cessaient pas d'exercer sur lui un puissant attrait, et
partout où il le rencontrait il applaudissait au talent
qu'il croyait ne pouvoir posséder lui-même. Depuis longtemps, il était intimement lié avec Bauernfeld, Schober,
Mayrhofer ; l'excellent Grillparzer était devenu son ami,
et des hommes plus jeunes, dont il avait su deviner
l'avenir, lui témoignaient autant de déférence que d'estime. Plein de sympathie pour leur jeunesse, il pro-
diguait à leurs efforts les encouragements et les élo-
ges ; mais, ami sincère et clairvoyant, il savait, au
besoin, y joindre les conseils et même les critiques. Il
les exhortait sans cesse à ne jamais sacrifier dans

leurs écrits l'idée à la forme, et leur prescrivait, comme
souveraine loi, la clarté, qui est la probité du poète.

C'est ainsi que Feuchtersleben utilisait la haute influence que lui avait acquise un travail opiniâtre ; c'est
par cette incessante activité de son esprit qu'il parve-
nait à dompter son corps toujours prêt à se révolter,
et qu'il le forçait, pour ainsi dire, à s'oublier et à vivre.
Les six années comprises entre 1837 et 1847 furent
pour lui l'âge d'or. Aimé, estimé de tous, il était presque puissant et se sentait utile. En 1846, il était devenu
doyen de la Faculté de médecine et venait d'être nommé
vice-directeur des études chirurgicales, lorsque les
événements de 1848 éclatèrent à Vienne.

Bien qu'il aimât la liberté, Feuchtersleben n'était,
certes, pas un révolutionnaire. Esprit sensé et réfléchi,
il répugnait aux secousses violentes et désordonnées
d'une révolution, qui trop souvent ne font dépasser le
but que pour ramener ensuite bien en deçà du point
de départ. Loin donc de désirer le mouvement de mars
1848, il le désapprouvait et le redoutait même. Toutefois, il ne possédait pas ce cœur froid, cet amour-pro-
pre implacable qui pousse certaines gens, dont les conseils ont été méconnus, à s'abstenir de la lutte pour
assister, impassibles et presque triomphants, aux catastrophes qu'ils ont en vain annoncées et prévues. Il
avait, en 1847, comme doyen de la Faculté, prononcé
un discours où il prouvait la nécessité d'une réforme
universitaire, et avait signé plus tard une pétition qui
réclamait pour tous la liberté de l'enseignement. Ces
actes, qui naguère avaient eu un certain retentissement, firent penser à lui en ce moment critique. On
réclama son concours, qu'il refusa d'abord ; mais on

lui représenta le mal qu'il pouvait empêcher, le bien
qu'il devait faire, et il se laissa convaincre. On était
alors en juillet 1848 ; un nouveau ministère venait de
se former, on lui offrit d'en faire partie, comme ministre de l'instruction publique.

Dans les circonstances présentes, pour remplir utilement un pareil poste, il fallait une vigueur physique
et un ascendant politique que Feuchtersleben ne crut
pas posséder. Il repoussa donc l'offre qui lui était faite,
et, renonçant au premier rôle, il accepta seulement les
fonctions de sous-secrétaire d'Etat, qu'il jugeait plus
conformes à ses connaissances spéciales. A peine monté
au pouvoir, sans perdre un seul instant, il se mit réso-
lûment à l'œuvre ; mais la tâche qu'il s'était imposée
était au-dessus des forces humaines. Il voulait à la fois
réformer et modérer, corriger sans détruire, tandis
qu'autour de lui tout se précipitait vers la confusion et
la ruine. Chaque jour, les hommes et les choses lui
devenaient de plus en plus étrangers ; il s'adressait à la
raison, et la passion seule lui répondait ; il voulait
diriger les événements, et c'étaient eux qui l'entraî-
naient. Bientôt il s'aperçut que dans cette lutte ingrate
il usait inutilement ses forces et compromettait son
caractère. Dès lors son parti fut bien vite pris.

Vers la fin de septembre, sous prétexte de rétablir sa
santé gravement compromise, il partit pour la campagne, et, lorsque survint la catastrophe du 15 octobre, il
envoya volontairement sa démission. Retiré à Aussee,
auprès d'un frère qu'il chérissait, il chercha dans la
vie de famille le repos et l'oubli. Pour charmer les
angoisses de son âme troublée, il eut recours à son
remède habituel, à l'étude, et entreprit de sérieuses

recherches sur l'anthropologie, dont il voulait faire le sujet de ses prochaines leçons. Peu à peu, le calme revint dans son esprit, son corps épuisé sembla recouvrer de nouvelles forces : il résolut donc de retourner à Vienne pour y reprendre l'exercice de la médecine et ses fonctions de professeur. Il oubliait, hélas! la malédiction qui pèse sur le réformateur dont l'œuvre est restée inachevée. Pendant son court passage aux affaires, préoccupé avant tout du bien de l'État, il n'avait pu toujours épargner les personnes, et ses réformes avaient lésé certains intérêts privés. Il s'était ainsi créé des ennemis dont il allait éprouver maintenant l'implacable rancune. A peine eut-il voulu reprendre sa charge de Doyen, qu'aussitôt les professeurs de l'Université, refusant de l'admettre parmi eux, signèrent une pétition afin d'obtenir sa révocation. Il est certain que le gouvernement ne fut point l'instigateur de cette démarche, et qu'il dut même la voir avec regret. En effet, quelque temps après, mais malheureusement trop tard, la justice qu'on refusait maintenant à Feuchtersleben était rendue à sa mémoire. L'Empereur accordait à sa veuve une pension, et, en lui annonçant cette faveur toute gracieuse, il prononçait ces paroles consolatrices : « Votre mari ne m'a servi « que peu de temps, et cependant il a su faire beau- « coup de bien. »

Quoi qu'il en soit, Feuchtersleben crut qu'il ne pouvait plus faire partie d'une compagnie qui le repoussait ainsi, et, spontanément, sans être contraint autrement que par le sentiment de sa dignité offensée, il se démit de ses fonctions. Jusqu'alors, l'adversité l'avait frappé sans parvenir à l'abattre, cette fois il se

sentait brisé. Il était renié, méconnu ; il avait vu s'é-
vanouir tous ses rêves, toutes ses illusions les plus
chères ; le doute et le dégoût avaient envahi son cœur
désormais fermé au sentiment qui naguère le soutenait
encore, à l'espérance. Il tomba malade et bientôt dut
prendre le lit. C'était la mort qui arrivait, elle venait
réclamer ce corps qu'une âme énergique lui disputait
depuis si longtemps ; après quarante-trois années de
lutte, la matière violentée reprenait ses droits. Feuchtersleben était la proie d'une maladie sans nom,
qui, pendant quatre longs mois, lui infligea les plus horribles tortures. Son corps paralysé semblait à chaque
instant près de se dissoudre, tandis que son esprit,
resté lucide, comptait chacun des pas qui le rappro-
chaient du terme fatal. Atteint par moment de syncopes étranges, il semblait alors avoir cessé de vivre, et
cependant l'âme veillait toujours et continuait de per-
cevoir ce qui se passait autour de lui : une fois, à la
suite d'une de ces horribles attaques, on crut que tout
était fini, et il put entendre un prêtre, appelé près de
lui, murmurer à son chevet les prières des agonisants.

Ces trop longues souffrances devaient enfin avoir un
terme. Le 3 septembre 1849, ses amis éplorés recueil-
lirent ses dernières paroles. Elles attestaient encore sa
foi spiritualiste. « Au revoir, leur dit-il, je vous quitte,
« je pars pour un monde plus brillant et plus pur. »
Quelques heures après, il n'existait plus.

Malgré les graves préoccupations dont chacun alors
était assiégé, la nouvelle de cette mort produisit à
Vienne une sensation profonde. L'opinion publique,
un instant égarée, reconnut alors sa fatale erreur, elle
comprit l'étendue de la perte que le pays venait de

faire, et les plus grands honneurs furent rendus à la mémoire de ce vertueux citoyen si injustement condamné. Enfin, le jour de la justice était venu pour cet homme de bien, que l'ingratitude avait tué.

Telle est l'histoire de Feuchtersleben. Condamné en apparence, par des infirmités précoces, à traîner péniblement une existence misérable et sans utilité, il sut trouver dans sa volonté énergique les moyens d'oublier ses souffrances et même de servir son prochain. Cette vie, preuve évidente de l'influence du moral sur le physique, nous a semblé utile à raconter ici. Elle forme, selon nous, la préface naturelle d'une hygiène de l'âme; c'est l'exemple venant confirmer le précepte.

L'Hygiène de l'âme a eu de nombreuses éditions en Allemagne, en France et en Angleterre.

Dans cette *nouvelle édition française, la quatrième*, nous avons, à l'exemple de Feuchtersleben « fait quelques citations empruntées aux écrivains les plus éminents »; imprimées en petit texte, elles sont destinées à confirmer et à éclairer les préceptes par des exemples historiques, puisés surtout dans les auteurs contemporains.

Dans cette étude, nous avons voulu montrer l'homme, sans nous occuper de son œuvre.

Nous ne chercherons pas à apprécier ce livre, dont le mérite est déjà consacré par un si brillant succès ; Nous laisserons parler M. Adrien Delondre, qui, dans un remarquable travail, a su, mieux que personne, rendre justice à la valeur littéraire et scientifique de ce petit traité de philosophie pratique.

J. Pellagot.

II

ÉTUDE LITTÉRAIRE

Voilà un petit livre plein de sens et de raison; il donne, sous une forme simple et populaire, des conseils de la plus haute sagesse; on sent qu'il a été écrit, comme l'auteur nous le dit, dans le recueillement et dans le repos; qu'il est le fruit d'une méditation lente et d'une précieuse expérience. Feuchtersleben a eu le rare bonheur d'éviter les spéculations nuageuses, dans lesquelles se perdent trop souvent les penseurs allemands; il n'a pas construit de système, il a fait un livre vraiment pratique, c'est-à-dire vraiment utile. Il y avait deux écueils dans une œuvre de ce genre; c'était de se perdre dans des généralités vagues, et par conséquent dépourvues d'utilité, ou bien de descendre à des détails mesquins, à une sèche et stérile énumération de conseils qui ne peuvent exercer une influence réelle et salutaire sur les âmes : l'auteur a su éviter ce double péril. Il n'affiche ni une science pédantesque, ni une simplicité trop vulgaire; il intéresse toujours, même en enseignant, et, ce qui est bien plus important encore, il persuade toujours, grâce à cette philosophie douce et insinuante qui est répandue dans tout son livre. C'est que l'âme noble et élevée de l'auteur

s'y montre à découvert; on sent qu'une conviction
profonde anime toutes ces pages, et l'on aime, comme
Pascal, à retrouver l'homme sous l'écrivain. Nous
l'avouons en toute sincérité, ce livre ne nous a pas
seulement plu, il nous a ému, il nous a charmé, il nous
a inspiré un vif sentiment de reconnaissance et de
respect pour celui qui l'a écrit.

Je dois cependant adresser à l'auteur quelques critiques.

D'abord, le titre est obscur, et répond mal à l'idée
qu'il est destiné à éveiller. Par les mots *Hygiène de
l'âme*, on entend tout d'abord « la science des moyens
propres à préserver la santé de l'âme », c'est-à-dire la
morale, et l'auteur donne lui-même cette définition au
début de son livre. Mais bientôt il restreint le sens de
ces mots, et prévient qu'ils désignent « la science de
mettre en usage le pouvoir que possède l'âme de préserver par son action la santé du corps » : tel est, en
effet le véritable sujet du livre, qui n'est pas un traité
de morale proprement dit, mais une application de la
morale à l'hygiène. Il y a donc quelque chose d'obscur
et de mal défini dans les termes. Ce n'est là au reste
qu'une querelle de mots, et j'y insiste d'autant moins
que dès son introduction l'auteur annonce son dessein
de la façon la plus claire et la plus précise : « Je veux,
dit-il, par une alliance, qui peut paraître singulière, de
la morale et de l'hygiène, étudier au point de vue pratique l'influence de l'âme sur le corps humain. » Il n'y
a pas à s'y méprendre, Feuchtersleben attache une
grande importance à la question des rapports du physique et du moral de l'homme; mais, en médecin vraiment philosophe, il veut traiter de l'influence du moral

sur le physique, et montrer tout ce que peut l'âme
seule sur la santé du corps. C'est là un programme qui
à nos yeux a le plus grand intérêt, et nous suivrons
scrupuleusement le docteur allemand dans tous les
points de cette curieuse étude.

Puisqu'il est question des rapports de l'âme et du
corps, il semble qu'on ne puisse pas hésiter sur la
pensée de l'auteur et que la distinction de ces deux
natures soit un point accordé et mis hors de discussion. Pas du tout : notre docteur affiche une complète
indifférence à cet égard, et nous avons été singulièrement étonné de rencontrer ces lignes qui semblent un
démenti formel donné à tout l'ouvrage : « Nous laisserons aux philosophes qui ont du temps à perdre toute
recherche sur la distinction à établir entre le corps et
l'âme, et même sur l'existence de l'un et de l'autre. Il
importe peu que j'assigne à l'âme la puissance que les
matérialistes attribuent à une certaine partie du corps
ayant fonction de penser et de vouloir. De quelque
nom qu'on désigne la cause, l'effet ne change pas, ni
l'enseignement que j'en tire. » Il est impossible de
laisser passer sans protestation cette concession impru-
dente faite au matérialisme médical. La doctrine de
Feuchtersleben est essentiellement spiritualiste. Puisqu'il veut établir la réalité de l'empire que l'âme exerce
sur le corps, il faut bien qu'il admette l'existence
distincte de l'une et de l'autre. Pourquoi donc afficher
une sorte de dédain à l'égard des philosophes qui
s'efforcent d'établir le plus clairement possible la spiritualité de l'âme? Pourquoi donner la main aux matérialistes, qui nient formellement dans l'homme l'existence d'un principe distinct du corps et supérieur au

corps? « De quelque nom qu'on désigne la cause, dites-
vous, l'effet ne change pas, ni l'enseignement que j'en
tire. » J'en demande pardon au savant professeur,
son enseignement est singulièrement compromis par
l'alliance qu'il contracte avec les matérialistes. Que
veut-il prouver? L'influence immense que les idées,
les passions, la volonté exercent sur la santé physique
et le parti que l'on en peut tirer pour l'hygiène. Mais
si ces idées, ces passions, cette volonté ont pour principe le corps lui-même, elles dépendent de l'état de ce
corps, elles sont esclaves de la matière, et, loin de
pouvoir modifier l'organisme par une action indépendante et propre, elles sont entièrement subordonnées
à la santé physique. Par exemple, si mes idées sont
le produit fatal, nécessaire, de l'organisation du cerveau, comment pourraient-elles réagir sur le cerveau
pour l'exciter ou le calmer? Elles seront ce que le
cerveau les aura faites; mais, incapables de se modifier elles-mêmes, elles ne pourront rien sur l'état du
cerveau. Ainsi, le principe de Feuchtersleben est ruiné
dans l'hypothèse du matérialisme, qu'il admet comme
aussi favorable à sa doctrine que celle du spiritualisme.
L'hygiène morale ne peut exister qu'à condition que
l'on se place au point de vue de la philosophie spiritualiste; pour les matérialistes, il ne peut y avoir d'autre hygiène que celle qui cherche à préserver le corps
humain des influences morbides que les agents physiques lui envoient.

Il n'y a pas de compromis possible entre ces deux
ennemis irréconciliables que l'on appelle le *spiritualisme* et le *matérialisme :* les médecins ou les philosophes qui veulent se tenir entre les deux camps, ména-

ger ceux-ci, ne pas se brouiller avec ceux-là, ne satis-
font personne, et, malgré tous leurs efforts, il y a
nécessairement dans leur doctrine quelque chose qui
offense la logique. Je trouve la même tentative et le
même résultat dans Casimir Broussais (1). Seulement
les rôles sont renversés. Feuchtersleben fait une avance
aux matérialistes, et Casimir Broussais une avance aux
spiritualistes. Quoi qu'il en soit, tous deux prétendent
laisser là les systèmes et demander à la seule observation des faits la découverte de la vérité. « Est-ce ici
du spiritualisme ou du matérialisme ? » se demande
Casimir Broussais au début de l'introduction, et il
répond : « C'est du *physiologisme.* » Mais inventer un
mot nouveau, et, j'oserai dire, quelque peu barbare,
ce n'est pas résoudre une difficulté. L'auteur nous
promet cependant monts et merveilles de ce puissant
médiateur : « Le physiologisme est une question de
paix qui vient s'interposer entre deux questions de
guerre. Il fait cesser toute lutte, ou du moins suspend
toute hostilité entre les spiritualistes et les matérialistes, en disant aux uns et aux autres qu'il ne prétend point résoudre la question qui les divise, mais
qu'avant d'y arriver il y a toute une science à élever. »

Quelle est donc cette science?. Celle qui étudie les
phénomènes apparents de la vie de l'homme et en
déduit les lois de son existence, laissant de côté les
questions relatives à la nature intime de ces phénomènes ou de leur principe ; c'est, en d'autres termes, la
science de l'organisation physique de l'homme. Il suit
de là qu'à la physiologie seule il appartient de poser

(1) C. Broussais, *Hygiène morale ou Application de la
physiologie à la morale et à l'éducation.* Paris, 1837, in-8.

les lois de l'activité humaine, parce que seule elle connaît l'organisation et ses besoins; et c'est de l'histoire de ces besoins que doit sortir l'hygiène morale. Ainsi, voilà la morale subordonnée à la physiologie! Le devoir dans cette doctrine, c'est d'obéir aux injonctions de la nature, de satisfaire à ses besoins, de se plier aux nécessités de l'organisme. Obéis à tes instincts, voilà l'unique précepte de la morale physiologique. Que si, par une noble inconséquence, on vient à parler de l'obligation de sacrifier des instincts bas et grossiers à des instincts nobles et purs, je demande au nom de quel principe on impose ce sacrifice ; car tous les instincts sont égaux devant la nature. Fait-on appel à la conscience, au sentiment, à la raison? c'est une contradiction manifeste ; car on avoue par cela même qu'il y a des lois supérieures aux lois de l'organisation et qu'il y a une science qui domine la physiologie.

Je me défie toujours de l'indifférence que l'on affecte pour les questions métaphysiques : sous cette indifférence prétendue se cachent des négations que l'on n'ose pas produire au grand jour. Cabanis (1) a le premier donné l'exemple de cette tactique, que ses successeurs n'ont pas manqué d'imiter. Lui aussi ne veut rien préjuger sur l'existence de l'âme et sa distinction d'avec le corps. Il prétend se tenir en dehors et au-dessus des systèmes, il ne prend ouvertement parti ni pour les spiritualistes, ni pour les matérialistes; il recherche l'influence que le physique exerce sur le moral et le moral sur le physique, sans s'inquiéter si ces deux ordres de faits dérivent d'un seul principe, ou s'ils doivent être

(1) Cabanis, *Rapport du physique et du moral de l'homme.* 8e édition, par L. Peisse. Paris, 1844.

rapportés à deux principes distincts. Mais cette impartialité n'est qu'apparente. On ne tarde pas à s'apercevoir, en lisant Cabanis, qu'il a une doctrine arrêtée. Une seule chose le préoccupe, une seule chose absorbe toute son attention : c'est l'influence du physique sur le moral. Son livre tout entier n'a pas d'autre but que de démontrer la réalité de cette influence. Si, dans un seul chapitre, qui semble comme perdu dans tout l'ouvrage, Cabanis traite de l'influence du moral sur le physique, il est facile de voir que le *moral* n'est à ses yeux qu'une des faces du *physique*, et que cette influence n'est autre pour lui que l'influence de l'organe cérébral sur les autres organes. Il semble, en effet, ne plus admettre pour son propre compte la distinction du physique et du moral, il ne parle qu'avec embarras et réserve de l'influence *de ce qu'on appelle le moral sur ce qu'on appelle le physique.* Enfin il conclut en disant : « Nous ne pouvons plus être embarrassés à déterminer le véritable sens de cette expression : *Influence du moral sur le physique;* nous voyons clairement qu'elle désigne cette même influence du système cérébral, comme organe de la volonté, sur les autres organes, dont son action sympathique est capable d'exciter, de suspendre et même de dénaturer les fonctions. C'est cela; ce ne peut rien être de plus. » Si ce passage ne paraissait pas suffisamment clair, nous renverrions le lecteur à cette phrase célèbre de Cabanis, qui nous montre le cerveau *digérant les impressions* et *faisant organiquement la sécrétion de la pensée.*

Encore une fois, ce n'est pas à Feuchtersleben que nous ferons le reproche de matérialisme : tout son livre respire le spiritualisme le plus pur, le plus sincère, le plus noble. Mais pourquoi suivre l'exemple de Cabanis et de Casimir Broussais? Pourquoi affecter de laisser indécise une question qui a une telle importance ? Pourquoi laisser croire que le matérialisme est aussi favorable que le spiritualisme aux préceptes de l'hygiène morale? Je comprends que Cabanis et Broussais cherchent à faire illusion aux autres, et se fassent peut-être illusion à eux-mêmes, en ajournant la solution du problème de la nature de l'âme, et en soutenant que la science des rapports du physique et du moral de l'homme en est complètement indépendante. Ils ont tout intérêt à se placer sur ce terrain neutre, et à y attirer les philosophes spiritualistes. Ils ne veulent pas que l'on parle de l'influence que l'âme exerce sur le corps, mais ils parlent volontiers de l'influence du moral sur le physique, sauf à se dire à eux-mêmes, et à le déclarer plus tard aux autres, que le moral n'est qu'une des faces du physique. C'est une petite guerre fort peu loyale, où les matérialistes abusent de l'équivoque des termes, et couvrent des apparences trompeuses du langage vulgaire les négations impudentes d'une grossière philosophie; ils cherchent à déguiser ce qu'il y a de repoussant dans leur doctrine. Ils éludent un problème qui les gêne, mais ils n'en ont pas moins une solution arrêtée dans leur esprit, et, sous le nom bizarre de *physiologisme*, ils ne font que reproduire l'antique matérialisme. N'espérons pas en eux des alliés ; ils ne seront jamais que nos adversaires. Il n'y a pas de transaction possible entre les spiritualistes et les matérialistes. Pour nous, nous avouons en toute sincérité que, si l'âme n'est pas distincte du corps, il n'y a plus rien que de chimérique dans ce qu'on appelle la science des rapports du physique et du moral, et que les préceptes de l'hygiène morale n'ont plus aucune valeur.

Ces réserves faites, je me hâte de dire que le livre de Feuchtersleben a toutes mes sympathies.

L'auteur examine successivement l'influence de la sensibilité, de la volonté et de la raison sur la santé physique.

Nous commencerons, comme lui, par l'étude de la sensibilité. C'est d'ailleurs cette faculté qui est l'intermédiaire naturel de notre nature morale et de notre nature physique; c'est elle qui exerce une action décisive sur l'organisme, et les deux autres facultés n'agissent sur le corps que par l'impulsion qu'elles donnent à la sensibilité.

Tout le monde sait que nos sentiments intérieurs se peignent sur le visage, qui a été justement appelé le miroir de l'âme. Notre physionomie reflète, avec une fidélité remarquable, les mouvements intérieurs qui nous agitent : la honte, la crainte, le mépris, la pitié, la colère, l'envie, la tristesse, la joie se peignent sur nos traits à notre insu et même contre notre volonté. Mais ce ne sont pas là les seuls effets que produisent en nous ces sentiments : ils exercent sur notre corps une action bien autrement profonde; ils produisent, dans les systèmes d'organes les plus essentiels à la vie, des révolutions qui troublent gravement leurs fonctions, et quelquefois même les arrêtent tout à fait. Toutes les émotions vives et soudaines ont pour effet de jeter le désordre dans les fonctions de la respiration, de la circulation, de la digestion. Une frayeur subite glace notre sang dans nos veines, un bonheur inattendu fait battre notre cœur avec violence. Une nouvelle agréable ou fâcheuse, qui vient nous saisir à l'improviste, trouble les fonctions digestives et produit, particulièrement dans la région de l'épigastre, ces contractions spasmodiques que l'on appelle vulgairement *serrements de cœur*, et qui sont bien connues des personnes délicates, nerveuses et sensibles à l'excès. On étouffe de plaisir et de rage, on meurt de joie et de douleur.

La colère ne produit pas des effets moins terribles. Les signes extérieurs en sont faciles à reconnaître. Le pouls est plein, fréquent, irrégulier. Les yeux étincelants semblent vouloir sortir de leurs orbites. Le visage est rouge et comme enflammé ; la voix tonne, la bouche écume. Les veines, les jugulaires, surtout, sont distendues outre mesure et ne peuvent donner un passage assez rapide au sang, qui afflue par l'effet de la circulation, qui est précipitée. Le cerveau ne peut résister à cette excitation violente, et ses fonctions troublées jettent le désordre dans les facultés intellectuelles. Quelquefois, la colère produit des effets tout opposés : le visage pâlit, les lèvres deviennent tremblantes, la voix s'éteint ; le pouls est petit, serré et toujours irrégulier ; la langue épaisse permet à peine de bégayer ; la respiration est convulsive et l'on court le danger imminent d'être suffoqué. Ces sortes d'accès sont plus particuliers aux tempéraments faibles ou mélancoliques ; ils sont surtout familiers aux caractères lâches et profondément pervers que la crainte ou l'impuissance de nuire plonge dans la stupeur du désespoir.

« Le sang de Danton l'étouffe ! » disait Tallien à Robespierre, et en effet Robespierre, se voyant décrété d'accusation du haut de cette même tribune d'où il avait tant de fois lancé lui-même ses arrêts sanguinaires, fut si stupéfait de l'audace de son adversaire que la fureur dont il était transporté lui ôta l'usage de la parole, et le laissa en butte à tous les traits de son adversaire. Dans ce cas, la colère provoque un spasme général qui intervertit la circulation. Le sang, ne pouvant vaincre la résistance que lui oppose la constriction du cœur, rétrograde dans les veines caves et dans les veines pulmonaires. Les conséquences d'un tel état de choses sont faciles à prévoir : on en a vu résulter souvent des hémorragies graves, la rupture d'anciennes cicatrices, la formation subite d'un anévrisme, des exsudations sanguines, des accès d'épilepsie ou de paralysie. Mais un des effets les plus surprenants de cette passion violente, c'est l'altération subite des humeurs animales. Le sang, la bile et le lait se décomposent et perdent leurs propriétés salutaires, pour se changer en poisons qui exercent une influence pernicieuse sur toute l'économie. Les naturalistes croient que le venin de la vipère n'a de propriété toxique que lorsque l'animal est irrité. Le virus de la rage aurait aussi la même origine. On cite des exemples curieux à l'appui de cette assertion. Un jeune homme, mordu par un cheval en fureur, mourut sept jours après avec les symptômes de l'empoisonnement le plus violent. Tissot rapporte qu'un enfant à la mamelle éprouva de violentes convulsions pour avoir sucé le lait d'une nourrice qui venait, peu de temps avant, d'avoir un accès de colère. Boërhaave rapporte aussi que, dans une circonstance analogue, un enfant fut pris sur-le-champ d'une attaque d'épilepsie, et qu'il conserva toute sa vie des traces de cette terrible maladie.

Tous les sentiments violents ont une grande influence sur le résultat des opérations chirurgicales et même sur l'état des plaies. L'amputation d'un membre peut avoir des conséquences beaucoup plus graves pour le patient, s'il est dominé par la colère, la haine, le désespoir, s'il est encore échauffé par l'ardeur du combat. Les plaies elles-mêmes ont beaucoup plus de peine à se cicatriser quand le malade n'est pas calme d'esprit et de cœur.

Les passions tristes altèrent aussi la santé; et, quoi-que leur action soit plus lente et plus cachée, elle n'en est pas moins funeste. La crainte, la douleur, le regret, la jalousie, l'envie minent sourdement la santé, usent les forces, dessèchent le corps, et, si elles se prolon-gent, peuvent même abréger la vie. La crainte aggrave les maladies dont nous sommes affligés; elle peut nous donner même celles que nous n'avons pas. L'inquié-tude du malade est souvent le plus grand obstacle qui s'oppose à notre guérison : l'espoir de guérir est un premier pas fait vers la santé. Cet effet est très sensi-ble dans le traitement des plaies et des blessures : la crainte les rend plus dangereuses et plus difficiles à fermer; la confiance, au contraire, aide le travail répa-rateur de la nature et hâte la terminaison du mal.

Mais ce qui semble plus extraordinaire, c'est que la crainte du mal puisse donner le mal lui-même; cepen-dant rien n'est plus vrai, et les annales de la médecine en offrent de nombreux exemples. Il peut y avoir quel-que exagération dans ces récits; mais il est certain que la plupart des jeunes étudiants qui abordent pour la pre-mière fois des études médicales croient trouver en eux les symptômes de toutes les maladies dont ils lisent la description. On dit quelquefois qu'un demi-savoir est

pire qu'une entière ignorance : cela est vrai surtout de
l'étude de la médecine. Au reste, cette influence de la
crainte est si forte que les médecins les plus expéri-
mentés y échappent difficilement. Lorsqu'ils sont mala-
lades, ils sont plus prompts à s'inquiéter, ils s'exagèrent à eux-mêmes leur état de souffrance, ils redoutent
les conséquences les plus fâcheuses du mal dont ils res-
sentent les premières atteintes. Aussi sont-ils presque
toujours plus difficiles à soigner que d'autres malades.

L'effet de la peur se fait surtout remarquer dans les
épidémies. Les personnes au caractère faible, timoré,
facile à abattre, sont une proie dévolue à la maladie.
Tous les médecins ont pu constater cet effet dans les
terribles invasions du choléra. Combien de personnes
bien portantes, au milieu d'une conversation sur les
caractères et les ravages du fléau, ont cru ressentir
tout à coup les symptômes accusateurs, et sont mortes
victimes du mal qu'avaient fait naître de vaines terreurs ! Si la peur était l'auxiliaire de l'épidémie, le courage et la force d'âme étaient un préservatif des plus
efficaces. Tandis que les hommes faibles, tremblant
sans cesse pour eux-mêmes, attiraient sur eux les
atteintes du mal, les hommes au cœur dévoué, les
médecins, qui se multipliaient pour porter partout, le
jour et la nuit, les secours de leur art aux malheureuses
victimes ; les Sœurs de charité, qui continuaient, dans
les hôpitaux, avec plus de zèle que jamais, leur œuvre
de sacrifice et d'abnégation, échappaient le plus souvent au fléau, dont ils bravaient les menaces, et trouvaient ainsi leur salut dans l'énergie de leurs âmes,
dans la force de la volonté, dans la chaleur de leur
dévouement.

Il est encore une maladie dans laquelle les effets de la peur se manifestent de la manière la plus étrange e' la plus terrible : c'est l'hydrophobie. Il est avéré, par des faits nombreux et bien constatés, que l'imagination a une très grande influence, non seulement sur le développement et la marche de cette cruelle maladie, mais encore sur sa production ; on cite même des exemples de personnes qui, sans avoir été mordues, ont été atteintes de la rage par le seul effet d'une vive affection de l'âme, et particulièrement à la suite du trouble causé par le récit de semblables accidents.

Il n'y a peut-être pas de mal que la peur ne puisse faire naître. L'imagination est féconde en mille maux divers, surtout chez les femmes, dont les impressions sont si vives, et dont l'organisation nerveuse se prête merveilleusement à changer en souffrances réelles des craintes chimériques. De là viennent ces malaises indéfinissables qui, sans être graves en eux-mêmes, finissent cependant par compromettre la santé, et devant lesquels la médecine reste impuissante, parce que les médicaments ne peuvent rien sur les maladies de l'âme. Épictète avait bien raison de dire qu'il ne faut avoir peur ni de la douleur, ni des maladies, ni de la mort, mais qu'il faut avoir peur de la peur. C'est là, en effet, notre plus dangereux ennemi. Nous accusons sans cesse la faiblesse de notre tempérament, c'est à la faiblesse de l'âme qu'il faudrait nous en prendre ; le courage moral est la première condition de la santé physique.

La crainte unie à une imagination maladive a souvent pour effet de nous communiquer les accidents nerveux que nous voyons se produire chez les autres.

La contagion gagne ainsi de proche en proche tous les spectateurs. Au cimetière de Saint-Médard, à Loudun, autour du baquet de Mesmer, les convulsions se propageaient avec une facilité merveilleuse et comme si tous les assistants eussent formé une chaîne électrique. Cependant, une crainte plus forte peut triompher de ce penchant et manifester encore par un effet opposé la puissance de la crainte et de l'imagination. C'est ainsi que Boërhaave, dans la maison des pauvres de Harlem, voulant faire cesser une épidémie nerveuse qui prenait des proportions effrayantes, fit rougir un fer et menaça de l'appliquer à quiconque entrerait en convulsions. Dès lors les convulsions cessèrent comme par enchantement.

La tristesse n'est pas moins fatale que la crainte à la santé de l'homme : c'est un de ces fléaux qui rongent le corps et contre lesquels l'hygiène morale doit nous prémunir. Dans l'état de maladie, la joie et la tristesse sont loin d'être indifférentes. Aussi le médecin doit-il observer avec la plus scrupuleuse attention l'état moral du malade ; la gaieté est, en général, un symptôme rassurant ; l'humeur noire et sombre a, au contraire, quelque chose d'alarmant. Cette différence s'observe jusque dans le délire. Hippocrate (1) avait remarqué que « les délires gais sont moins dangereux que les délires sérieux », et l'Ecole de Salerne (2) dit fort élégamment qu'à défaut de médecin il faut prendre pour

_____

(1) Hippocrate, *Œuvres*, trad. Littré. *Aphorismes*, 6e section, 53. Paris, 1844, t. IV, p. 577.
(2) *L'Ecole de Salerne*, trad. en vers français par Ch. Meaux Saint-Marc. Paris, 1880, p. 53,

médecins trois choses : *gaieté d'esprit, repos modéré* et
diète :

> Si tibi deficiant medici, medici tibi fiant
> Hæc tria: mens hilaris, requies, moderata, diæta.

> Es-tu sans médecins ? les meilleurs, je l'atteste,
> Ce sont, crois-moi: repos, gaieté, repas modeste.

Pourquoi faut-il que l'homme ajoute à des souffrances, hélas! trop réelles, des maux imaginaires, et travaille lui-même à la ruine de son bonheur et de sa
santé? Il y a, en effet, une tristesse vraiment maladive
qui n'a pas de cause réelle et qui semble être à la fois
une affection de l'âme et des organes. Cette tristesse
s'appelle *mélancolie* ou *hypocondrie,* et elle devient
même souvent une des formes de la folie. L'homme
attaqué de ce mal étrange et mystérieux se renferme
tout entier en lui-même pour être plus attentif aux sensations qu'il éprouve. Pour lui, plus d'amitié, plus d'affection sincère, plus de dévouement. Tout ce qui l'entoure lui est étranger: le bonheur d'autrui lui est un
perpétuel objet d'envie; confiné dans un triste et sombre égoïsme, il ne pense qu'à lui, il ne vit que pour lui ;
il épie toutes ses sensations, il les guette au passage ;
il les analyse, les scrute, les interroge avec une curiosité pleine d'angoisses; il les soumet à un examen
scrupuleux, qui a pour résultat d'en augmenter l'intensité, comme la loupe fait ressortir les défauts d'un
objet. Une telle existence est, en effet, un perpétuel
supplice, une agonie de tous les instants. Comment la
santé pourrait-elle résister à de telles épreuves? Le
mal affreux qui a porté le désordre dans l'âme, fait
bientôt des ravages dans le corps. Plus l'hypocondriaque s'attache à la vie, plus la vie lui échappe. Une lan-

gueur générale s'empare de ce corps usé par les souffrances morales; il est devenu la proie du mal qu'il
redoutait, ses forces s'épuisent, et, si la mort ne vient
le délivrer promptement, il traîne au milieu des plaintes et des regrets les malheureux restes d'une existence vouée à toutes les tortures physiques et morales.

J'insiste à dessein sur ce point, parce que l'*ennui* est
un des traits caractéristiques de notre époque. L'absence
de principes arrêtés, de convictions fortes, de croyances solidement établies, conduit naturellement à cet
état de fatigue, où l'âme épuisée de ses aspirations
vers un idéal qu'elle cherche toujours sans l'atteindre
jamais, brisée par les douleurs que la vie sème sur
notre route, et incapable de puiser une force nouvelle
dans les sérieuses pensées de l'avenir, retombe affais-
sée sur elle-même et s'abandonne au désespoir. La littérature a contribué à propager cette funeste maladie:
l'humeur noire de nos voisins d'outre-Manche et d'ou-
tre-Rhin a envahi nos poëtes et nos romanciers. Goëthe
et Byron ont fait école; les Werther et les Manfred ont
eu une nombreuse postérité, célébrant à l'envi ses tristesses et ses douleurs, s'apitoyant sur les maux de
l'humanité, et soufflant avec le doute, qui est la mort
de l'âme, le mépris et le dégoût de la vie. A cette littérature énervante, joignez l'influence d'une civilisation
plus raffinée qui corrompt la vigueur native des âmes,
la saine et robuste énergie des caractères, et vous ne
vous étonnerez pas de rencontrer ces visages pâles,
contractés, maladifs, ces tempéraments faibles et languissants, ces natures molles, paresseuses, délicates à
l'excès, véritables sensitives qui s'offensent du moindre
contact. Pour rendre la santé à ces corps usés et flétris

avant le temps, il faut commencer par retremper le
caractère, il faut lutter contre l'affaissement de l'esprit, il faut réprimer l'intempérance du sentiment, qui
épuise à son profit les forces vives de l'âme. Je sais
bien qu'il est de mode, à certaines époques, d'affecter
une sensibilité excessive, une délicatesse outrée. On
s'imagine qu'il sied bien d'avoir sur son visage une
teinte de mélancolie et de tristesse rêveuse ; on croit
avoir quelque chose de poétique dans sa personne
quand on traîne après soi un ennui indéfinissable ; on
veut paraître avoir oublié la terre et ne respirer plus
que pour le ciel. Il y a quelque chose de malsain et
pour l'âme et pour le corps dans cette sensiblerie qui
énerve les forces physiques, en même temps qu'elle
condamne à une impuissante stérilité. La douleur a
sans doute son charme et sa poésie ; mais ce n'est pas
cette douleur mesquine et puérile qui se confond en
d'inutiles gémissements, qui inspire le dégoût de cette
vie sans fixer un but aux aspirations de l'homme ; c'est
cette douleur sévère, forte, vivifiante, qui éprouve
l'âme sans l'abattre, qui confond les espérances fragi-
les de ce monde pour nous faire songer aux promesses
de l'avenir, et, plaçant le remède à côté du mal, nous
montre au delà de l'horizon terrestre la main protectrice de la Providence.

L'hygiène morale ne consiste pas seulement à combattre ces sentiments qui jettent la trouble dans l'organisme ; elle s'en sert quelquefois pour les tourner à
la guérison d'un état maladif. Presque tous les remèdes
qui sont en usage dans la médecine sont des poisons,
et des poisons violents ; il en est de même des passions, qui sont le poison de l'âme ; elles peuvent deve-

nir aussi un remède salutaire lorsqu'on sait les appliquer avec discernement.

Un désir très vif produit quelquefois une révolution
favorable dans l'état du malade. L'illustre Barthez, de
la Faculté de Montpellier, dit qu'un grand désir de voir,
avant de mourir, une personne chérie peut prolonger
l'agonie, et les annales de la médecine confirment
cette pensée judicieuse par de nombreux et remarquables exemples.

L'indignation et la colère peuvent produire de semblables effets. Tout le monde connaît l'histoire de ce
prince maure qui, voyant ses soldats prendre la fuite
dans un combat, saute à bas de la litière, où il se fait
porter, malade, et, privé de ses forces, rallie les fuyards,
les ramène au combat, remporte la victoire et meurt
quelques instants après cet effort extraordinaire.

Si la crainte aggrave les maladies et nous dispose,
alors même que nous sommes bien portants, à recevoir l'impression délétère de certains miasmes contagieux, en revanche, elle peut être, entre les mains d'un
habile médecin, un puissant moyen de guérison et de
salut. Des observateurs dignes de foi citent un grand
nombre de faits qui prouvent qu'une vive frayeur a
sur-le-champ rendu la parole à des muets, et le libre
usage de leurs membres à des goutteux ainsi qu'à des
paralytiques, pour la guérison desquels toutes les ressources de l'art avaient été infructueuses. On a cité
bien des fois la curieuse histoire d'un goutteux qui s'é-
tait fait transporter dans une des églises de Bordeaux
et écoutait la messe dans sa chaise à porteurs. Tout à
coup, il entend autour de lui un grand tumulte, et il
apprend qu'un lion d'une taille énorme, que l'on mon-

trait dans la ville, s'est évadé de sa loge et rôde autour de l'église. Saisi de terreur, le malade se lève tout à coup, s'élance hors de la chaise et saute avec une merveilleuse agilité sur l'autel, d'où il grimpe dans une niche heureusement vide. On ne put, sans le secours d'une échelle, retirer de sa niche ce saint d'une nouvelle espèce, si inopinément exposé à la vénération des fidèles. Voiture parle d'une guérison non moins curieuse, dans laquelle il fut non seulement témoin, mais acteur. Il était allé voir une dame dont l'état était désespéré. Une consomption lente, causée par des souffrances morales non moins que par des souffrances physiques, avait miné ses forces, et il semblait que la nature ne pût reprendre le dessus. Voiture sort triste et pensif; il aperçoit dans la rue un homme qui promenait des ours. Une pensée traverse subitement son esprit, et aussitôt sa résolution est prise. Il fait monter l'homme et les ours dans la chambre de la malade, et, à un moment donné, la malheureuse voit surgir au-dessus des paravents dont elle est entourée les têtes informes de ces horribles animaux. La révolution causée par ses terreurs, trop justes, cette fois, fit naître une crise favorable, et la malade fut rendue à la santé.

L'histoire de la médecine est pleine de ces cures opérées par des secousses morales. Un joueur, tombé dans un état profond de léthargie, ne put en être tiré que quand on lui eut crié à haute voix: *Quinte, quatorze et le point!* Celse ne put dissiper les vaines terreurs d'un maniaque qui avait toujours peur de mourir dans la pauvreté qu'en lui faisant annoncer de fausses successions. Plusieurs musiciens, passionnés pour leur art, ont été guéris du délire fébrile par une musique mélodieuse exécutée près de leur chambre à coucher (1).

Virey raconte l'ordonnance, ingénieuse autant que charitable, du docteur Bouvart qui, appelé auprès d'un homme gravement menacé d'une attaque d'apoplexie, à la suite d'une nouvelle qui lui annonçait une ruine complète, se contenta d'écrire cette ordonnance : *Bon pour 30.000 fr. à prendre chez mon notaire* (2).

De toutes les affections de l'âme, l'*espérance* est une des plus douces et des plus actives en même temps. Aussi doit-elle avoir une place importante dans l'hygiène de l'âme. Elle imprime à toute la circulation une accélération légère qui anime la physionomie, donne à la figure un coloris plus vif et répand dans tout le corps un sentiment délicieux de bien-être. L'espoir de guérir est un premier pas fait vers la santé; il agit sur le malade d'une manière d'autant plus efficace qu'il a plus de confiance dans le médecin. Aussi voit-on tous les jours des affections graves et rebelles céder en grande partie à l'espoir qu'on a habilement fait naître.

L'*imagination* a son rôle dans cette puissance que le médecin exerce sur le moral du malade, et il n'est pas défendu au praticien d'en faire usage quelquefois et d'aider ainsi, par une pieuse supercherie, au travail réparateur de la nature. La liste serait longue des effets physiques produits par l'imagination et par les diverses dispositions morales. Elle comprendrait sans

(1) Descuret, *la Médecine des passions*, 3ᵉ édition. Paris, 1860.
(2) Virey. *Hygiène philosophique ou la Santé dans le régime physique, moral et politique de la civilisation moderne.* Paris, 1828.

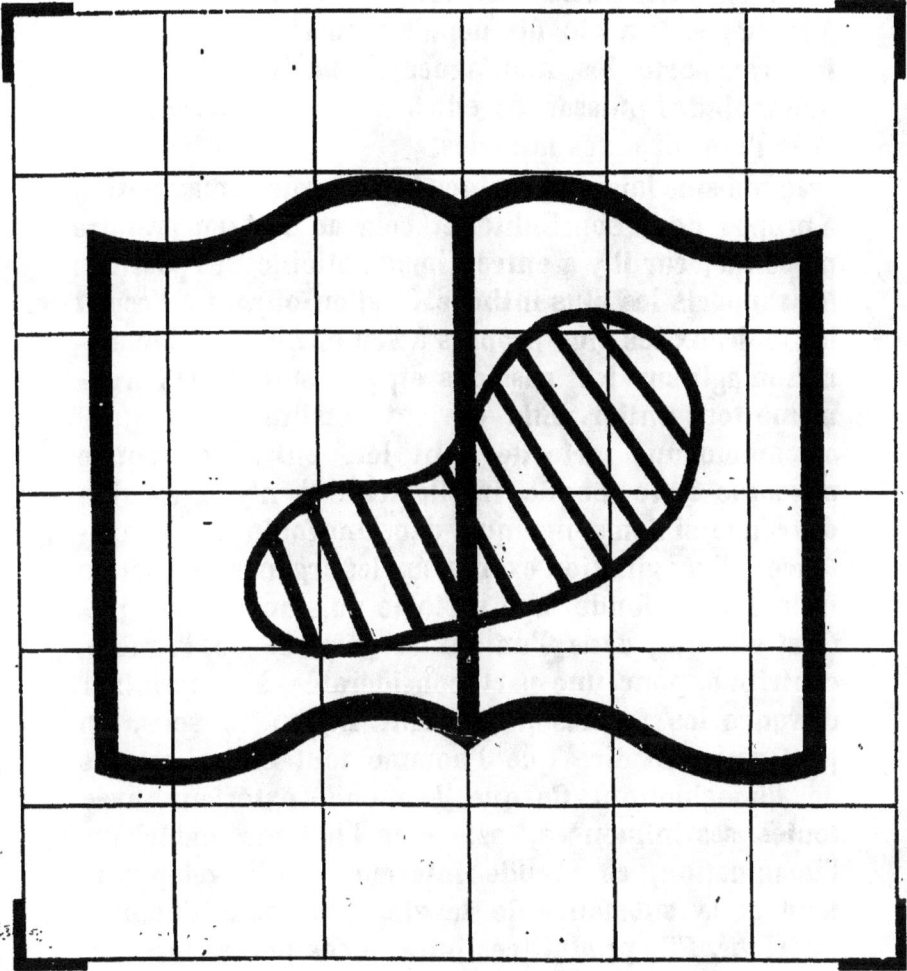

doute le plus grand nombre des faits réels qui sont
attribués à des puissances occultes, au magnétisme ou
à la magie. Il a été dit depuis bien longtemps que la
foi transporte les montagnes; l'imagination n'a pas
une moindre puissance; elle a aussi ses merveilles et,
si je l'ose dire, ses miracles.

Je me suis laissé entraîner à parler de l'imagination
à propos de la sensibilité, et cela ne doit surprendre
personne, car il y a entre l'imagination et les passions
les rapports les plus intimes. C'est en offrant à l'esprit
les tableaux les plus propres à l'émouvoir que l'imagination agit sur les passions et, par suite, sur l'organisme tout entier. Elle devient ainsi un lien naturel
et comme une sorte de pont jeté entre le monde
physique et le monde intellectuel. Il n'y a là rien
d'étrange, si l'on songe que, dans une foule de circonstances, l'imagination exerce sur les organes une action
intime et profonde, une sorte de puissance plastique.
C'est elle qui, dans l'union du père et de la mère,
contribue, pour une part considérable, à déterminer
d'avance les formes de l'enfant. Et, en ce sens, on
peut vraiment dire que l'homme tout entier est fils
de l'imagination. Ce que le monde extérieur, avec
toutes ses influences, est pour l'homme extérieur,
l'imagination, ce monde intérieur qui enveloppe le
fond et la substance de la vie, l'est pour l'homme
intérieur. Elle produit ces joies et ces peines intimes,
qui ont une influence décisive sur la santé. J'ai déjà
dit comment l'imagination, engendrant la crainte après
elle, devient fatale au malade dans la plupart des états
morbides et surtout dans les maladies contagieuses.
Puisque l'imagination peut attirer sur l'homme tant

de périls et de souffrances, ne doit-elle pas aussi avoir
la puissance de le rendre heureux et bien porfant? Et
si, comme je l'ai montré par des exemples, l'imagination, excitée à propos, a la vertu de guérir des organes
malades, ne doit-elle pas contribuer efficacement aussi
à conserver les organes sains? C'est donc une des
parties les plus importantes de l'hygiène morale que
de savoir régler l'imagination. Or, l'imagination est
sujette à une double infirmité : elle pèche ou par
faiblesse ou par entraînement. La faiblesse de l'imagination engendre ou favorise tous les sentiments
tristes et douloureux, elle ôte à l'âme tout ressort.
Feuchtersleben dit, non sans raison, que l'imagination est comme le poumon de l'âme et que la faiblesse
de l'imagination est une sorte de phthisie morale.
On conçoit facilement tous les dangers qu'un pareil
état de l'âme peut avoir pour la santé physique. Mais
ils ne sont pas plus à redouter que ceux qui naissent
des écarts d'une imagination déréglée. De l'exercice
régulier ou désordonné de cette faculté capricieuse
dépendent souvent le bonheur et le malheur de la vie
humaine, le bon et le mauvais état de la santé, et jusqu'à
la durée de la vie. Combien d'écrivains, de poètes,
d'artistes ont abrégé leurs jours en s'abandonnant à
tous les caprices de leur imagination! Et, sans rappeler
la triste fin de Chatterton et de Kleist, cités par notre
auteur, et tant d'autres morts prématurées, à combien
d'égarements funestes n'a pas donné lieu cette merveilleuse, mais terrible puissance de l'imagination! Quand
nous la laissons régner en souveraine dans notre âme,
elle nous fait rêver tout éveillés, et c'est le premier
degré de la démence. « Le regard même du poète, dit

Feuchtersleben, perdu dans la contemplation de l'idéal n'a-t-il point quelquefois attiré, comme par un charme funeste, des fantômes terribles qui l'obsèdent aussi longtemps que ses yeux restent détournés de l'étoile éternelle du beau? » Il importe donc à la santé du corps, comme à la santé de l'âme, de donner une direction convenable à l'imagination, et, à ce point de vue, les arts peuvent exercer la plus salutaire influence sur notre vie.

Le docteur allemand a fait ressortir avec bonheur cette puissance merveilleuse des *beaux-arts*. En effet, ils ne sont pas seulement le charme de la vie, ils sont la condition de la santé, et même ils peuvent contribuer à la prolonger.

Un autre médecin allemand, Hufeland (1), a dit avec raison qu'un des meilleurs moyens de prolonger son existence est de donner à son imagination une direction agréable. Il faut donc le reconnaître, il y a une médecine de l'âme et comme une thérapeutique morale, si je puis ainsi parler, qu'il importe de connaître, pour assurer la conservation de la santé physique. Voilà ce qu'on oublie trop souvent et ce qu'il faut rappeler sans cesse à ceux qui abordent pour la première fois les études médicales. L'art de la médecine suppose l'étude de l'homme moral aussi bien que de l'homme physique. Le médecin doit agir sur l'esprit du malade non moins que sur ses organes. « Malheur, dit Cabanis (1), cette fois bien inspiré, malheur au médecin qui n'a point appris à lire dans le cœur de l'homme aussi bien qu'à reconnaître l'état fébrile, qui, soignant un corps

(1) Hufeland, *l'Art de prolonger la vie*. Nouvelle édition, Paris, 1896.

malade, ne sait pas distinguer dans les traits, dans les
regards, dans les paroles, les signes d'un esprit en
désordre ou d'un cœur blessé ! »

La direction de l'imagination ne saurait être séparée
de la direction des autres facultés de l'intelligence, car
toutes nos facultés se tiennent, et l'imagination suit la
voie qui lui est tracée par les idées. Nos idées agissent
puissamment sur notre humeur, et par là sur notre bien-
être et notre santé. Notre bonheur dépend du point de
vue d'où nous envisageons le monde et nous-mêmes, et
ce point de vue dépend de notre constitution intellectuelle. On l'a dit avec raison : « C'est en soi que l'homme
puise ou consolation ou découragement ; c'est en soi que
l'on porte et le paradis et l'enfer. » La culture de l'esprit peut seule donner à l'homme ce calme, cette sérénité, cette paix de l'âme qui est une condition essentielle
du bien-être. L'une des principales causes de nos
souffrances étant une attention exagérée à tout ce qui
concerne le corps, le meilleur remède, ou plutôt le
meilleur préservatif est dans ces hautes spéculations,
qui arrachent l'esprit aux préoccupations matérielles
et détournent son attention des maux physiques. J'ai
déjà dit comment ces natures égoïstes, et uniquement
préoccupées d'elles-mêmes, s'exagèrent leurs souffrances et se condamnent à un éternel supplice. Renfer-
mées dans le plus étroit horizon, elles sont plus acces-
sibles aux atteintes du mal, et trouvent dans leur
égoïsme même leur châtiment. Pour se soustraire à
cette fatale influence, il faut apprendre à élargir le cer-

(1) Cabanis, *Rapports du physique et du moral.* 8e édition,
par L. Peisse. Paris, 1844.

FEUCHTERSLEBEN.   4

cle de ses idées et de ses sentiments; il faut s'élever
par la raison au-dessus des considérations mesquines
de l'intérêt personnel; il faut rechercher ces joies de
l'esprit, ces jouissances pures de la science, de l'art et
de la vertu, qui ne contribuent pas moins à la conservation de la santé physique qu'au bonheur de l'homme.
Feuchtersleben a merveilleusement compris cette puissance suprême de la raison, et il en parle avec une conviction, avec une grandeur, avec une autorité qui rap-
lent les austères et éloquentes maximes du grand stoïcien de l'Allemagne, du vénérable Kant.

S'il en est ainsi, on ne doit pas s'étonner de trouver
des exemples remarquables de longévité chez les hommes.
de lettres et les savants. Tous les hommes qui ont
traité de l'hygiène morale se sont plu à faire remarquer que le développement des plus hautes facultés de
l'intelligence est loin d'exclure la possibilité de parvenir à un grand âge.

Les faits viennent donc confirmer la théorie, et
l'histoire vérifie les inductions de la science morale.
Sans doute, l'abus de certaines facultés développées sans
mesure peut offrir quelques dangers; la science et
l'art ont eu leurs victimes et leurs martyrs. L'imagination et la méditation elle-même peuvent devenir une
cause de fatigue pour l'esprit, une occasion de souffrance et de maladie pour le corps. Mais quand on
soutient que le meilleur moyen de préserver et de rétablir la santé de l'homme est d'éclairer son esprit, on
parle du développement harmonique et réglé de toutes
les facultés, de cette haute culture de l'esprit qui entretient et nourrit les forces vives de notre être, bien loin
de les épuiser.

Si telle est l'influence salutaire ou funeste que les sentiments et les idées exercent sur la santé physique, quelle ne sera pas la puissance de la *volonté* qui a une autorité incontestable sur toutes nos facultés? Il ne paraît pas que la volonté puisse agir directement sur les organes, si ce n'est sur ceux qui président au mouvement des membres et de quelques autres parties du corps placées immédiatement sous l'empire de l'âme. On cite toutefois des faits qui, s'ils étaient certains, prouveraient sans réplique le pouvoir de la volonté sur certains organes qui ne sont pas soumis ordinairement à l'action de cette faculté. Que penser de cette propriété singulière attribuée à un homme qui pouvait, dès qu'il le voulait, faire naître une inflammation érysipélateuse sur chaque partie de son corps? Feuchtersleben cite ce fait sur la foi de je ne sais quel auteur ; mais pour ma part je suis tout disposé à le considérer comme apocryphe. Un fait fort extraordinaire aussi, mais certifié par plusieurs savants, est l'action exercée par la volonté sur les contractions du cœur. Il paraîtrait que certaines personnes peuvent accélérer, ralentir et quelquefois même suspendre complètement le mouvement de la circulation. Je doute qu'il soit soit facile de mourir par un simple acte de volonté, comme le dit Feuchtersleben. A ces conditions, le suicide serait véritablement trop à notre portée. Les annales de la médecine sont pleines d'observations inexactes ou apocryphes, que les auteurs répètent les uns après les autres, et sur lesquelles on ne saurait rien fonder de solide et de certain. Une critique sévère doit rejeter les faits de ce genre qui contredisent les données générales de la science, et qui ne sont pas, d'ailleurs, appuyés sur des preuves irrécusables ou sur des témoignages dignes de foi.

J'aime mieux croire à l'influence salutaire de la volonté sur la santé et sur la vie. Il ne me paraît pas impossible que, dans certaines circonstances données, une volonté ferme puisse recueillir les forces défaillantes et même rappeler la vie prête à s'échapper. J'ai reconnu, par ma propre expérience, que l'homme peut conjurer une défaillance imminente, lorsque, se sentant seul et hors de la portée de tout secours, il comprend qu'il ne peut se manquer à lui-même et qu'il fait appel à toute son énergie pour dominer son état de faiblesse. J'ai déjà rapporté des exemples curieux où un désir violent de vivre jusqu'à un moment donné a pu retarder l'heure de la mort. La volonté ferme d'accomplir jusqu'au bout un devoir important peut réaliser le même miracle.

Mais si la volonté agit sur les organes, elle n'agit pas seule, et des sentiments divers viennent joindre leur influence à celle de la volonté : c'est, par exemple, le sentiment de l'honneur militaire, le sentiment du devoir, l'amour maternel.

Je l'ai déjà dit, et je le répète, parce que c'est un point essentiel dans la question que j'examine ici, c'est par l'intermédiaire des autres facultés, mais spécialement par l'intermédiaire de la *sensibilité*, que nous pouvons agir sur l'organisme. Je trouve une preuve remarquable de cette loi dans la profession de l'artiste dramatique et dans la manière dont il commande, non seulement à ses gestes, mais aussi à sa physionomie, à son regard, à son rire et même à ses larmes. Il est certain qu'il y a des hommes qui pleurent, rougissent, pâlissent à volonté; mais il faut bien se garder de croire que ce soit un acte aussi simple qu'on se plaît à le dire quelquefois. Il ne suffit pas de vouloir pleurer pour pleurer en effet. S'il en était ainsi, l'acteur n'aurait pas de grands efforts à faire pour jouer son personnage et faire illusion. Rappelons-nous la règle essentielle que l'artiste doit toujours suivre, s'il veut atteindre à la perfection de son art; il faut qu'il se place, par l'imagination, dans la situation du personnage qu'il représente, et son jeu sera d'autant meilleur qu'il se sera identifié plus complètement avec son personnage. Mais pourquoi, je vous prie, tous ces efforts d'imagination? Afin que l'artiste éprouve tous les sentiments que doit éprouver le héros, et que, les éprouvant, il les manifeste par tous les moyens d'expression que la nature nous a donnés. La vérité du jeu est à ce prix. L'action demande sans doute beaucoup d'art et d'étude; mais il ne faut pas renfermer toute l'action dans une mimique vulgaire, dans une série de mouvements convenus et reproduits à volonté. Réduite à ces procédés artificiels, l'action manquerait de naturel et de vérité. Ce n'est pas à ces moyens que recourent les grands artistes. Pour produire ces effets qui ravissent d'admiration un public d'élite, ils doivent ressentir eux-mêmes toutes les passions qu'ils ont à exprimer; ils doivent refaire, en quelque sorte, l'œuvre dramatique, et créer à leur tour, par l'interprétation, le caractère qu'a tracé le génie inventif de l'écrivain.

La volonté éveille la pensée, la pensée suscite le passion, et la passion fait jouer les ressorts de l'organisme.

Feuchtersleben, malgré la finesse de son esprit, ne

paraît pas avoir compris cette loi qui explique dans une certaine mesure l'influence de la volonté sur les organes. C'est à l'imagination qu'il accorde l'influence décisive et souveraine. « Par un examen attentif des phénomènes qui se passent en nous, nous reconnaîtrons, dit-il, que ni la pensée ni le désir n'ont sur notre corps une action immédiate ; ils ne se manifestent que par le secours de l'imagination. » Cette analyse est imparfaite et insuffisante. Il faut aller au delà de l'imagination pour trouver la véritable force qui met en jeu nos organes. Ni la volonté, ni même l'imagination ne suffisent ; il faut chercher dans les sentiments, dans les émotions, dans les mouvements impétueux de la passion, la cause immédiate des révolutions qui sont dans le corps comme le contre-coup des perturbations de l'âme.

Définir ainsi l'action de la volonté, ce n'est pas la nier. Elle est réelle, quoique indirecte. Elle n'agit sur les organes que par un double intermédiaire, par la pensée et par le sentiment ; mais comme elle a une puissance efficace sur ces deux ordres de phénomènes, elle exerce par là une influence immense sur les dispositions organiques, et, par conséquent, sur la santé.

Shakespeare nous montre le roi Lear et son compagnon perdus au milieu de la plaine sous la tempête furieuse : l'un trempé de pluie, tremblant de froid ; l'autre impassible, sourd à l'orage, parce qu'il entend rugir à ses oreilles la voix plus haute de sa colère. La violence de la passion étouffe ici la souffrance physique : j'en conclus que l'homme qui, par une volonté persévérante, aura cultivé dans son âme les

nobles et grandes passions, saura se rendre supérieur
à la douleur.

D'un autre côté, observez ces malheureux dont l'âme
est voilée par la nuit de la démence : ils sont à l'abri
d'un grand nombre de souffrances corporelles qui
frappent autour d'eux d'autres personnes ; leur attention, absorbée par une idée fixe, se détourne du corps,
et cette concentration de toutes les forces de l'esprit
sur un seul point les rend inaccessibles aux influences
extérieures.

Pourquoi donc une volonté ferme, droite, bien dirigée, ne produirait-elle pas les mêmes effets que la
volonté inerte et asservie de l'homme en démence ?
Pourquoi l'attention appliquée à une grande étude, à
de nobles recherches, n'aurait-elle pas la vertu que
possède l'attention détournée d'une façon maladive
sur un objet insignifiant ou sur une souffrance imaginaire? Il y a au dedans de nous une puissance morale, capable de défier bien des maladies ; c'est à la
volonté de savoir la diriger. Je crois sans peine au témoignage rendu par Goëthe, de l'influence de la volonté
dans une circonstance où sa vie était en danger. On ne
saurait croire combien la volonté a de puissance en
pareil cas ; elle se répand, pour ainsi parler, dans tout
le corps, et le met dans un état d'activité qui repousse
toutes les influences nuisibles. La crainte est un état
de faiblesse indolente qui nous livre sans défense aux
attaques victorieuses de l'ennemi. — Un médecin anglais
remarque qu'une femme malade et trop faible pour se
promener dans sa chambre dansera pendant la moitié
de la nuit, sans fatigue et sans souffrance, avec un
danseur qu'elle aime.

Les influences physiques, dont on fait tant de bruit, sont bien souvent le résultat de nos dispositions morales, et c'est nous-mêmes qu'il faut accuser de toutes ces impressions que nous mettons sur le compte de la température, de l'atmosphère ou du climat. Même chez le malade, chez l'hypocondriaque, les variations du temps n'ont pas l'influence qu'on leur attribue. C'est de l'imagination du malade que dépendent sa disposition mentale et le résultat qu'elle produit dans l'organisme. Les âmes faibles, les caractères indécis, les volontés impuissantes se laissent aller au courant des impressions extérieures, au lieu de réagir sur elles, et, par leur inertie, elles favorisent ou appellent l'invasion des maladies. Mais dans les caractères bien trempés il y a une énergie qui peut lutter contre le mal et en triompher. Le médecin anglais que je citais tout à l'heure l'a bien compris, et il exprime cette vérité par une comparaison frappante : « De même que le corps, malgré tous les changements de la température atmosphérique, garde toujours sa chaleur interne presque invariable, de même il existe dans l'âme humaine une force intime de résistance, dont l'action fait équilibre à l'action des forces extérieures. »

C'est cette force qu'il faut savoir déployer. La vie est une tension plus ou moins énergique de nos forces. Le relâchement, c'est la maladie, c'est la mort. Un vieux proverbe prétend qu'on ne meurt pas en voyage ou à la veille d'un mariage. Des gens d'esprit répondront peut-être que l'on n'entreprend ni l'un ni l'autre lorsqu'on est à l'agonie, à moins d'un désir forcené. Mais il n'en est pas moins vrai que l'activité de l'esprit et du corps est le meilleur préservatif contre la souffrance, la maladie et la mort. Combien de personnes, après avoir résigné les fonctions dans lesquelles elles avaient passé une longue existence, au moment même où elles croyaient jouir enfin d'un repos tant désiré, ont été atteintes par la maladie et ont succombé, faute d'avoir désormais un but à atteindre, un objet auquel elles pussent appliquer leur activité !

Aussi l'hygiène morale ne propose-t-elle pas à l'homme d'anéantir en lui toute passion ; car les *passions* sont la source de notre activité, elles sont les germes naturels de la vie et de la santé. Il faut seulement les maintenir en équilibre, les modérer, les régler, les subordonner à l'empire de la volonté. L'inertie est plus encore à redouter peut-être pour la santé physique que l'emportement de la passion. On s'imagine à tort que la passion use l'homme et que le meilleur moyen de prolonger sa vie est l'indifférence et le repos. Il est certain que l'activité morale est également nécessaire et à la santé et à la vie de l'homme. Ceux qui veulent étouffer les passions et réduire l'homme à l'inertie, dans le but de prolonger son existence, ne ressemblent pas mal aux anciens philosophes qui proscrivaient dans le même but toute activité physique, tout exercice corporel. A les entendre, l'exercice accroît la transpiration ; la transpiration abrège la vie ; pour vivre longtemps, il n'y a donc qu'à ne pas bouger. Flourens s'est moqué très agréablement de ces philosophes, d'un Cardan, qui voulait nous réduire à l'immobilité des plantes ; de Bacon, qui conseillait des onctions huileuses pour empêcher la transpiration, et de Maupertuis, qui voulait qu'on se couvrît le corps de poix. Eh bien ! l'inertie morale n'est pas moins à redouter pour l'homme que l'inertie physique et la volonté n'en est pas réduite au triste rôle de mutiler l'homme pour assurer sa santé et prolonger son existence.

D'ailleurs les passions opposées se servent de contre-poids, et c'est de la lutte qui s'établit entre elles que naissent la paix et la tranquillité de l'âme. L'amour et la haine, le désir et la crainte, la joie et la tristesse ont leur raison d'être dans l'homme, et l'antagonisme de ces sentiments contraires n'est pas moins néces-saire à la santé que l'antagonisme des forces diverses qui président aux fonctions de la vie physique. Les oscillations du pendule servent à régulariser et à per-pétuer la marche d'une horloge; il en est de même de notre vie : elle se poursuit au milieu de ces alter-natives de joie et de douleur, de bonheur et de souf-frances. C'est à la volonté de maintenir l'équilibre et de diriger toutes ces forces divergentes vers un but unique ; c'est à elle de conserver la paix de l'âme et, par une sage direction, d'assurer à la fois le bonheur et la santé de l'homme.

Nous nous sommes efforcé, dans cette étude, de ne rien exagérer, et, tout en montrant l'empire que l'âme exerce sur l'organisme par ses diverses facultés, nous avons eu grand soin de nous tenir dans de justes limi-tes. Il y a en effet un écueil à éviter dans ces recher-ches : il faut craindre de tomber dans un spiritua-lisme excessif, dans une sorte de mysticisme physio-logique, si je puis ainsi parler. Ça été l'erreur de Stahl, de ce grand médecin qui regardait l'âme comme le principe, la source et la force régulatrice de l'orga-nisme, produisant le corps en quelque sorte, le façonnant, le modifiant à son gré et le pliant à tous ses caprices. Je n'oserais pas dire que Feuchtersleben a complètement échappé à ce danger. Le souvenir de la doctrine stahlienne et l'influence, presque irrésistible en Allemagne, du panthéisme hégélien ont laissé quelques traces dans son livre. J'ai remarqué surtout cette proposition, qui paraîtra fort obscure et même inintelligible à quelques-uns de nos lecteurs : « Persuadez-vous que votre santé est bonne, elle pourra le devenir ; car la nature n'est qu'un écho de l'esprit, et la loi suprême qui la régit, c'est que *l'idée est la mère du fait*, et qu'elle façonne graduellement le monde à son image. » Ne nous étonnons pas, après cela, de trouver une citation de Goëthe, dans laquelle le poète philosophe prétend que l'homme peut ordonner à la nature d'éliminer de son être tous les éléments étrangers, causes de maladie et de souffrance. Si l'homme avait un tel pouvoir, il serait l'égal de Dieu même, et si l'âme était à ce point indépendante du corps, nous pourrions écarter de nous, à volonté, les souffrances, la maladie et la mort.

Feuchtersleben est beaucoup plus près de la vérité, lorsqu'il s'attache à prouver que, dans la personne humaine, l'état physique est l'expression de l'état moral. On n'admettra pas volontiers que l'âme façonne le corps à son gré ; mais qu'elle lui imprime le cachet de ses idées de ses sentiments, de ses habitudes morales, cela paraît non seulement vraisemblable, mais tout à fait conforme aux lois générales qui régissent les rapports de l'âme et du corps. Si l'âme exerce une influence réelle et efficace sur le corps, elle doit révéler sa puissance par la beauté aussi bien que par la santé. Sans admettre la théorie de Lavater dans toutes ses conclusions, lorsqu'il prétend trouver une harmonie constante et nécessaire entre la *beauté physique* et la *beauté morale*, on peut affirmer avec certitude que la face conserve l'empreinte indélébile des passions qui ont agité le cœur de l'homme. On comprend très bien que le sourire, la moquerie, les larmes, les mouvements nerveux, souvent renouvelés, agissent sur les parties molles de la face, y marquent leur trace en y laissant une disposition plus grande à s'y reproduire, et finissent par exercer une action permanente sur les muscles et sur le tissu cellulaire. Peut-être même l'action fréquente des muscles peut-elle arriver à modifier à son tour les parties dures sous-jacentes, ainsi que le dit le docteur allemand. Les hommes passionnés et ardents ont des rides précoces, plus nombreuses et plus accusées que les hommes calmes. L'homme montre ainsi sur son front vieilli, et quelquefois même jusque sur le jeune front de ses descendants, le caractère organique des impressions morales qui lui ont été habituelles. Ses vertus, ses vices, toutes ses passions se peignent sur sa physionomie; le désordre des facultés morales se trahit à la fois par le désordre des fonctions organiques et par l'altération du visage; la santé et la beauté en souffrent également. Au contraire, l'harmonie de l'âme se manifeste par l'harmonie des fonctions vitales et par l'harmonie des traits. Dans certaines organisations heureusement douées, l'expression des qualités morales est plus manifeste, plus facile et plus charmante; il y a, au contraire, des natures où il faut que l'esprit soutienne une lutte douloureuse contre la matière. Mais elle n'en est que plus frappante, cette beauté qui brille au milieu même des ténèbres du corps, et qui transfigure l'enveloppe matérielle en y faisant resplendir les rayons d'une divine lumière.

Je résume toute cette étude en disant que l'âme peut beaucoup, par l'heureuse direction de ses facultés, non seulement pour son propre bonheur, mais aussi pour la santé et pour la beauté du corps.

« Ne songez pas, dit Lavater, le physionomiste inspiré, ne songez pas à embellir l'homme sans le rendre meilleur. »

Nous ajouterons, avec Feuchtersleben, que nous sommes heureux de citer une dernière fois :

« Si vous ne le rendez meilleur, ne songez pas à conserver sa santé ! »

ADRIEN DELONDRÉ

ÉTUDE LITTERAIRE (1)

Œuvre d'un mince volume, mais d'une grande portée, on y recueille comme un parfum pénétrant de
haute morale, qui se répand dans chaque page, dans
chaque ligne. La foi dans la spiritualité est l'inspiration
même et l'unité vivante de ce livre. Cette confiance
dans l'autorité de l'esprit, cette fière affirmation des
merveilleux effets que l'intelligence peut tirer de l'organisme éclairé et transformé par elle, l'idée même de
cette science et les développements féconds que l'auteur nous donne de son principe, tout cela n'est-ce
pas une démonstration implicite plus persuasive que
tous les arguments de l'école ?

Mais ce qui fait l'originalité de ce précieux petit livre,
c'est l'abondance des impressions morales qu'il dépose
dans l'âme de ses lecteurs. Je ne sache pas de moraliste
contemporain qui nous excite plus vivement aux nobles
et grandes obligations de l'existence, à la tâche de vivre,
au rude métier d'homme ; qui nous recommande, par
des raisons plus convaincantes, plus humaines, l'activité
généreuse du corps et de l'esprit, le dévouement, l'exer-

(1) E. Caro, *Nouvelles Études morales*, p. 141.

cice assidu de la pensée et de la liberté, la foi en soi-
même, l'amour des autres ; qui ait fait mieux ressortir
ce grand devoir, être vrai dans sa conscience et dans
sa vie, en même temps que ce grand bonheur, se sentir utile aux autres ; qui nous convie, enfin, à un plus
large et plus salutaire développement de toutes nos
forces intellectuelles et morales. Il y a dans cette âme
de médecin allemand l'élévation morale et la tendresse
du génie d'un Channing.

Et surtout qu'on n'aille pas croire, sur la foi de sa
profession et du titre de son livre, que la morale y soit
subordonnée à l'hygiène, dont elle ne serait à ses yeux
qu'un moyen et comme un procédé pratique. Ce serait
bien mal comprendre la signification de ce livre et le
sentiment de son auteur.

Ce sentiment, c'est que la santé du corps n'a d'importance que comme signe et symptôme de la santé de
l'âme, que l'harmonie des fonctions ne doit nous intéresser qu'en tant qu'elle nous révèle l'harmonie des
sentiments et des idées.

L'hygiène morale, telle qu'il la conçoit, est tout un
grand art, l'art d'embellir la vie, de l'ennoblir plus
encore que de la prolonger.

A ce dernier point de vue, quelques objections seraient
possibles. Ce n'est peut-être pas une si mauvaise recette,
pour vivre longtemps, que l'égoïsme qui supprime dans
la vie les affections, cette prudente économie du cœur
qui supprime les passions, cette application incessante
à ménager la sensibilité et à calculer les doses de la
vie. D'illustres égoïstes, Cornaro (1), Fontenelle et bien

(1) Cornaro, *De la sobriété. Conseils pour vivre longtemps*,
trad. nouv. par Ch. Meaux-Saint-Marc. Paris, 1891.

d'autres sont d'assez beaux exemples de la longévité acquise à ce prix, d'après un code qui n'est pas précisément celui de notre auteur.

Mais quand cela serait, quand bien même les sages préceptes de Feuchtersleben ne pourraient nous donner l'assurance de prolonger notre vie d'un seul jour, qu'importe? On sent, à un demi-sourire socratique qui perce à travers les promesses du bon docteur, qu'il s'en consolerait facilement, et sa figure, doucement railleuse, semble nous dire : « Je n'ajoute peut-être pas une heure à votre vie : mais si je vous ai inspiré un bon sentiment, de quoi vous plaignez-vous? »

E. CARO.

I

INTRODUCTION

> Pour devenir populaires, nous affec-
> tons d'être plus pauvres d'esprit que
> nous ne le sommes.
> Bulwer

Notre époque a l'humeur impatiente, fougueuse, étourdie. De là, sur le théâtre de la vie, toutes ces querelles et ces catastrophes; de là, dans le champ même de la littérature, l'effroyable mêlée de tant de drapeaux. Partout la lutte; partout, dans la société, comme dans les intelligences, le spectacle décourageant de la guerre.

Détournons de ce tableau nos regards attristés, et portons-les vers des régions plus sereines; cherchons la paix au dedans de nous, dans l'examen du monde intérieur, dans la contemplation de notre vie propre et individuelle. Comprendre les rapports qui nous lient au monde extérieur, c'est arriver à connaître notre but, notre destinée. Sachons nous abstraire du milieu qui nous entoure, et nous sen-

tirons la paix renaître en nos âmes, aux purs
rayons d'une bienfaisante lumière. Réfléchir sur les
conditions de l'existence, c'est là pour tout homme
une vive jouissance, un travail facile, un devoir
sacré. « De nos jours, dit le baron de Sternberg, ce
n'est plus dans la solitude du cabinet, c'est sur la
place publique que les écrivains composent leurs
œuvres. Le bruit, la poussière, le tourbillon de la
foule, voilà ce qu'ils cherchent et ce qu'ils nous
montrent. Vous ne trouverez rien de plus dans leurs
écrits. Les anciens pénétraient jusqu'au fond des
choses et découvraient, d'un œil patient, le secret
de tous les ressorts les plus cachés. L'État, la
société, il n'est plus d'autre objet aux pensées du
philosophe et du poète, et comme la précipitation
est le mal du siècle, poète et philosophe ont la fièvre chaude, ils ne se plaisent qu'aux mouvements
rapides et désordonnés. »

Sous l'inspiration de ces plaintes trop légitimes,
et pour combattre les tendances funestes qu'elles
signalent, nous publions ce livre. Fruit d'une méditation calme, il doit être lu comme il a été écrit,
dans le recueillement et le repos.

Je veux, par une alliance, qui peut paraître
singulière, de la morale et de l'hygiène, étudier
au point de vue pratique l'influence de l'*âme* sur le
corps humain.

Les médecins, dit le public, se réservent avec un soin jaloux le monopole de leur science; ils voient avec colère toute recherche personnelle et indépendante faite par les profanes pour s'initier, en dehors de l'école, aux secrets de l'art de guérir. C'est qu'ils craignent, sans doute, de nous laisser apercevoir toutes les incertitudes, toute l'insuffisance de leur savoir et de leurs procédés, et de perdre ainsi la confiance générale. Ils trouvent profit à nous maintenir dans l'illusion. — Eh bien! soit : l'illusion est utile; l'est-elle pour nous seuls, ou n'est-elle pas également profitable à tous?

Si la *confiance* peut guérir, autant vaut ce remède que le fer et le quinquina. La confiance, n'est-elle pas une force réelle? Est-ce une folle entreprise que de l'employer comme une puissance effective? Ou plutôt n'est-il pas désirable à chacun de pouvoir la réveiller en soi-même et de s'approprier, si je puis dire, cette baguette magique de l'illusion ?

Un médecin ne saurait entrer trop avant dans la confiance de ses malades; dans bien des cas, leur rétablissement dépend de la bonne opinion qu'ils ont de celui qui les traite. « Certes, dit à ce propos Lamothe-Levayer, la divination, la prêtrise et la médecine, jointes ensemble, comme Ovide nous assure qu'elles le sont aux Indes Occidentales, se prêtent la main admirablement bien l'une à l'autre. »

Au fond, le médecin est toujours pour le malade une

sorte de magicien, qui exerce une puissance occulte
sur la maladie.

Un malade est en proie à la plus vive inquiétude ; il
attend son médecin qui n'arrive pas, et il craint de
mourir sur-le-champ ; il voit entrer le docteur, il sent
la douleur se calmer comme par enchantement, il est
moins agité, il souffre moins, il ne souffre plus ; il sait
qu'il est là, celui qui doit le défendre et le sauver, celui qui ne le laissera pas du moins emporter sans lutte
par l'ennemi invisible. Quant aux remèdes qui vont
être prescrits, peu importe ! il les prendra, souvent
même il ne les prendra pas, et néanmoins il sera soulagé ; il l'a vu, il l'a entendu, il lui a présenté son pouls,
il l'a regardé sortir ; il n'a plus peur de la maladie ; il
sait qu'elle n'osera plus reparaître.

L'art de se faire illusion à soi-même, tel est l'objet de notre livre ; art difficile à enseigner, et dont
les leçons se bornent à des indications sommaires.
En fait d'action à exercer sur soi-même, le meilleur
juge, c'est l'individu.

Je me suis efforcé d'être populaire dans le meilleur sens de ce mot. Populariser la science, ce n'est
pas l'abaisser, c'est la rendre plus compréhensible,
plus attrayante, la mettre ainsi à la portée de tous
les esprits désireux de s'instruire, et lui donner une
application utile et pratique ; c'est enfin se conformer au plan de la Providence, qui, avant de répandre une vérité sur la terre, la fait mûrir d'abord
dans quelques génies supérieurs ; comme les rayons

du jour frappent le sommet des montagnes avant
d'éclairer les plaines et les villes.

Nous avons fait de nombreuses citations empruntées aux écrivains les plus éminents. Elles
serviront à montrer le constant accord de l'expérience et du génie sur la question qui nous occupe;
elles feront voir aussi que je ne dis rien qui n'ait
été dit et pensé avant moi.

Malheureusement, c'est une étude complètement
négligée que celle de l'art que je prêche, l'art de
se commander à soi-même. Et cependant, c'est le
commencement et la fin de la sagesse. — Rien ne
sera plus utile, pour l'application des lois dont
nous allons tâcher de saisir l'esprit, que de tenir
consciencieusement un journal d'observations
individuelles, concises, mais sincères et fécondes.
« Ce qu'on regarde généralement comme du génie
n'est, d'après Hippel, qu'une occupation constante
de soi-même. »

Les *Maximes et Pensées*, qui forment l'appendice
de ce livre, sont tirées d'un journal de ce genre.

II

DÉFINITION

Par les mots *Hygiène de l'âme,* il faudra entendre la science des moyens propres à préserver la santé de l'âme. Cette science, c'est la morale, considérée, non dans son ensemble, comme étant la règle et le but de l'homme, la fleur de sa vie, mais au point de vue particulier de la puissance donnée à l'esprit de détourner du corps les maux qui le menacent.

C'est une force réelle, dont l'existence n'est guère contestée, dont on raconte, dont on admire les merveilles, mais dont on a rarement examiné les lois, dont on a cherché plus rarement encore l'application pratique. Pourtant, si cette force existe, par son origine et par sa nature, elle est soumise à la direction de la volonté ; l'homme peut en régler l'emploi. Tout pouvoir s'exerce et se développe par la science. Ce que nous appelons l'hygiène morale, c'est précisément la science de mettre en usage le pouvoir que possède l'âme de préserver, par son action, la santé du corps. Étudier cette science, tel est l'objet de notre livre.

Kant, dans son ouvrage profondément médité. a traité « du pouvoir de l'âme de maîtriser la douleur par la volonté. »

Nous allons plus loin ; nous voulons enseigner l'art de maîtriser non seulement la sensation du mal, mais, s'il est possible, le mal même. Nous montrerons comment l'âme peut éloigner du corps les maladies.

On n'exigera pas de nous une théorie complètement arrêtée sur une matière qui, vu le caractère fugitif et variable des phénomènes moraux, ne comporte pas la certitude. Loin de nous le vain orgueil de construire un système ! Qui trop embrasse mal étreint, dit le proverbe. Il est des sujets qui veulent tout au plus de simples esquisses. Lavater l'avait compris : il s'est borné à des fragments ; nous imiterons son exemple.

Nous laisserons aux philosophes qui ont du temps à perdre toute recherche sur la distinction à établir entre *le corps et l'âme*, et même sur l'existence de l'un et de l'autre. Il importe peu que j'assigne à l'âme la puissance que les matérialistes attribuent à une certaine partie du corps ayant fonction de penser et de vouloir. De quelque nom qu'on dési-

gne la cause, l'effet ne change pas, ni l'enseignement que j'en tire.

Voici, par exemple, un homme qui s'arrache au
sommeil. Où que réside la volonté, le fait certain
c'est que le moteur est enchaîné et que pourtant
une force se produit : je constate l'action de cette
force, et je montre qu'elle peut être accrue par
l'exercice.

Il est un point d'asservissement où l'esprit demeure insensible à toute réaction : c'est la *nuit morale*. Il y a aussi une sorte de crépuscule où l'esprit
peut encore recevoir des impulsions ; et c'est
alors que mes préceptes trouvent leur application
nécessaire.

Entre ces deux états de l'âme, il en est un autre
intermédiaire ; ce sont, à proprement parler, les
maladies morales ; alors se produit aussi l'action
de la volonté (autrement la guérison serait impossible) ; mais cette action n'est pas spontanée : elle
est excitée du dehors.

Examinons ces trois situations de l'âme humaine,
et, sans nous aventurer dans les nuages de la
métaphysique, mettons en lumière les principes
fondamentaux de notre théorie.

L'homme, en possession de sa complète liberté
d'esprit, sent l'unité de son être. Ce sentiment instinctif, il le perd du jour où sa conscience éveillée

conçoit la distinction de l'ordre moral et de l'ordre physique. Aux faits de l'ordre moral, elle attribue un principe particulier qu'on appelle l'*âme*.

Ce mot ne désigne qu'une abstraction ; car l'âme ne se révèle que par son union avec la matière. Il est donc inutile de démontrer que l'âme agit sur le corps, puisque nous n'envisageons l'un et l'autre que dans l'unité de leur manifestation. La main droite peut saisir la main gauche; elle ne se saisit pas elle-même. Pareillement, la pensée étant l'acte indivisible de l'âme et du corps essentiellement unis, cette union permanente ne peut se concevoir par un phénomène qui l'implique nécessairement. Elle n'en existe pas moins ; le rire et les pleurs sont un de ses symboles; elle a pour lien le système nerveux.

Nous n'avons rien de plus à dire sur ce point.

De même éviterons-nous d'entrer dans des explications oiseuses sur les *causes de la maladie et de la guérison.* Tout état morbide a sa cause extérieure ou intérieure. Il se produit, soit par le développement, sous une influence extérieure, d'un germe apporté en naissant, soit par l'action funeste du milieu environnant, favorisée par une prédisposition naturelle de l'individu (1). Dans la première

(1) Voyez E. Bouchut, *Nouveaux Éléments de pathologie*

catégorie, il ne faut pas ranger seulement les *maladies héréditaires constitutionnelles;* d'autres cas s'y peuvent rapporter, que l'on n'a peut-être pas suffisamment appréciés à ce point de vue, et que les médecins ne savent pas classer avec certitude.

Dans des cas de ce genre, l'esprit n'a-t-il aucun pouvoir contre le mal ? Je ne parle pas de ces préceptes prophylactiques employés par les médecins pour améliorer les dispositions du sujet et pour détourner les influences morbides. Ces prescriptions naissent, il est vrai, de l'esprit ; mais ce n'est pas de l'esprit du malade. Les philosophes, surtout les poètes moralistes, enseignent l'art de modérer et de contenir les entraînements de toute passion exclusive : nous avons à donner, dans notre sphère, les mêmes leçons.

La santé d'un homme, aux yeux du public, se juge d'après le *tempérament.* Or, que veut dire ce mot, dans son sens populaire ? C'est la proportion des éléments multiples dont la combinaison constitue l'unité de l'être humain. « Il y a, dit Herder, des proportions naturelles assignées au développement physique et moral de l'individu. Ces proportions, d'une infinie variété, embrassent toutes les formes de l'existence, depuis la souffrance et la

difformité la plus repoussante jusqu'à la divine
beauté des héros grecs. Chaque homme cherche,
par tous les moyens, celles qui lui sont propres,
parce qu'elles seules lui donnent la complète jouissance de la vie. — J'ajoute : elles sont la condition
de la santé.

Eh bien! l'homme, qui est dans la nature le seul
être capable de s'étudier, ne peut-il pas arriver à
se connaître? Celui dont Protagoras a dit : « Il mesure l'univers,» ne saurait-il se mesurer lui-même?
S'il peut connaître et mesurer les proportions de
ses forces, c'est à l'aide de son esprit. Donc l'homme,
au moyen de l'âme, peut agir sur tout son être, et
conséquemment sur les maladies, en tant qu'elles
ont leur source dans sa constitution individuelle.

Étrange prétention, n'est-ce pas? de vouloir
étendre la puissance de l'âme au delà de ses limites, comme si le monde où nous vivons n'était que
le tissu de notre vie? C'est singulier, et, pourtant,
quoi de plus vrai? L'homme, l'enfant, se la représente chacun à son point de vue individuel, selon
son caractère plus ou moins gai, plus ou moins
triste; elle agit telle qu'elle a été perçue. Ce sont
toujours les images les plus fortement gravées
dans l'âme qui font la joie ou la douleur de la vie.
Et nous ne pourrions pas trouver le moyen de les
faire, à volonté, paraître ou disparaître? et nous ne

saurions pas exercer nos yeux à bien voir, au lieu d'obscurcir notre vue et de l'affaiblir, comme nous faisons avec une telle dépense de soins et d'intelligence? Voyez, dans Shakespeare, le roi Lear et son compagnon perdus au milieu de la plaine, sous la tempête furieuse: l'un, trempé de pluie, tremblant de froid; l'autre, impassible, sourd à l'orage, parce qu'il entend rugir à ses oreilles la voix plus haute de sa colère.

III

DES EFFETS DE L'ESPRIT EN GÉNÉRAL

L'esprit est lié à la matière ; mais la
matière l'est également à l'esprit.

La preuve la plus frappante de la *puissance* de
l'esprit, c'est précisément, si je puis dire, son
impuissance.

Qui ne sait que les malheureux dont l'âme est
voilée par la nuit de la démence sont à l'abri d'un
grand nombre de souffrances corporelles qui frappent autour d'eux d'autres personnes? Leur attention, absorbée par une idée fixe, se détourne du
corps, et cette concentration de toutes les forces
de l'esprit sur un seul point les rend inaccessibles
aux influences extérieures.

S'il en est ainsi, une volonté droite, ferme, bien
dirigée, ne peut-elle avoir autant de puissance et
produire les mêmes effets qu'une volonté asservie,
inerte, comme celle du fou?

Un médecin anglais, parlant de l'influence

qu'exerce sur l'état sanitaire de ses compatriotes le *climat* d'Angleterre, tout formé de brouillards et de vapeurs de charbon, fait les observations suivantes :

« C'est une question indécise de savoir si un grand nombre des maladies attribuées à l'atmosphère de Londres n'ont pas leur source dans les mœurs des habitants. De même que le corps, malgré tous les changements de la température atmosphérique, garde toujours sa chaleur interne presque invariable, de même il existe dans l'âme humaine une force intime de résistance, dont l'action fait équilibre à l'action hostile des forces extérieures. Telle femme malade, trop faible pour se promener dans sa chambre, dansera pendant la moitié de la nuit, sans fatigue et sans souffrance, avec un danseur qu'elle aime. C'est un fait plusieurs fois constaté par les médecins.

Ainsi une *passion favorite* réveille dans le corps la fibre vitale. Les gens qui ont le plus à souffrir de l'atmosphère de Londres, ce sont précisément les êtres nuls, les oisifs, les fashionables. Ceux dont l'attention et la force travaillent sans relâche ne consultent pas le baromètre. Il est vrai que le sombre mois de novembre est l'époque de la mélancolie et du suicide. Mais tous les nuages du ciel le plus noir ne sauraient obscurcir le pur éther d'une âme limpide. Sur les malades mêmes l'influence morale de la manie qui les obsède est moins forte que l'influence physique de l'atmosphère. L'homme, toujours porté à se tourmenter lui-même, rattache certaines idées funestes à des faits qui se produisent pendant l'automne, par exemple à la chute des feuilles ; ce sont ces idées qui torturent l'esprit et l'accablent.

« Si même, chez l'*hypocondriaque*, les craintes, les inquiétudes croissent ou diminuent selon les variations de la température, c'est toujours, en définitive, de l'action de la volonté que dépendent la disposition mentale du malade et le résultat qu'elle amène.

« L'hypocondrie suppose toujours un caractère faible, ou tout au moins un affaiblissement temporaire. Reconnaître sa faiblesse d'âme et la combattre sans trêve ni repos, c'est, dans ce cas, le meilleur moyen de se guérir (1). »

Nous pourrions citer de nombreux exemples ; ils ne sont pas rares. Contentons-nous des suivants :

Au témoignage du médecin anglais Mead, une dame, après avoir souffert pendant de longues années d'une ascite compliquée d'atrophie des membres, se guérit de cette maladie toute physique et nullement imaginaire, en imprimant à ses pensées une direction déterminée vers un seul objet.

(1) *Médical Reports*, 1830.

Mead rapporte un autre fait analogue : une dame dans la période la plus douloureuse de la consomption fut délivrée des symptômes les plus graves par un regard jeté en arrière sur une partie de son existence qui semblait être pour elle un sujet d'éternel repentir.

Le professeur Conring fut guéri de la fièvre tierce par le plaisir que lui fit éprouver un entretien avec le savant anatomiste Meibom.

On attribuera peut-être au hasard le plus grand nombre de ces faits singuliers, mais le hasard ne peut les expliquer tous.

Dans un ouvrage inappréciable, Marc Herz(1) cite plusieurs exemples de cas semblables, où le même succès a couronné les intentions du médecin.

Quel est le médecin qui, dans le cercle de ses observations, si étroit qu'il puisse être, n'en ait pas recueilli un grand nombre de ce genre? Ne sont-elles pas, surtout dans les grandes cités, presque aussi fréquentes que toutes les autres espèces d'observations médicales? L'*atmosphère des villes* n'est-elle point, pour ainsi dire, formée des passions, des soucis et des pensées de leurs habitants? Le *suicide*, quoique Werther inspire l'intérêt qui s'attache au malheur, le suicide n'est-il point l'hé-

(1) Marc Herz, *Versuch über den Schwindel.* Berlin, 1791.

ritage des caractères trop sensibles, des âmes trop impressionnables, trop faibles pour résister au choc de la réalité?

J'en appelle au témoignage de tout médecin qui a sérieusement pratiqué son art. C'est en remplissant avec abnégation ses devoirs qu'il a pu traverser, dans les jours difficiles, les dures épreuves et les périls de son existence physique et morale. Le *devoir*, comme la lance d'Achille, guérit les blessures qu'il a faites.

Goëthe, et je le cite parce que, en l'absence de la forte impulsion que donne la profession de médecin, la *volonté* seule agissait en lui, et que son exemple est ainsi d'autant plus frappant, Goëthe raconte le fait suivant :

« Dans une fièvre putride épidémique qui exerçait autour de moi ses ravages, j'étais exposé à une contagion inévitable ; je parvins à m'y soustraire par la seule action d'une volonté ferme. On ne saurait croire combien la volonté a de puissance en de pareils cas ; elle se répand, pour ainsi parler, dans tout le corps, et le met dans un état d'activité qui repousse toutes les influences nuisibles. La crainte est un état de faiblesse aux attaques victorieuses de l'ennemi. »

On peut citer Goëthe quand il est question de la vie de l'âme ; car, chez lui, tout est réel et positif ;

on ne saurait dire de cet homme comme de certains autres : ce n'est rien qu'illusion.

A la suite d'un repas, où l'on avait bu au delà du nécessaire, Cambronne, le héros légendaire de Waterloo, étant à Strasbourg, chef de bataillon, donna un soufflet à l'un de ses camarades. S'étant battu en duel, il eut le malheur de tuer celui qu'il avait insulté. Il en ressentit un si vif chagrin qu'il jura de ne plus boire ni vin, ni liqueur spiritueuse, et il tint parole.

On voit, par cet exemple, l'empire d'une volonté forte sur les habitudes vicieuses (1).

Qu'est-ce que la *vie*, sinon le travail de la volonté, qui tend à soumettre les forces extérieures, et, par les conquêtes sans fin, à changer l'état de l'individu, sans modifier son essence ? L'activité spontanée est la condition de l'existence ; elle-même, elle a dans l'homme pour condition le développement des forces intellectuelles : penser, vouloir, agir, termes corrélatifs ; plus forte est la pensée dans l'homme, plus vive est la spontanéité, et celle-ci, c'est la vie même.

L'homme est enveloppé de mille influences qui le pressent ; le monde tout entier pèse sur lui, mais rien n'est plus fort que son caractère. Les êtres de la nature n'étant que des forces manifestées, le tout de l'homme c'est l'*énergie* avec laquelle il se mani-

---

(1) Foissac, *Hygiène de l'âme.* 2ᵉ édition, p. 345.

feste. Si cette énergie ne s'éveille pas en lui spontanément, il faut que, par une secousse violente, il
se place dans un état où il soit *forcé de vouloir*.

Agir, c'est vivre;

Un vieux proverbe dit qu'on ne meurt pas en
voyage ou la veille d'un mariage.

Écoutez Bulwer, ce penseur profond : « Presque
jamais, dit-il, surtout dans la jeunesse, une maladie n'est incurable tant que l'esprit n'est pas
frappé. Que l'être le plus délicat et le plus chétif
s'adonne à un travail continuel, il n'aura pas le
temps d'être malade : l'oisiveté le tuera. L'acier
qui ne sert pas se rouille. »

C'est dans le même sens que le Bonhomme
Richard (1) a dit : « L'oisiveté ressemble à la rouille;
elle use beaucoup plus que le travail : la clef dont on
se sert est toujours claire. »

Enfin, quelle que soit la valeur de cette observation, quand même le travail et l'inertie produi-
raient les mêmes maux, encore faudrait-il avouer
que l'un a sur l'autre des avantages réels comme
moyen de consolation et de salut.

Bornons-nous là : nous n'avons pas besoin d'autres faits pour démontrer que l'âme a le pouvoir
d'éloigner du corps les maladies.

(1) Franklin, *la Science du bonhomme Richard*. Paris, 1822,
page 7.

IV

LA BEAUTÉ EST LE REFLET DE LA SANTÉ

> Rien n'est vénérable que la nature,
> rien d'aimable que la santé.
> Fn. de Schlegel.

Nous avons constaté, dans le premier de ces fragments, la force de résistance que possède l'esprit de l'homme contre la masse des influences extérieures. Des mystiques, hommes d'esprit, ont dit : « Puisque notre corps est l'instrument de la civilisation et des métamorphoses du monde, l'empire sur soi-même, c'est l'empire du monde. »

Nous n'avons point osé aller jusque-là.

Cependant, le hasard a fait tomber entre nos mains un livre où nous ne nous attendions guère à rencontrer des réflexions à l'appui de cette idée, singulièrement originale. J'y trouve un passage qui exprime nettement, plus nettement que nous n'avons cru pouvoir le faire, notre pensée à cet égard :

« Est-ce vraiment une absurdité de croire que

l'âme et le corps ont l'un sur l'autre une action
réciproque, comme l'est toute action parfaite; que
l'âme, sorte de fluide insaisissable, pénétrant partout sans obstacle, exerce son influence sur le
monde extérieur, et que, dans ses manifestations
les plus vives, elle modifie, conformément à ces
manifestations mêmes, le milieu matériel où elles
se produisent? La logique nous mène droit à cette
hypothèse: la présence de l'homme de bien amé-
liore le sol et purifie l'air; le méchant et son crime
répandent autour d'eux une sorte de contagion
physique, et, sur leur passage, l'homme de bien
est pris de frisson, l'homme faible éprouve la tentation de faire le mal. Cela semble aujourd'hui un
paradoxe absurde et bizarre; mais, dans cent ans,
ce sera peut-être une vérité vulgaire, presque tri-
viale. Qu'on songe seulement à la croyance populaire au sujet des lieux où a été commis un assassinat. La croyance populaire vaut bien qu'on l'interroge : c'est le témoignage universel constatant
les faits sans les interpréter. Il est dommage qu'on
ignore si le célèbre docteur Heim, de Berlin, lui
qui excellait dans le diagnostic des maladies, et
qui distinguait par l'odorat les diverses éruptions
cutanées, ne flairait pas aussi, par le même organe,
les différences morales des personnes avec lesquelles il se trouvait en rapport. »

Je laisse au lecteur le soin d'apprécier ce frag-
ment curieux ; mais encore une citation ; je veux
rappeler aux dames, qui jetteront peut-être les
yeux sur ce volume, une phrase remarquable de
notre Staël allemande: « C'est un moyen pour nous
de recouvrer la santé que d'avoir horreur de la
maladie et de bien comprendre que la santé fait
notre beauté et notre charme. »

Tâchons de nous pénétrer de cette idée ; dans
la personne humaine, l'état physique est l'expression de l'état moral.

Lavater, dans un de ses plus beaux chapitres (1),
s'efforce de prouver qu'il existe une harmonie visible entre la *beauté morale* et la *beauté physique*,
entre la laideur physique et la laideur morale ; et
cette relation, il l'affirme avec certitude, comme
il est certain que la sagesse éternelle a donné à
chaque être sa forme particulière et déterminée.
Toutefois, il faut entendre, par ce mot de *beauté*,
non le charme qui excite un attrait passager, mais
l'esprit qui respire dans l'ensemble de l'être ; et,
de plus, il faut faire abstraction de l'empreinte
indélébile que laissent tous les excès des passions.

S'il appartient aux physionomistes de montrer,
par des preuves presque irréfutables, que toute

(1) Lavater, *Physiognomische Fragmente.* Winterthur,
1775 78.

organisation individuelle porte en elle-même les
lois et les modes de ses développements ultérieurs,
et que la nature procède dans le monde matériel
avec une logique semblable à celle qui gouverne
le monde des intelligences, nous, à notre point de
vue spécial, nous dirons que l'esprit, ayant une
action sur la forme du corps, révèle sa puissance
aussi bien par la beauté que par la *santé*.

Le *caractère*, c'est-à-dire la manière habituelle
de sentir et de vouloir (1), influe sur les muscles
volontaires, et, par conséquent, sur les traits du
visage. Le sourire, la moquerie, les larmes, les
mouvements nerveux, souvent renouvelés, agissent sur les parties molles de la face, y marquent
leur trace, en y laissant une disposition toujours
plus grande à s'y reproduire, et finissent par exercer une action permanente sur les muscles et sur
le tissu cellulaire.

L'action fréquente des muscles finit par modifier
à son tour les parties dures sous-jacentes. Chez
combien de personnes le crâne n'a-t-il pas subi des
changements plastiques par l'action continuelle
des muscles qui s'y attachent (2)? C'est là peut-

(1) Consultez J.-A.-E. Sené, *de l'Habitude. Essai physiologique.* Thèse de la Faculté de Paris, 1842.
(2) Voyez L.-A. Gosse (de Genève), *Essai sur les défor-
mations artificielles du crâne.* Paris, 1855, in-8, avec 7 pl.
(*Ann. d'Hygiène*, 1855, 2ᵉ série, t. III, p. 347, et t. IV, p. 5.)

être une question importante pour la cranioscopie qui, jusqu'ici, paraît s'être trop exclusivement occupée des phénomènes produits dans l'intérieur de la boîte osseuse.

Les hommes d'un tempérament passionné ont, dans leur vieillesse, beaucoup plus de *rides* au front que les hommes calmes. Ils ont, en effet, bien plus souvent contracté les muscles de la face et les plis formés par ces mouvements ne peuvent pas disparaître.

L'habitude donne aux traits de la face tantôt une mobilité extraordinaire, tantôt une expression permanente, dont on a pu quelquefois tirer parti pour découvrir le caractère et les mœurs des hommes. *Ex vultibus hominum mores colligo,* a dit Pétrone. Le calme habituel, le contentement, les noirs chagrins, l'ambition, la jalousie, la haine, le penchant à la colère, la luxure, etc., sont gravés, en quelque sorte ineffaçables, sur le visage de ceux qui sont maîtrisés depuis longtemps par ces affections de l'âme.

De même pour tous les organes, pour toutes les parties du corps.

Qu'un homme, exempt de graves soucis, respire quelque temps à pleins poumons, son thorax se dilate, à l'avantage des organes qu'il renferme. Soumettez à la même épreuve une personne en qui la circulation éprouve de la gêne par suite d'ennui et de chagrin, vous verrez se produire des symptômes fâcheux : troubles de la sécrétion et de l'excrétion, faiblesse de la nutrition, etc.

L'individu conserve pendant toute sa vie le caractère organique des impressions morales qu'il a subies habituellement ; et ce fait est d'autant plus inévitable, d'autant plus manifesté, que les impressions ont agi plus tôt, avec plus de force et de violence, qu'elles ont été plus conformes aux dispositions naturelles et plus fréquemment renouvelées.

L'homme est, pour ainsi dire, un cercle vivant : tout s'enchaîne dans son organisme. Ce qu'indique à première vue une face pâle et ridée, d'autres signes l'annoncent et le confirment, comme la faiblesse de la voix, une marche vacillante, une écriture mal assurée (1); l'indécision de l'esprit, l'assujettissement aux variations atmosphériques et l'envahissement de la maladie qui, peu à peu, gagne jusqu'au fond toute l'économie. L'esprit a des poisons qui tuent le corps, des fruits bienfaisants qui le conservent et le guérissent. La *beauté* elle-même n'est, en un sens, que le signe de la santé : l'harmonie dans les fonctions se manifeste par l'harmonie dans les formes. Donc, si la vertu

(1) Voyez V. Marcé, *De la valeur des écrits des aliénés au point de vue de la séméiologie et de la médecine légale.* (*Ann. d'Hyg.*, 1864, 2ᵉ série, t. XXI, p. 379.)

embellit, si le vice est une cause de laideur, peut-on nier que l'une ne conserve la santé et que l'autre ne l'altère?

La *nature* est, si j'ose dire, un tribunal secret; sa juridiction, patiente, inaperçue, ne laisse rien échapper; elle connaît les fautes qui se cachent aux yeux de l'homme et que ses lois ne peuvent atteindre. Ses décisions souveraines, éternelles, comme tout ce qui émane du premier principe, produisent sur les générations leurs effets inévitables, et le petit-fils qui médite avec désespoir sur le mystère de ses souffrances peut en trouver la cause dans les excès de ses aïeux. Le vieil adage tragique : « C'est au coupable qu'est dû le châtiment, » trouve son application, non seulement au point de vue de la morale et du droit, mais encore au point de vue physique.

Voici les divisions de l'*hérédité* établies par P. Lucas (1).

L'hérédité est *directe*, quand elle s'exerce des parents sur les enfants; *collatérale*, quand la maladie ou la disposition transmise procède de collatéraux; elle est dite *par atavisme* ou *en retour* quand elle saute une génération et quand la tare morbide vient des grands parents; enfin on appelle hérédité *par influence* cette hérédité.

(1) Lucas, *Traité physiologique et philosophique de l'Hérédité naturelle.* Paris, 1847-50.

encore mal démontrée qui accuserait l'empreinte d'un
premier mariage sur les produits d'un second.

D'un autre côté, l'hérédité est *physique* ou *morale*.
L'hérédité *physique* comprend : l'hérédité *anatomique*
ou hérédité de la forme et de la structure ; l'hérédité
physiologique ou hérédité des fonctions ; l'hérédité
morbide ou *pathologique*, ou hérédité des maladies.
L'hérédité *morale* embrasse l'hérédité des penchants et
l'hérédité des aptitudes affectives et intellectuelles.

Ce que les mystiques, déjà cités, ont dit sur
l'origine des maux qui se perpétuent dans l'espèce humaine demande à être réédifié par un naturaliste ami de l'humanité. Il montrera, et chaque
jour avec une évidence plus grande, que l'état de
faiblesse et même les maladies de la génération
actuelle ont leur source plutôt dans des causes
morales que dans des causes physiques, et que,
pour les prévenir et les extirper, le remède nécessaire n'est pas seulement cette éducation matérielle, soi-disant virile, donnée dans des lycées,
mais bien davantage une éducation plus élevée,
d'un ordre différent, et qui doit commencer par
nous-mêmes.

On a souvent reproché aux médecins, et quelquefois avec raison, d'être des matérialistes exclusifs,
et de ne voir dans l'homme qu'un assemblage d'os,
de cartilages, de muscles, de viscères et de mem-
branes, mis en mouvement par l'oxygène de l'air

et par le sang. Cette accusation ne saurait atteindre notre théorie. Nous ne contredisons point le moraliste ni le prêtre en prouvant l'accord de la vertu et de la santé. Chez les hommes où la nature bienveillante a facilité, par une heureuse organisation, le développement des tendances morales (et comme il y a dans les arts des génies supérieurs, il est aussi, dans l'ordre moral, des âmes privilégiées, Marc-Aurèle, par exemple, Socrate, Howard, Penn, etc.), cette harmonie de la santé de l'âme et de celle du corps se révélera certainement d'une manière plus manifeste et plus charmante que chez les êtres moins favorisés, où, pour tirer d'un sol aride un peu de fleurs et de fruits, il faut une lutte douloureuse de l'esprit contre la matière. Mais les rayons de la lumière céleste, comme les éclairs de la foudre, brilleront avec d'autant plus d'éclat qu'ils perceront une nuit plus profonde; ils transfigureront l'enveloppe matérielle, ainsi qu'on l'a vu sur le visage de Socrate, et les paroles d'Appollone se vérifieront chaque jour davantage : « Les rides. mêmes ont leur printemps. »

Tout bien considéré, la *beauté* proprement dite est-elle autre chose que cette transfiguration du corps par l'âme? La *santé* est-elle autre chose que la beauté dans les fonctions de la vie? Lorsque la vertu trouve un instrument bien accordé, ses

heureux effets se produisent trop facilement pour
qu'on en remarque l'excellence; ils paraissent
alors tout simples et tout naturels. Mais s'il lui
faut, avec efforts, tirer d'un instrument discor-
dant des sons harmonieux, ce miracle soulève un
étonnement général. De même que, dans un moment solennel, la beauté longtemps cachée peut
tout à coup illuminer la face d'un homme de bien,
de même, souvent, pour acquérir le bien précieux
de la santé, il suffit d'une seule résolution hardie
et profonde.

« Ne songez pas, dit Lavater, le physionomiste
inspiré, ne songez pas à embellir l'homme sans le
rendre meilleur. »

Nous ajoutons avec une foi pleine et entière :
« Si vous ne le rendez meilleur, ne songez pas à
conserver sa santé ! »

V

FACULTÉS INTELLECTUELLES

Les psychologues modernes reprochent à leurs devanciers d'avoir méconnu l'unité de l'esprit humain, en distinguant plusieurs facultés d'un ordre inférieur et d'un ordre supérieur : la raison, l'entendement, la volonté, l'imagination, la mémoire, etc.

Si, par *facultés*, on entend des forces particulières, agissant d'après des lois propres, ce blâme est fondé ; car l'esprit est une force unique, complète, indivisible, et l'on ne peut rien distinguer en lui que les formes et les manifestations de son activité.

Mais il est certainement très utile de classer avec netteté et précision les caractères de ces manifestations diverses. Nous devons donc remercier l'ancienne école de nous avoir appris à analyser l'homme, au lieu de le regarder avec ébahissement comme une merveille.

Nous suivrons les leçons de nos maîtres, et, sans renoncer à contempler et à admirer dans son

ensemble la faculté intellectuelle de l'homme, nous
étudierons l'action de cette faculté dans la diver-
sité de ses phénomènes. Ils forment trois groupes
différents, et peuvent se classer ainsi : *faculté de
penser, faculté de sentir* (dans laquelle se confondent l'*imagination* et le *sentiment*), *faculté de vouloir*. La vie intellectuelle a pour nourriture les *pensées ;* pour air vital les *sentiments ;* pour exercices
de force les *actes de volonté.*

Examinons, sous ce triple aspect, comment se
produit l'action de l'âme contre les souffrances
matérielles qui menacent l'homme.

Si, dans le domaine de l'esprit, on veut admettre une sorte d'échelle graduée, il faut placer au
rang le moins élevé l'*imagination ;* au milieu, la
volonté ; au sommet, la *raison.* C'est du moins l'ordre dans lequel les facultés se développent pendant notre vie : l'enfant rêve, l'adolescent désire,
l'homme pense ; et, s'il est vrai que la nature, dans
son action, procède du petit au grand, cette gra-
dation est prouvée. C'est par l'imagination qu'elle
commence ; imitons-la ; car l'imagination est comme
un pont jeté entre le monde physique et le monde
intellectuel.

VI

IMAGINATION

> L'imagination joue dans la complexion humaine le rôle de Mercure : c'est elle qui préside à tout; c'est par elle que l'homme est si bon et si mauvais.
>
> HEINSE.

C'est une force merveilleuse, variable, insaisissable, dont on ne sait dire avec certitude s'il faut l'attribuer au corps ou à l'âme, si nous la gouvernons ou si nous sommes gouvernés par elle, et c'est là précisément ce qui la rend plus particulièrement propre à servir d'intermédiaire à l'action du moral sur le physique, et ce qui lui donne pour nous plus d'importance. En effet, par un examen attentif des phénomènes qui se passent en nous, nous reconnaîtrons que ni la pensée ni le désir n'ont sur notre corps une action immédiate; ils ne se manifestent que par le secours de l'imagination; observation également précieuse pour le psychologue et pour le médecin. L'imagination est la mère nourricière, l'agent, la force motrice de tous les membres isolés de l'organisme intellectuel. Sans elle, toutes les images sont obscurcies, toutes les idées muettes et stériles, tous les sentiments grossiers et brutaux. Elle est la mère des rêves, la mère de la poésie; et, sans poésie, rien de supérieur.

L'imagination est le prisme de l'âme, a dit le Dr V. De Sèze (1).

« En général, dit Herder, l'imagination est, de toutes les facultés de l'âme, la moins étudiée et celle dont l'étude peut être le moins approfondie; car, liée comme elle est à tout le système, surtout aux nerfs et au cerveau, ce que démontrent tant de maladies étranges, elle semble être, non seulement le lien et la base de toutes les facultés supérieures de l'âme, mais encore le nœud qui unit l'esprit et le corps; elle est, pour ainsi dire, la fleur de toute l'organisation matérielle, mise au service de la faculté de penser. »

Kant, le philosophe par excellence, l'adversaire de Herder, Kant a constaté aussi que la force motrice de l'imagination est bien plus intime et plus pénétrante que toute force matérielle. « Un homme, disait-il souvent, qui a goûté avec une jouis-

____

(1) De Sèze. *Recherches physiologiques sur la sensibilité ou la vie animale.* Paris, 1786.

sance profonde le plaisir d'une société agréable, mangera avec beaucoup plus d'appétit que s'il s'était promené à cheval pendant deux heures. Une lecture amusante est plus utile à la santé que l'exercice du corps. » C'est en ce sens qu'il regardait les *rêves* du sommeil comme une sorte de mouvement déterminé par la nature pour entretenir le mécanisme de l'organisation. Il explique le plaisir de la bonne société comme l'effet d'une bonne digestion, et le bien qui en résulte pour la santé, comme le véritable et le meilleur but de ces réunions où se dépensent les sentiments les plus délicats et tous les trésors de l'esprit.

Un autre penseur a nommé l'imagination : « le climat de l'âme. »

L'*Imagination*, dit le docteur Monin (1), est la grande fée qui distribue les biens et les maux. Nul n'est heureux, s'il ne croit l'être ; on n'est si malheureux que parce qu'on se fait une fausse idée du bonheur.

C'est dans l'imagination seule que les *maladies mentales* proprement dites ont leur racine et ce qu'on appelle leur siège.

Si elles avaient l'esprit pour foyer, elles seraient des erreurs ou des vices, et non pas des maladies. Si elles provenaient du corps, ce ne seraient point

(1) Monin, *le Bréviaire du médecin*, nouvelle édition. Paris, 1869, p. 346.

des *maladies de l'âme*. Pour produire ce triste fléau de l'humanité, il faut que le corps et l'âme soient mis en contact, et ce contact ne peut se faire que par l'imagination (1). Chasser au loin et pour toujours toutes les maladies de ce genre : voilà la tâche véritable et suprême de l'hygiène de l'âme.

L'imagination a son domaine en dehors du monde réel ; de l'exercice régulier ou désordonné de cette faculté capricieuse dépendent le *bonheur* et le *malheur* de la vie humaine.

Quand elle se développe outre mesure, elle nous fait rêver tout éveillés, et c'est le premier degré de la démence. Le regard même du poète, perdu dans la contemplation de l'idéal, n'a-t-il pas quelquefois attiré, comme par un charme funeste, des fantômes terribles qui l'obsèdent aussi longtemps que ses yeux restent détournés de l'étoile éternelle du beau ?

Même, dans les conditions ordinaires de l'existence, l'imagination n'exerce-t-elle point sur nous, par un travail obscur et incessant, une sorte de constance plastique ? Dans l'union du père et de la mère, ne contribue-t-elle pas, pour une part con-

(1) Voy. Cullerre, *Traité pratique des maladies mentales.* Paris, 1889 ; —Dagonet, *Traité des maladies mentales.* Paris, 1891 ; — Paul Garnier, *Thérapeutique des maladies mentales et nerveuses.* Paris, 1901.

sidérable, à déterminer d'avance les formes de l'enfant (1)?

Et si, en ce sens, l'homme tout entier est vraiment fils de l'imagination, cette faculté n'est-elle pas en nous un principe primordial? On peut dire qu'elle est en nous, avant que nous soyons nous-mêmes, et lorsque nous avons presque cessé d'être; elle est en nous, lorsque notre libre arbitre se trouve assujetti et enchaîné; dans l'enfance, dans le sommeil, dans la folie, dans le délire poétique, qui participe de tous trois.

Ce que le monde extérieur, avec toutes ses influences, est pour l'homme extérieur, l'imagination, ce monde extérieur qui enveloppe le fond et la substance de la vie, l'est pour l'homme intérieur. Comment donc son action sur la santé ne serait-elle pas décisive? « Souvent, dit Lichtenberg, je me suis abandonné pendant des heures entières à des rêves et à des fantaisies de toute sorte. Sans ce traitement moral que je suivais ordinairement pendant la saison des eaux, je n'aurais jamais atteint l'âge où je suis parvenu. »

En disant plus haut que le sentiment et l'imagination se confondent dans la même faculté, je n'ai pas voulu me soustraire à la tâche de donner une

(1) oyez, E. Bouchut, *Hygiène de la première enfance*, 8ᵉ édition. Paris, 1885.

définition plus précise de l'un et de l'autre. Mon
intention a été seulement de faire comprendre
qu'en effet le sentiment et l'imagination sont la
même faculté, considérée selon qu'elle est passive
ou qu'elle agit. Le travail de l'imagination implique
un sentiment, nous sentons alors ce que nous
imaginons. L'imagination, dans ce cas, est active;
le sentiment est passif. Avec un peu de réflexion,
on reconnaîtra qu'il ne s'agit pas ici d'un jeu de
mots. Présenter au monde le côté sensible de notre
être, c'est découvrir la poitrine devant l'épée de
l'ennemi; opposer à l'action des causes extérieures
une imagination active, c'est s'armer et se défendre. Donc, ici comme en tout le reste, la joie et la
douleur dérivent de la même source.

Tout le monde connaît, par des récits ou par des
exemples, la puissance salutaire ou terrible de
l'imagination dans certains états morbides. N'est-
il pas juste de conclure qu'une force capable de
guérir des maladies peut aussi les détourner, et
que la même cause qui a la puissance de les aggraver et de les rendre mortelles peut aussi les amener? Voyez combien sont profondes et dangereuses
les souffrances de ces malheureux qui s'aban-
donnent à l'idée fixe d'un mal imaginaire dont ils
se croient ou atteints ou menacés? Tôt ou tard, ils
l'amènent réellement.

La cause physiologique d'un semblable phénomène est une tension nerveuse continuelle vers un
même organe, qui finit par être atteint dans sa
sphère végétative.

On se souvient de cet élève de Boerhaave, chez
qui tous les états morbides décrits par le maître se
manifestaient successivement : les fièvres et les
inflammations pendant le semestre d'hiver, les
névroses pendant le semestre d'été, si bien qu'il
fut obligé de renoncer à une étude qui mettait sa
vie en péril.

Un domestique anglais (1), pour avoir lu dans
un journal le récit d'une mort horrible causée par
la morsure d'un chien enragé, se trouva immédiatement atteint lui-même d'*hydrophobie*, et ne fut
sauvé que par le traitement approprié à cette
maladie.

Plusieurs personnes mordues par des chiens ont été
très malades, parce que, les supposant atteints de la
rage, elles se crurent menacées ou déjà affectées du
même mal.

La Société des sciences de Montpellier (2) rapporte
que, deux frères ayant été mordus par un chien enragé,
l'un d'eux partit pour la Hollande, d'où il ne revint qu'au
bout de 10 ans. Ayant alors appris que son frère était
mort hydrophobe, il fut tellement frappé de la crainte
de l'être lui-même qu'il en mourut.

(1) *Britannia*, april, 1825.
(2) Mémoire publié en 1730.

Des malheureux, à qui les débauches de leur jeunesse donnent des remords et qui redoutent les conséquences de leurs excès, se gravent dans l'esprit l'image des maux dont ils se croient menacés, et ces craintes incessantes amènent à la longue l'état caractérisé, par Melch. Ad. Weikard (1), du nom de *phtisie imaginaire*, triste mélange de terreurs morales et de maux physiques nés de ces terreurs mêmes.

Quand on étudie les maladies des yeux, il arrive souvent que, la crainte de l'amaurose frappant l'imagination, la vue finit par se troubler et s'affaiblir.

De nos jours, pendant le *choléra*, on a constaté plus d'une fois que des personnes bien portantes, au milieu d'une conversation sur les ravages de l'épidémie, ont subitement accusé des maux de ventre, et qu'à la suite de craintes d'abord imaginaires il s'est manifesté des symptômes réels de la maladie.

Je cite à dessein des exemples connus ; les journaux et les livres m'en fourniraient encore beaucoup d'autres.

Une dame ayant refusé l'aumône à un pauvre mendiant, celui-ci s'en vengea en lui annonçant qu'elle

(1) Weikard, *Der Philosoph Artz.*Frankfurt, 1798-99, 3 vol.

mourrait dans six mois. Quand elle eut atteint ce terme, la peur agit d'une manière si vive sur son esprit qu'elle mourut en effet.

On peut expliquer de même, par le travail de l'imagination, la mort du pape Clément, et celle de Philippe le Bel, cités, l'un à quarante jours, l'autre dans l'année, devant le tribunal de Dieu, par le grand-maître des Templiers.

Les *rêves* ont très souvent des effets prompts et violents.

Un jardinier rêva qu'un grand chien noir l'avait mordu; il ne pouvait montrer aucune trace de morsure, et sa femme, qui s'était levée au premier cri, lui assura que toutes les portes étaient bien fermées, et qu'aucun chien n'avait pu entrer. Ce fut en vain; l'idée du gros chien noir restait toujours présente à son imagination. Croyant le voir sans cesse, il finit par en perdre le sommeil et l'appétit, puis devint de plus en plus triste, rêveur et languissant. Sa femme, qui, raisonnable jusque-là, avait fait tous ses efforts pour le calmer et le guérir de son illusion, finit par croire que, n'ayant pas réussi, il devait y avoir quelque chose de réel dans l'état de son mari, et qu'ayant été couchée à côté de lui il était possible qu'elle eût aussi été mordue. Cette disposition d'esprit développa chez elle les mêmes symptômes que chez son mari, c'est-à-dire, abattement, lassitude, frayeurs et insomnie.

Le médecin, voyant échouer toutes les ressources de son art contre cette maladie de l'imagination, finit par leur conseiller, avec le ton d'une véritable confiance, de partir à la première lune pour un pèlerinage voisin, leur affirmant qu'ils seraient infailliblement guéris, à la condition toutefois que le voyage se ferait à pied et seulement au clair de lune.

Dès ce moment les malades furent plus tranquilles, et revinrent complètement guéris.

Ce n'était pourtant qu'un rêve, et un rêve ridicule, qui avait fait tous ces ravages sur la santé de deux personnes robustes.

Une demoiselle de Livonie rêva qu'un taureau furieux se jettait sur elle à coups de cornes. Ce rêve fit tant d'impression sur son esprit qu'elle en mourut le lendemain.

Tissot raconte qu'un paysan, ayant rêvé qu'un serpent s'était entortillé autour de son bras, en fut si effrayé qu'il se réveilla en sursaut, et que son bras resta depuis sujet à un mouvement convulsif qui se reproduisait plusieurs fois par jour, et durait souvent plus d'une heure sans que nul effort pût l'arrêter.

Le célèbre musicien Tartini (1713) se couche, ayant la tête échauffée d'idées musicales. Dans son sommeil agité, le diable lui apparaît jouant une sonate sur son violon et lui disant : « Tartini, jouerais-tu bien comme moi ? » Le musicien, enchanté de cette délicieuse harmonie, se réveille, court à son piano et compose sa plus belle sonate, *la Sonate du Diable*. Voilà bien une imagination d'artiste.

Mais que penser d'une charmante personne qui mourut dans l'espace d'une heure, se croyant déshonorée par un baiser que lui avait ravi furtivement son fiancé !

On conçoit mieux et on plaint davantage ce pauvre soldat breton qui, ne pouvant oublier le sol natal, meurt le jour même où on lui refuse son congé.

La concentration obstinée de la pensée sur un point de notre corps peut y déterminer de la douleur et même troubler l'économie tout entière. Sans parler des hypocondriaques, qui nous fournissent tous les jours des exemples, nous rapporterons un fait curieux, cité par le docteur Marmisse (de Bordeaux) (1) :

Une dame eut besoin d'être saignée. Sa femme de chambre, qui lui était très attachée, ressentit au moment de l'opération une émotion très vive, et tandis que le médecin enfonçait sa lancette dans le bras de la malade, elle, la servante, éprouva au pli du coude le sentiment d'une piqûre et vit peu de temps après apparaître une petite plaie dans cet endroit.

Hardy (2) rapporte le fait d'un étudiant qui, assistant à une de ses cliniques sur l'urticaire, lui montra, à la fin de la séance, ses mains et ses bras couverts de plaques qui venaient de se développer.

Voici un dernier fait, où la concentration de l'imagination a eu des effets bien plus terribles :

En 1750, à Copenhague, des médecins, voulant éprouver les effets de l'imagination sur le corps, obtinrent qu'un criminel condamné à la roue périrait par le moyen plus doux d'une hémorragie. Après l'avoir conduit les yeux bandés dans la pièce où il devait mourir, on piqua le patient au bras et aux jambes, et l'on simula un bruit d'écoulement de liquide. Bientôt le condamné fut pris de syncopes, de sueurs froides, de convulsions, et il mourut au bout de deux heures et demie. Ses piqûres avaient à peine saigné.

(1) Marmisse, *Union médicale*, 1862.
(2) Hardy, *Traité des maladies de la peau*. Paris, 1886, p. 615.

De même les *bâillements* ou l'*ennui* ne sont-ils pas, si je puis dire, épidémiques ?

N'ont-ils pas le même effet que la présence d'un traître au milieu d'une société d'amis?

L'*imitation* peut devenir la source de *névroses convulsives* et *mentales* (1).

« La vue des angoisses d'autrui, dit Montaigne, m'angoisse matériellement. Un tousseur continuel irrite mon poumon et mon gosier. »

Bien des personnes ne peuvent voir vomir devant elles sans éprouver des nausées.

Les épidémies de *dansomanie*, qui éclatèrent au moyen âge, n'avaient d'autre cause que l'influence de l'imagination et de l'imitation.

Dès le milieu du xviᵉ siècle, à la suite de la grande peste noire, qui avait précipité les populations de l'Europe occidentale dans la misère et le désespoir, on avait vu apparaître des bandes de *flagellants* parcourant les villes et les campagnes, ensanglantant publiquement leurs corps en expiation des péchés de leurs contemporains.

Cette frénésie extatique se répandit bientôt en se transformant, principalement sur les deux rives du Rhin et dans les Pays-Bas, et donna lieu à une épidémie qui est connue sous le nom de *grande danse de Saint-Guy* (2).

(1) Voyez Jolly, *De l'Imitation considérée dans ses rapports avec la philosophie, la morale et la médecine* (*Mém. de l'Acad. de méd.* Paris, 1846, tome XII, p. 581, et *Bulletin de l'Académie de méd* Paris, 1869, tome XXXIV, p. 93).

(2) Voy. Germain Sée, *De la Chorée* (*Mém. de l'Acad. de méd.* Paris, 1859, tome XV, pp. 371 et suiv.).

En 1491, tout un couvent de Cambrai est en proie aux malins esprits, qui torturent horriblement les religieuses pendant quatre ans. On les exorcise, et le démon répond qu'il s'est introduit chez ces moinesses par l'intermédiaire de Jeanne Pothieré, laquelle a eu commerce avec lui 434 fois.

Jusqu'au xvɪᵉ siècle, de nombreuses épidémies de *possession* désolèrent les couvents. Une religieuse commence, puis une seconde, et le mal finit par gagner la communauté entière.

La plus célèbre de ces épidémies fut celle de Loudun, qui se termina par le procès et la mort d'Urbain Grandier; — nous pouvons citer encore l'histoire des possédées de Louviers, qui fut observée au commencement du xvɪɪᵉ siècle par Yvelin, chirurgien d'Anne d'Autriche, et dont Michelet (1) a fait un récit si dramatique.

Thouret et Bailly racontent qu'en 1780, pendant la célébration de la première communion, dans la paroisse de Saint-Roch, une jeune communiante se trouva mal et fut prise de convulsions : celles-ci se propagèrent d'une manière si rapide qu'en moins d'une demi-heure dix-neuf enfants en furent atteints.

Le docteur Bouchut (2) rapporte un fait curieux dont il a été témoin :

Au mois de juin 1848, un atelier national de femmes avait été installé dans le manège Hope, placé dans de bonnes dispositions de salubrité. Le travail n'avait rien d'excessif.

(1) Michelet, *la Sorcière*, p. 208.
(2) Bouchut, *Nouveaux éléments de Pathologie générale*, 4ᵉ édition. Paris, 1882.

Cependant une des ouvrières perdit subitement connaissance; elle pâlit et eut des convulsions toniques et cloniques avec serrement des mâchoires. A l'autre bout du manège, une seconde ouvrière éprouva des accidents semblables, puis une troisième et, en deux heures, il y eut 48 de ces femmes, jeunes ou âgées, qu'on fut obligé d'emporter.

Le lendemain, les malades de la veille revinrent ; au bout de quelques heures, l'une d'elles fut reprise de syncope convulsive, et bientôt 45 montrèrent des accidents analogues.

Le troisième jour, 115 avaient été affectées. Quelques-unes ne ressentaient déjà plus rien ; 15 étaient encore à peu près sans connaissance ; quelques-unes, les yeux fermés avec rigidité des membres, le pouls très ralenti, insensibles à la piqûre d'une épingle. D'autres avaient des soubresauts et des secousses musculaires dans les membres. Toutes avaient le visage naturel : aucune n'eut de pleurs ni de suffocation véritable. Celles qui avaient repris leurs sens racontaient qu'elles avaient été prises d'étouffement avec fourmillements des membres, de vertiges avec besoin d'air, crainte d'une mort prochaine et qu'alors elles étaient tombées en convulsions. Un grand nombre éprouvaient pour la première fois toute espèce d'accidents nerveux.

Bouchut, ne trouvant rien dans le manège qui pût expliquer ces accidents, ni mauvaise odeur, ni excès de chaleur (le sol étant fréquemment arrosé), ni insuffisance d'air (il y avait 12 mètres cubes d'air par personne), ni accumulation d'acide carbonique, posa les conclusions suivantes:

Les accidents observés sont des syncopes convulsives, probablement de nature hystérique ; elles sont le résultat d'une contagion nerveuse ; il faut renvoyer les ouvrières malades pour empêcher la propagation du mal ; il faut ventiler le manège par des ouvertures dans le bas des murs.

Ces conclusions furent adoptées et la peur du renvoi de l'atelier, l'absence de tout principe contagieux, ou la ventilation plus complète firent cesser immédiatement ces accidents.

Une épidémie d'hystéro-démonopathie, qui sévit à Morzines, en Savoie, en 1861, a été étudiée par M. le docteur Constans (1). Nous empruntons à cet auteur le récit de ces faits :

« La plupart des malades sont célibataires, hystériques, chloro-anémiques ou scrofuleuses ; leur appétit est capricieux, leur sommeil inconstant et léger. Paresseuses, exaltées et loquaces, elles se réunissent entre elles, jouent aux cartes, s'excitent mutuellement et masquent l'insuffisance de leur nourriture par un usage immodéré du café noir. Pour elles, tout est une occasion de crises, mais rien ne les produit plus sûrement que quand on vient à mettre en doute leur possession. Elles se donnent alors en spectacle et s'ébattent. La crise est annoncée par des bâillements, des pandiculations, quelques tremblements, des mouvements saccadés et choréiformes, des alternances de dilatation et de contraction des pupilles et par un certain air effaré. Les cris, les vociférations, les jurements surviennent ; la physionomie s'injecte et revêt l'expression de la fureur. Leur respiration est

(1) Constans, *Relation sur une épidémie d'hystéro-démonopathie en 1861, à Morzines*. Paris, 1863.

haletante, les mouvements, bornés d'abord aux parties
supérieures, gagnent successivement le tronc et les
extrémités ; l'agression commence : meubles, chaises,
tabourets sont jetés sur les assistants. Puis, les con-
vulsionnaires se précipitent sur leurs parents ou sur
les étrangers, les frappent, se frappent elles-mêmes,
se meurtrissent le ventre ou la poitrine, se tournent,
se retournent, se renversent en arrière et se relèvent
comme par une détente de ressort. Cette crise dure
de vingt à vingt-cinq minutes, et pendant ce temps le
pouls se concentre, les mains sont glacées ainsi que
les pieds. Vers le déclin de l'accès, quelques gaz s'é-
chappent par la bouche ; les malades promènent avec
égarement leurs regards autour d'elles, arrangent leurs
cheveux, ramassent leur bonnet, boivent quelques
gorgées d'eau et reprennent leur ouvrage, tout en dé-
clarant qu'elles n'éprouvent aucune lassitude et qu'elles
ne se souviennent de rien. »

De tout temps, on a observé que la *monomanie du
suicide* était contagieuse, et qu'à un individu qui s'était
tué en succédait souvent un autre qui venait se tuer
au même endroit et de la même manière que le précé-
dent. Il y eut même ce que l'on pourrait appeler des
épidémies de suicides.

« Plutarque (1), dit Aulu-Gelle (2), rapporte, à propos
des maladies dont l'âme peut être atteinte, que presque
toutes les jeunes filles de Milet formèrent subitement
et sans motif connu le dessein de se donner la mort,
et qu'un grand nombre se pendirent. Ces suicides se
renouvelant tous les jours et devenant de plus en plus

(1) Plutarque, *Traité de l'âme*, livre Ier.
(2) Aulu-Gelle, *Nuits attiques*, liv. XV, chap. x.

nombreux et aucun remède ne pouvant guérir cette manie obstinée, les Milésiens décrétèrent que les jeunes filles qui seraient trouvées pendues seraient portées en terre toutes nues avec le lien dont elles se seraient servies. Aussitôt les suicides cessèrent ; la pudeur triompha d'une maladie incurable. »

Les idées mystiques qui avaient cours parmi les premiers chrétiens, et leur faisaient considérer la vie comme un mal, donnèrent naissance à la secte des Donatistes. « Une partie de ces fanatiques, dit Gibbon (1), détestait la vie et désirait vivement recevoir le martyre. Il leur importait peu par quel supplice ou par quelles mains ils périssaient, pourvu que leur mort fût sanctifiée par l'intention de se dévouer à la gloire de la foi et à l'espérance d'un bonheur éternel... Ils désignaient un jour, où, en présence de leurs amis et de leurs parents, ils se précipiteraient du haut d'un rocher, et on montrait plusieurs précipices devenus fameux par le nombre de ces suicides. »

L'imitation dans le suicide affecte, en général, la plus bizarre fidélité dans la reproduction de l'acte. Cette fidélité ne s'étend pas seulement au choix des mêmes moyens et du même lieu, mais souvent à la plus minutieuse représentation de la première scène.

Sous l'Empire, au camp de Boulogne, un soldat se tue dans une guérite ; plusieurs soldats successivement choisissent cette guérite pour se tuer. Napoléon fait brûler la guérite, et tout est dit.

A l'Hôtel des Invalides, du temps du gouverneur

(1) Gibbon, *Hist. de la décadence de l'Empire romain*, ch. xxi, trad. du *Panthéon littéraire*, t. I, p. 492.

Serrurier, un soldat se pend à une porte; dans l'espace d'une quinzaine de jours, douze invalides se pendent à la même porte; le gouverneur la fait murer; la porte disparue, personne ne se pend plus.

Dans un régiment en garnison à Malte, les suicides se succédaient d'une manière effrayante : le commandant, après avoir vainement essayé plusieurs moyens, résolut de refuser désormais aux suicidés la sépulture selon les rites chrétiens. L'esprit d'imitation s'arrêta tout à coup.

Primerose assure que, de son temps, les femmes de Lyon furent possédées de l'envie de se détruire en se jetant dans le Rhône ou dans les puits de la ville.

En 1813, dans le petit village de Saint-Pierre-Montjeau, dans le Valais, une femme se pendit ; un grand nombre d'autres suivirent son exemple, et si les autorités n'étaient intervenues, la contagion aurait pu se répandre indéfiniment.

Une femme, dit Brierre de Boismont, qui avait l'idée de se tuer, apprend qu'une de ses amies vient de mettre fin à ses jours ; elle se donne aussitôt la mort de la même manière.

Quelquefois, cette influence ne se fait sentir qu'au bout d'un laps de temps considérable.

Une femme, en entrant dans sa chambre, trouve son mari pendu; elle reste anéantie; revenue à elle, son caractère change ; elle devient morose et mélancolique: elle parle toujours de mourir, mais ce n'est que douze ans après qu'elle met son projet à exécution, en se pendant à son tour.

De même que pour les femmes, l'habitude de parler d'un sujet lugubre, devant des enfants toujours faciles à émouvoir, suffit pour exercer une action contagieuse sur leurs jeunes imaginations.

L'influence de l'imitation se manifeste encore à l'occasion de quelque événement extraordinaire ou qui a eu un certain retentissement.

C'est ainsi qu'un suicide accompli par des malheureux qui se sont jetés du haut des tours de Notre-Dame, de la colonne Vendôme, de l'Arc-de-Triomphe de l'Étoile, a été plusieurs fois suivi de suicides semblables.

Avant que le canal Saint-Martin, à Paris, fût comblé, il était de notoriété publique que le nombre des noyés par suicide y était incomparablement plus considérable que dans la Seine.

Il y a un fait curieux à noter, c'est l'impression que produisent des récits de ce genre sur certaines personnes. On en voit qui avouent ou qui laissent deviner, à un regard, que, placées dans les mêmes circonstances, leur vie n'aurait tenu qu'à un fil.

Schlegel a dit : « L'ivrognerie est la principale cause du suicide en Angleterre, en Allemagne, et en Russie ; le libertinage et le jeu, en France ; la bigoterie, en Espagne. »

A côté des suicides imités, on rapporte des *homicides imités*.

Esquirol (1) cite six exemples d'individus tourmentés du désir de tuer leurs enfants, et cela depuis le crime de la fille Henriette Cornier.

N'est-ce pas un phénomène psychologique analogue qui cause cette attraction invincible subie par tous les grands criminels venant assister au spectacle de la guil-

_____

(1) Esquirol, *Des Maladies mentales*. Paris, 1838.

lotine bien avant le crime qui doit les y faire monter à leur tour?

On croira difficilement qu'il ait existé à Berlin, pendant les guerres de la République et du Consulat, un *club du suicide*, destiné à propager cette funeste manie. Le fait est pourtant positif et attesté par J. Schoen (1). Cette société était composée de six personnes qui affichaient hautement l'intention de se détruire et cherchaient par tous les moyens à faire des prosélytes. On se moqua de leur folie; mais trois suicides eurent lieu conformément aux principes de la société, et à la fin tous les six prouvèrent leur bonne foi; le dernier se tua en 1817.

Un club du suicide a également existé à Paris. On y comptait douze personnes: le règlement portait qu'on élirait tous les ans celui des membres qui se donnerait la mort.

Tout praticien, surtout à notre époque de civilisation raffinée, trouve fréquemment l'occasion d'observer, sur lui-même et sur de nombreux sujets, des phénomènes analogues.

Puisque l'imagination peut attirer sur l'homme tant de périls et de souffrances, ne doit-elle pas aussi avoir la puissance de le rendre heureux? Si, pour me croire malade, je le deviens réellement, ne puis-je aussi conserver ma santé par une ferme persuasion que je me porte bien?

(1) Schoen, *Statistique générale et raisonnée de la civilisation européenne.* Paris, 1834, in-12.

Les preuves abondent à l'appui de cette opinion, et nous pourrions parler ici des effets merveilleux que produisent, pour la guérison des maladies, la *confiance* et l'*espoir*.

A Athènes, la statue du Scythe Toxaris et celle de l'athlète Polydamas, aux champs Olympiques, guérissaient de la fièvre. On était persuadé qu'il suffisait que le malade y touchât pour recouvrer la santé; on y venait en foule de toutes parts.

On croyait que Pyrrhus, en touchant, avec le pouce de son pied droit, un homme indisposé de la rate, le guérissait de son mal !

Peisse (1) raconte, d'après le père Kircher, qu'aux environs de Bracciano il y avait une caverne pleine de serpents qui guérissaient la lèpre. Le malade, préalablement purgé, était étendu nu sur le sol de la grotte : il ne tardait pas à suer sous l'influence de la chaleur considérable du lieu : alors les serpents arrivaient alléchés par l'odeur de la sueur, s'enroulaient autour du corps du patient et le léchaient délicatement. Au bout de deux heures, on le retirait pour recommencer les jours suivants. Il est difficile de trouver une recette thérapeutique plus ridicule; mais il faut reconnaître qu'elle avait, à cette époque, une forme scientifique, elle se justifiait par ses rapports avec des dogmes physiologiques acceptés; elle était d'ailleurs attestée par de nombreux témoignages auxquels la critique historique ne trouvait rien à redire. Les serpents se

(1) Peisse, *la Médecine et les médecins*. Paris, 1857, t. 1, p. 34.

chargeaient des principes morbides exhalés par la peau
du lépreux, comme les chiens couchés avec un goutteux
prenaient la goutte à leur compte. De notre temps,
maint procédé thérapeutique n'a pas une justification
plus rigoureuse.

Souvent, pour guérir une imagination frappée dans
un sens, il faut la frapper plus fortement dans un sens
contraire.

Boerhaave arrête la propagation d'une épidémie d'é-
pilepsie, qui sévissait dans l'hospice des orphelins de
Harlem, en menaçant de brûler les premiers qui en
seraient atteints, dans un grand feu allumé par ses
ordres au milieu de la cour de l'hospice.

Le prince de Hohenlohe et madame de Saint-Amour
faisaient des miracles... de confiance. Quand ils disaient
aux malades qui avaient foi en eux : « Arrachez vos
emplâtres, enlevez vos bandages, jetez-là vos béquilles,
vous êtes guéris, » il n'est pas impossible que les plus
crédules, dont l'esprit était fort tendu, aient éprouvé
un soulagement momentané.

Nous ferons seulement une remarque : c'est que
ce qui a là vertu de guérir des organes malades doit
avec plus d'efficacité conserver des organes sains.
Tous ces moyens curatifs sont du domaine de
l'imagination, et dans la même classe viendront se
ranger, par les progrès du temps et de la science,
bien des remèdes que nous rapportons aujourd'hui
à d'autres principes.

Un jour, une malade demande certaines pilules que le médecin lui refuse; elle insiste; le méde-

cin fait semblant de lui céder et lui administre des pilules de mie de pain dorées. Le lendemain, joie et remercîments de la malade : non seulement les pilules ont eu l'effet désiré, mais encore elles ont provoqué des vomissements très salutaires. Pour être produit par l'imagination, cet effet en était-il moins réel?

La malade était l'impératrice Marie-Louise, et le médecin était Corvisart.

Un médecin anglais donnait ses soins à un homme atteint depuis longtemps d'une *paralysie de la langue* et que nul traitement n'avait pu guérir. Il voulut essayer sur ce malade un instrument de son invention, dont il se promettait un excellent résultat. Avant de procéder à l'opération, il lui introduit dans la bouche un thermomètre de poche. Le malade s'imagine que c'est là l'instrument sauveur; au bout de quelques minutes, il s'écrie plein de joie qu'il peut remuer librement la langue (1).

Ce n'est pas ici le lieu d'examiner quels sont, parmi les phénomènes du *magnétisme animal*, ceux qui appartiennent à la catégorie en question (2).

(1) Sobernheim, *Gesundheitslehre*, 1835.
(2) Cullerre, *Magnétisme et Hypnotisme*. 3ᵉ édition. Paris, 1892.

Ce n'est pas d'hier que la science a observé les effets physiques déterminés par une *prédisposition morale*. Le savant Fontanier, pendant son voyage en Asie, écrit à Joubert dans une lettre datée de Téhéran, au mois d'août 1824: « Que direz-vous si je vous annonce que la théorie du magnétisme animal a été connue en Orient bien avant qu'on y eût songé en Europe, et qu'il y a en Asie des magnétiseurs vivant de ce métier et persécutés par des mollahs? »

C'est par la puissance de l'imagination qu'il faut expliquer tous les effets produits chaque jour par des caractères énergiques sur des natures plus faibles et plus délicates. La raison d'un homme supérieur n'agit sur la nôtre que si l'imagination lui a frayé le chemin. L'influence qu'exercent les hommes éminents ne vient pas de ce qu'ils sont compris immédiatement; elle a pour cause le prestige qui les entoure et qui séduit l'imagination.

Ces phénomènes sont les symboles de beaucoup d'autres faits, des faits les plus importants qui s'accomplissent dans le monde. Il est une sorte d'atmosphère morale qui enveloppe la terre comme l'atmosphère extérieure; il s'y fait un flux et un reflux de pensées, de sentiments, d'idées qui flottent dans l'air, invisibles; que l'homme respire, s'assimile et communique sans en avoir nettement conscience. On pourrait appeler cette atmosphère morale l'*âme extérieure du monde ; l'esprit du temps* est son reflet, la *mode* en est le mirage. Aucune sphère de la société n'échappe aux effets de l'influence secrète que l'opinion publique exerce sur les intelligences les plus libres; mais le milieu moral qui agit sur les individus peut être à son tour modifié par l'action d'une force individuelle. Le *courage* du héros se transmet comme un fluide magnétique ; la *crainte* a une sorte de puissance contagieuse ; le *rire*, la *gaieté* se communiquent d'une manière irrésistible et gagnent même l'homme le plus morose, qui, malgré lui, se déride devant l'image d'une joie franche.

Un des médecins renommés du xviiie siècle, Sylva, est appelé près d'un malade consumé d'un vraie mélancolie: — Je vous conseille, lui dit-il, d'aller voir Arlequin : c'est la meilleure drogue que je puisse vous faire prendre. Riez, et vous serez sauvé.

— Hélas !

— Pourquoi hésiter ?

— Arlequin, c'est moi !

Le pauvre Dominique (c'était le vrai nom du bouffon) ne tarda pas à succomber à son inexorable mélancolie.

Et l'on refuserait de comprendre comment des hommes bien portants ont pu, sincèrement et de bonne foi, attester la réalité de certains miracles et voir des revenants conjurés par l'exorciste ?

Oui, la *foi* est une force toute-puissante ; la foi accomplit des merveilles ; la foi transporte des montagnes. Regardez votre frère comme un homme de bien, et il le sera. Ayez confiance dans celui qui n'est bon qu'à demi, et il le deviendra tout à fait.

On ne se passionne, en amour, que pour des êtres parfaits: quand ils ne sont pas parfaits, on est persuadé qu'ils le sont.

Supposez des aptitudes chez votre élève, il les développera. Si vous le jugez incapable, il restera tel.

Persuadez-vous que votre santé est bonne, elle pourra le devenir ; car la nature n'est qu'un écho de l'esprit, et la loi suprême qui la régit, c'est que l'idée est la mère du fait, et qu'elle façonne graduellement le monde à son image.

On pourrait là-dessus écrire des volumes, mais je reviens à mon sujet.

Une simple remarque, c'est que les personnes qui n'ont pas en elles-mêmes assez de force d'imagination pour appliquer les préceptes de l'hygiène morale doivent s'attacher à une imagination plus puissante qui les soutienne et les fortifie. La faiblesse de l'imagination est, suivant Hippel, une sorte de phtisie morale. « L'imagination, dit-il, est le poumon de l'âme. »

L'imagination a, de sa nature, quelque chose de féminin. La vie de la femme est, en général, plus longue que celle de l'homme. C'est à l'imagination qu'il faut attribuer cette force physique, vraiment surprenante, observée chez les femmes délicates et pures.

La durée de la vie des femmes n'est pas la même que celle des hommes, et la différence est constamment à l'avantage des premières.

Cette différence paraît avoir été constatée pour la première fois par Kerseboom, en Hollande, dès 1738. Deparcieux l'a retrouvée en France en 1760, Wargentin en Suède quelques années plus tard, et les statisticiens qui sont venus depuis ont été unanimes à cet égard.

Buffon a bien reconnu cette inégalité; il a vu qu'à Paris un nombre donné de femmes vit plus longtemps que le même nombre d'hommes.

Cette loi a été confirmée à Genève, en Angleterre, en Belgique, à Berlin, ailleurs encore.

Mourgues et Monkredon, au xviie siècle, trouvaient extraordinaire que, dans le dénombrement de la ville de Montpellier, on rencontrât plus de femmes que d'hommes parmi les vieillards de 60 à 80 ans, un nombre double parmi ceux de 80 à 90 ans, et un nombre quadruple de 90 à 100 ans.

Un recensement qui fut fait à Paris, il y a 50 ans, prouva qu'en dix ans il s'était trouvé dans la capitale 3.600 femmes de 80 à 85 années pour 2.800 hommes du même âge; 307 femmes et 186 hommes entre 90 et 95 ans, et enfin 50 femmes contre 29 hommes de l'âge de 95 à 100 ans. Benoiston de Châteauneuf a montré que cette inégalité s'étend à tous les âges. Sur 100 individus de chaque sexe, il compte, de la naissance à 10 ans, 53 garçons et 58 filles,à 20 ans,48 hommes et 52 femmes, à 50 ans, 30 hommes et 33 femmes, à 60 ans, 23 hommes et 23 femmes, à 70 ans, 13 hommes et 15 femmes, à 80 ans, 4 hommes et 5 femmes. Enfin, sur 10.000 naissances masculines, un seul individu parvient à 100 ans, tandis qu'il y a 2 femmes centenaires pour le même nombre de naissances.

L'inégalité qui existe entre l'homme et la femme, au point de vue de la longévité, est destinée à rétablir entre les deux sexes l'équilibre dérangé par la prédominance des naissances masculines. En France, il naît 17 garçons pour 16 filles, mais l'inégalité ne tarde pas à se prononcer en sens inverse. A un an, on trouve déjà, sur 1000 naissances de chaque sexe, 848 enfants femelles pour 823 enfants mâles ; à 20 ans, le nombre des hommes est de 624, celui des femmes de 652. D'après Demonferrand, là différence devient plus faible à 60 ans, où elle n'est plus que de 363 à 365, et à 70, de 229 à 232 ; enfin, elle disparaît presque à 80 ans, où elle est de 76 à 77, et elle est nulle à 90 ans, où chaque sexe compte 8 représentants.

Wargentin a trouvé qu'en Suède il meurt 1/10 ou 1/11 en hommes de plus qu'en femmes. Dans ce pays, la vie des femmes est beaucoup plus certaine que celle des hommes depuis 20 jusqu'à 30 ans ; la différence est moins grande dans l'enfance et la vieillesse, et elle s'évanouit presque entièrement de 30 à 35 ans.

En Belgique, d'après Quetelet, les garçons sont plus nombreux au-dessous de 16 ans : on en compte alors 373 contre 335 filles ; mais de 16 à 50 ans le nombre de celles-ci augmente dans le rapport de 482 à 462. Au-dessus de 50 ans, on trouve 183 femmes pour 165 hommes, et sur 5 nonagénaires, il y a 3 femmes.

A Berlin, sur 1,000 personnes, les deux sexes présentent les rapports suivants : à un an, il y a 718 garçons pour 734 filles ; mais la différence ne tarde pas à devenir beaucoup plus grande ; à 60 ans, on ne trouve plus que 178 hommes pour 217 femmes ; à 70 ans, 93 hommes pour 130 femmes ; à 80 ans, 39 hommes pour 43 femmes, et à 70 ans, un seul homme pour 5 femmes.

Les femmes offrent donc plus d'exemples de longévité que les hommes, si ce n'est toutefois pour les cas de longévité phénoménale, qui tous concernent des hommes : on n'a jamais vu des femmes de 169 ans, comme Henri Jenkins, ni de 152 ans comme Thomas Parre (1). M. de Pétigny a obtenu de pareils résultats de ses nombreuses observations : partout il a constaté que les femmes avaient un grand avantage sur les hommes, non seulement sur la vie probable après 40 ans, mais encore pour la vie moyenne ou la durée absolue. A Cahors, par exemple, la vie probable, à la naissance, est de 45 ans pour les hommes et de 50 ans pour les femmes, tandis qu'à Blois, où la vie moyenne n'est que de 22 ans pour les hommes, elle est de 27 pour les femmes, effrayante différence, qui paraît due à l'extrême mortalité des enfants dans ce dernier pays.

Disons cependant qu'il meurt plus de femmes que d'hommes, parmi les personnes de 20 à 35 ans, époque de la vie où les femmes ont à supporter tant de pénibles devoirs, tant de souffrances et de chagrins.

(1) Voyez Hufeland, *l'Art de prolonger la vie.* Paris, 1896.

On croyait aussi, naguère, qu'il mourait plus de
femmes que d'hommes de 45 à 50 ans, qui est un temps
critique pour elles. Reveillé-Parise (1) dit que, quand
elles sont arrivées sans accident dans cet âge crépus-
culaire, toute probabilité de vie semble augmenter,
mais Benoiston de Châteauneuf s'est assuré que cette
disproportion, très faible en France, est nulle dans
d'autres pays de l'Europe, où, sans doute, les femmes
montrent plus de prudence et moins d'entraînements
pour les plaisirs. On a même constaté qu'à Berlin et à
Saint-Pétersbourg la différence de la mortalité des
sexes entre 45 et 50 ans était à l'avantage des femmes.
Deparcieux a même remarqué le premier que la période
communément regardée comme critique pour les femmes, c'est-à-dire celle qui s'étend de 45 à 50 ans, est
même moins meurtrière pour elles que pour les hommes. Plusieurs auteurs ont confirmé cette observation.
On voit pourtant que la différence entre le nombre
des hommes et celui des femmes est très petite à 60
ans.

Mais c'est surtout dans la première enfance, parmi
les nouveau-nés, qu'il meurt beaucoup plus de garçons
que de filles. Ensuite, quand l'âge critique est passé, à
cette période de la vie où les femmes n'ont plus rien
à redouter ni des irrégularités de la menstruation,
ni des soins maternels, ni de l'amour, de la jalousie
ou de l'abandon, plus d'infirmités à conjurer, plus de
tourments à craindre; alors, devenues hommes à leur
tour par l'affranchissement d'un dur esclavage, elles
jouissent d'autant d'énergie que nous, sans avoir nos

(1) Reveillé-Parise, *Traité de la vieillesse.* Paris, 1853,
p. 465.

ambitions, nos faiblesses, sans être exposées aux
mêmes dangers, et presque toujours elles nous survivent.

A la vérité, par compensation à tous les maux de
leur jeunesse, les femmes ont pour elles la sobriété,
la modération, la régularité, la constante protection
du toit et le climat du foyer, l'affection et le dévouement de l'autre sexe, ainsi que l'habitude des soins
hygiéniques, dont l'influence est si grande pour la
santé : elles montrent, en un mot, plus de docilité aux
conseils de la médecine et de la sagesse.

En outre, tous les maux ne sont pas pour elles :
presque toujours la goutte, la gravelle, les calculs et
l'apoplexie les épargnent ; souvent aussi elles sont à
l'abri de graves accidents et de très grandes maladies :
les anévrismes, les hernies, les fluxions de poitrine,
etc., atteignent rarement les femmes.

Ajoutez, d'ailleurs, que l'état de mariage n'a pas
pour elles tous les dangers qu'on lui attribue, puisque
les célibataires de leur sexe, comme ceux du nôtre,
vivent en général trois ou quatre années de moins que
les gens mariés.

Notons toutefois que de Pétigny a constaté qu'une
femme sur 12 et une fille sur 11 parviennent à 80 ans;
de sorte que les vieilles filles auraient un petit avantage sur les femmes.

Le genre de vie, dit Noirot (1), ne joue donc ici qu'un
rôle secondaire, la plus vitalité de la femme est à son
maximum dans le sein maternel : sur 100 mort-nés du
sexe masculin, on n'en compte que 80 du sexe fémi-

(1) Noirot, *l'Art de vivre longtemps*. Paris, 1868, p. 62.

nin. Extrêmement prononcée dans les premiers mois de l'existence, elle s'atténue insensiblement. Elle devient presque nulle à l'âge adulte, c'est-à-dire précisément à l'époque de la vie où les causes accidentelles dont on pourrait invoquer l'influence commenceraient à se faire sentir.

L'*espérance*, qui est, après le sommeil, la première source des rêves, l'espérance n'est-elle pas le génie protecteur de la vie humaine? Kant lui-même, le plus froid des évangélistes de la raison, Kant a proclamé cette bienfaisance de l'espérance. Et cette divinité protectrice n'est-elle pas la fille de l'imagination, la sœur des illusions et des songes? Hufeland(1) a dit sagement qu'un des meilleurs moyens de prolonger sa vie est de donner à son imagination une direction agréable. L'art d'embellir son existence n'est qu'une partie de l'art de la prolonger, et c'est de l'imagination que dépend la beauté de la vie.

Si Rahel, cette femme supérieure, la plus remarquable peut-être de notre époque, a pu se rendre ce témoignage que, jusqu'au sein de la vieillesse, elle a conservé dans son âme tous les ressorts de l'enfance et de la jeunesse, à qui a-t-elle dû ce bonheur? A la jeunesse éternelle de son imagination, tant admirée par ses lecteurs.

(1) Hufeland, *l'Art de prolonger la vie*. Paris, 1896.

Chatterton et Kleist n'auraient pas fini misérablement, si leur imagination, en prenant une voie funeste, n'avait pas paralysé en eux toutes les forces vives de l'âme.

C'est ici précisément le point où je voulais arriver.

Puisque l'imagination n'est que le côté rêveur de la faculté de sentir, puisqu'elle est féminine de sa nature, elle ne doit jamais, si elle veut être utile, oublier son caractère essentiellement passif. C'est le feu de Vesta, dont la douce flamme, entretenue avec un soin jaloux, porte la lumière et la vie, mais qui, une fois déchaîné, dévore tout sur son passage.

La flamme vivifiante de l'imagination est entretenue et modérée par cette heureuse faculté qu'on nomme l'*esprit*. Une société agréable, de la jovialité, de la *bonne humeur*, il n'en faut pas davantage pour guérir l'arrogance, la pédanterie, la vanité, la mélancolie sentimentale. L'esprit a, pour gouverner le monde, un sceptre léger et puissant, avec lequel il chasse les soucis rongeurs, et les gonflements de l'orgueil, et les tourments des illusions vaines. Il porte dans les âmes malades le calme, la sérénité, baume précieux et salutaire, plus efficace que toutes les consolations de la raison. Qui, le pouvant, refuserait d'apprendre à préparer ce baume divin, ou tout au moins à l'employer ?

Que ne peut-on citer encore au sujet des effets merveilleux que produisent les *rêves* et les *sympathies* pour la guérison des maladies !

Un moine rêva qu'il avait pris une médecine qu'on lui avait préparée pour le lendemain ; en s'éveillant, il alla huit fois à la selle.

Parmi les diverses parties du travail qui constitue la vie intellectuelle de l'homme, l'*art* est celle qui se rapporte à l'imagination. C'est de l'art que nous devons nous occuper en ce moment.

De même que, pendant le sommeil, les songes reposent l'âme de sa lutte fatigante contre le monde physique, de même, dans l'état de veille, l'*art*, par ses conceptions idéales, ranime la vie prête à succomber sous le poids accablant de la réalité. La *musique*, l'art *plastique*, l'art *oratoire* s'adressent également au corps et à l'âme.

Un observateur très profond a remarqué que la *musique* a, pour dernier but, la santé ; car, dit-il, quand un être se sent vivre lui-même dans son âme avec toutes ses forces et tous ses penchants, il se porte bien. Le chant et la musique animent tous les organes; les vibrations se communiquent au système nerveux, et l'homme entier se met à l'unisson.

La musique est une source d'impressions irrésistibles, dont les hommes habiles ont su, de tout temps, tirer parti. La mélodie exerce une puissance énergique sur le moral comme sur le physique.

Tout le monde ne jouit pas, sans doute, du privilège de céder aux émotions qu'elle inspire ; quelques personnes, d'ailleurs heureusement dotées du côté de l'esprit et du cœur, avouent n'être pas plus sensibles aux charmes de la musique qu'au résonnement bruyant d'une charrette qui roule sur le pavé.

En revanche, il en existe d'autres dont on peut tout obtenir à l'aide de cet art vraiment divin.

La musique non seulement est avantageuse à la santé, mais encore elle est utile pour la guérison de plusieurs maladies; elle a opéré des cures merveilleuses.

Nous étudierons: 1º l'influence de la musique dans l'éducation; 2º l'influence de la musique sur l'imagination et sur les passions; 3º les effets thérapeutiques de la musique ; 4º les inconvénients de la musique.

1º *Influence de la musique dans l'éducation.* — La musique a été considérée comme un auxiliaire de l'hygiène dans le système pédagogique des *Kindergarten* (jardins d'enfants) de Frobel. Des chœurs ouvrent et ferment les classes de chaque jour, et des chants accompagnent les jeux. « La musique, dit à ce propos M. Raoux (1), est bien autre chose qu'une succession d'ondes sonores... La *mélodie* et l'*harmonie* possèdent la merveilleuse puissance d'évoquer tout un monde d'idées, de sentiments, d'expansions, de désirs, d'émotions de toute sorte, que rien auparavant n'avait pu

(1) Raoux, *Notice sur les jardins d'enfants.* Lausanne, 1885.

réveiller dans les profondeurs de l'âme. Cette mystérieuse influence de la musique s'accroît encore quand
elle est secondée par deux autres milieux agissant dans
le même sens, savoir: la nature extérieure, telle qu'elle
doit être dans le jardin de Frobel, et la réunion d'un
certain nombre d'enfants; les voix innocentes et pures
qui célèbrent en cœur les merveilles de la création et
les bienfaits de la Providence, et qui ont fait plus d'une
fois couler les larmes de l'âge mûr, ouvrent dans l'âme
des enfants des sources fécondes en émotions et en
idées morales esthétiques et religieuses. Frobel, né sur
une terre où la musique verse si généreusement des
trésors, n'a eu garde de négliger un aussi puissant
auxiliaire pour combattre le mal et développer le bien
dans tous les éléments de la nature humaine. »

2° *Influence de la musique sur l'imagination et sur les
passions.* — C'était la musique qui élevait l'âme des
poètes et des prophètes dans les temps antiques.

L'antiquité la plus reculée nous offre des faits qui
tiennent du prodige; mais ils ont été enveloppés par
les mystères obscurs de la magie et de l'astrologie :
c'était sous ces apparences que les anciens charlatans
cachaient les véritables effets de la musique, pour
tromper plus sûrement les peuples, en donnant un air
mystérieux et divin aux faits les plus naturels, produits
par les causes ordinaires.

Il y a lieu de penser, dit Boerhaave (1), que tous les
prodiges que l'on nous raconte sur les enchantements
et les vers employés dans la guérison des maladies
doivent être attribués à la musique, science dans

(1) Kaaü Boerhaave, *impetum faciens dictum Hippocratis
per corpus consentiens*. Lugd.-Bat., 1745, num. 412.

laquelle les anciens médecins étaient parfaitement versés.

Les accès de sombre mélancolie ou de manie dont Saül était tourmenté ne pouvaient, suivant l'Écriture sainte, être calmés que par le son de la harpe de David (1).

La musique des anciens, plus simple, plus imitative, était aussi plus pathétique et plus efficace; ils s'occupaient plus à émouvoir le cœur qu'à réveiller l'esprit et inspirer le plaisir. Ils avaient distingué trois airs principaux : l'un, appelé *phrygien*, avait le pouvoir d'exciter la fureur, la colère, d'animer le courage, etc. ; l'autre, connu sous le nom de *dorique*, inspirait les passions opposées, et ramenait à un état plus tranquille les esprits agités : il était destiné pour les sons graves et religieux ; le troisième, qu'on appelait le *lydien*, était propre à la mollesse et à la tristesse : c'est pour cela que Platon l'avait banni de sa république.

Quand Achille s'emportait, Chiron jouait de la guitare pour l'apaiser ; et Clinias se servait de cet instrument pour se calmer lui-même, quand il sentait qu'il allait s'irriter, ou pour s'apaiser quand il s'était fâché.

Ulysse et Agamemnon, lorsqu'ils partirent pour le siège de Troie, avaient placé auprès de leurs épouses des musiciens habiles, chargés d'entretenir leur chasteté en jouant devant elle sur le mode dorique.

Le tribunal de Lacédémone condamna Timothée pour avoir fait à la guitare des changements qui, en en rendant les effets plus attendrissants et plus voluptueux, pouvaient corrompre les mœurs. L'habile musicien fut

(1) *Regum*, lib. I, cap. XVI.

obligé d'arracher en public les cordes qu'il avait ajou-
tées et il fut même chassé de la ville.

Timothée excitait la fureur dans l'esprit d'Alexandre
avec le mode phrygien, et il l'adoucissait par le dorique.

Polybe n'hésite pas à attribuer la férocité des Cyné-
thiens à ce qu'ils étaient les seuls peuples de l'Arcadie
qui ne connussent pas la musique.

Pythagore, au rapport de Quintilien, observant un
jeune homme pris de vin et animé par le son d'un instrument phrygien, près d'user de violence envers une
famille honnête, conseilla au musicien de changer de
ton, et de substituer dans ses chants des spondées aux
dactyles ; au même instant, la gravité de cette musique
calma l'emportement du jeune homme égaré.

Plutarque raconte que le musicien Therpandre, appelé
de Lacédémone à l'île de Lesbos, apaisa par la douceur
de sa voix une violente sédition.

Galien raconte que Damon, musicien grec, en conseillant de changer le mode phrygien contre le dorique,
calma la fureur de jeunes gens ivres, qu'une joueuse
d'instruments égyptiens avait excités.

Henri, roi de Danemark, sentait naître en lui, au son
de certains instruments, une telle fureur qu'il tuait
jusqu'à ses domestiques les plus fidèles.

Le chancelier Thomas Morus se servait de la puissance des sons pour adoucir l'humeur acariâtre de sa
femme.

Rollin rapporte qu'un orateur acquérait de la véhémence ou de la douceur, à mesure que les tons d'une
flûte dont jouait un de ses amis étaient forts ou adoucis.

Un célèbre improvisateur de Florence se trouvait

quelquefois dans l'impuissance absolue de produire une seule strophe sur un sujet demandé; soit caprice, soit mauvaise volonté, il y avait des jours où on n'en pouvait rien obtenir; mais si l'on avait le soin de mettre dans les intérêts des amateurs le musicien Nardini, celui-ci avait si bien l'art de monter, en jouant certains airs, l'imagination de l'improvisateur, qu'il lui rendait et lui ôtait en quelque sorte, à volonté, sa puissance d'improvisation.

Le peintre Raphaël Mengs, avant de mettre la main au pinceau, pour animer ses toiles, se faisait donner souvent des concerts, tantôt doux, tantôt bruyants, pour élever sa fertile imagination au gré de ses désirs.

De tous les beaux-arts, a dit Napoléon Ier, la musique est celui qui a le plus d'influence sur les passions, celui que le législateur doit le plus encourager. Un morceau de musique fait de main de maître touche incomparablement plus le sentiment et a beaucoup plus d'influence qu'un bon ouvrage de morale, qui convainc la raison sans influer sur nos habitudes.

3º *Effets thérapeutiques de la musique.* — C'est par des chants, suivant Homère, que les fils d'Autolycus apaisèrent les souffrances cruelles qu'éprouvait Ulysse de la morsure d'un sanglier, et guérirent la blessure dont les traces devaient un jour le faire reconnaître.

Pythagore fut le premier, au rapport de Cœlius Aurelianus, qui se servit de la musique pour la guérison des malades.

Pindare nous apprend qu'Esculape, célèbre par la guérison de tous les genres de maladies, avait appris la musique ou d'Apollon, son père, ou du centaure Chiron, son précepteur, et qu'il en traitait plusieurs avec des chants doux, agréables et volupteux.

Théophraste vante beaucoup la musique et particulièrement les airs phrygiens pour guérir ou modérer la sciatique.

Cælius Aurelianus dit avoir observé que les parties douloureuses palpitaient au moment où l'on se mettait à chanter au-dessus d'elles ; cette palpitation ne se ralentissait que graduellement et à mesure que les douleurs se dissipaient.

Asclépiade prétend que rien n'est plus propre que la musique pour rétablir la santé de ceux qui ont quelque *maladie d'esprit* (aliénés).

Dès le temps de Galien, la musique était employée contre les morsures de vipères et de scorpions.

Chez les Arabes, au dixième siècle, la musique était très cultivée et les médecins les plus estimés s'en servaient.

La musique n'a rien perdu de son prestige en traversant la société chrétienne.

Dans le cours du quinzième et du seizième siècle, il régnait un si cruel vertige, parmi la population de l'Italie, que les personnes affectées tombaient bientôt dans un abattement extrême, accompagné de délire et d'un penchant insurmontable à se détruire. Cette épidémie se répandit sur le peuple en masse, sans distinction de personnes. Une fin tragique était ordinairement le terme de ce désordre moral. C'est cette maladie qu'on attribua, à tort, à la *morsure de la tarentule* (1), espèce

_____

(1) Voyez J. Nunez, *Étude médicale sur le venin de la tarentule, précédée d'un résumé historique du tarentulisme et du tarentisme*. Paris, 1866.

d'araignée fort commune dans le midi de l'Italie, et qui n'est qu'une maladie convulsive produite par les coups de soleil; quoi qu'il en soit, l'unique remède (Baglivi, Geoffroy, Mead, etc.) consistait dans le jeu des instruments de musique, suivant les goûts particuliers; c'était tantôt la guitare, tantôt la flûte, d'autres fois même les sons de la trompette; mais toujours est-il que la musique seule opérait la guérison de cet état. Aux premiers accords, les malades se réveillaient de leur anéantissement, prêtaient une oreille attentive; bientôt leurs membres se déliaient, ils marquaient la mesure, et suivaient toutes les modulations de l'instrument; leurs mouvements devenaient de plus en plus décidés, et les malades finissaient pas se livrer à la danse la plus passionnée. Suspendait-on les accords de l'instrument, toute cette agitation cessait, mais alors aussi l'affaissement et ses conséquences funestes ne manquaient pas de renaître. Il était indispensable de continuer la musique jusqu'à ce que les malades, excédés, tombassent de lassitude. Dans cet instant, un sommeil délicieux les saisissait, et ils en revenaient parfaitement dispos.

L'usage et les bons effets de la musique dans les accès de goutte, connus depuis longtemps, ont été confirmés par Th. Bonet. Albert, duc de Bavière, fils de Frédéric, calmait les accès de goutte, dont il était violemment tourmenté, par l'usage d'une musique douce et soutenue. Gessner cite un Italien qui se trouvait dans le même cas.

P. Desault, médecin de Bordeaux (1), assure s'en être

(1) Desault, *Dissertation sur la rage et sur la phtisie*. Paris, 1734.

servi avec succès chez des personnes mordues par des chiens enragés, et avoir vu guérir une phtisie qui ne provenait pas, à ce qu'il dit, d'un ulcère déjà formé aux poumons, mais plutôt d'une faiblesse particulière à cet organe. C'est de la même cause que l'on peut présumer que venait l'épilepsie dont Chrysippe cite un exemple de guérison par la musique.

Quand cela sera nécessaire, on fera produire à la musique des effets sédatifs et elle disposera à un sommeil bienfaisant. Un trésorier de France, mort à Montpellier, avait à la jambe un ulcère qui le faisait souffrir cruellement; la musique était pour lui le meilleur moyen narcotique.

Maillet (1) nous apprend qu'autrefois, dans le grand hôpital du Caire, on employait la musique pour inspirer aux malades un sentiment de plaisir et pour les disposer à de promptes opérations.

La musique a été recommandée par Foyer, Sauvage, Bourdelot dans la danse de Saint-Vite ou chorée.

Pomme a plus d'une fois guéri par le violon les plus forts accès d'hystérie.

Un illustre musicien (2) fut attaqué d'une fièvre, qui, augmentant de jour en jour, devint continue avec des redoublements. Le septième jour, il survint un délire accompagné de larmes, de terreurs et d'une insomnie constante; ayant un peu cessé au bout de trois jours, le malade demanda qu'on fît dans sa chambre un petit concert; aux premiers accords qu'il entendit des cantates de Bernier, son visage prit un air calme et serein,

(1) Maillet, *Description de l'Égypte.*
(2) Voy. Dodart, *Mémoires de l'Académie des sciences.* Paris, 1707-1708.

ses yeux devinrent tranquilles, les convulsions cessèrent entièrement; il se mit à verser des flots de
larmes délicieuses, et il se trouva délivré pendant toute
la durée du concert : lorsqu'il fut terminé, le malade
retomba dans la première langueur et il ne recouvrait
le mouvement que par une nouvelle application du
remède; enfin, au bout de deux jours de concerts
réitérés, sa santé fut rétablie.

Voici un autre fait rapporté par Mojon (1) :

Un maître de danse, excessivement fatigué par l'exercice de sa profession, tomba malade avec une fièvre
violente, accompagnée de léthargie, qui bientôt passa
dans un délire furieux et muet; il faisait des efforts
pour sauter hors de son lit, menaçait tous ceux qui
l'en empêchaient, et refusait tous les remèdes qu'on
lui présentait. M. Mandajor, maire de la ville, homme
d'esprit et de mérite, qui le vit dans cet état, soupçonna
que la musique pourrait peut-être remettre un peu
cette imagination aussi déréglée, et il en fit la proposition au médecin, qui ne désapprouva pas l'idée, mais
craignait le ridicule de l'exécution, qui aurait été encore infiniment plus grand, si le malade fût mort dans
l'exécution d'un pareil remède. Un ami du maître à
danser, qui savait parfaitement jouer du violon, prit
celui du malade, et lui joua ses airs les plus familiers.
On le crut plus fou que celui que l'on gardait dans son
lit, et on commençait à le charger d'injures, lorsque
le malade se leva sur son séant, comme un homme
agréablement surpris; ses bras voulaient figurer les
mouvements des airs, mais, parce qu'on les lui rete-

(1) Mojon, *Mémoire sur l'utilité de la musique,* trad. par
Muggetti. Paris, 1803, p. 31.

naît avec force, il ne pouvait marquer que de la tête le plaisir qu'il ressentait. Peu à peu, ceux qui lui tenaient les bras, ayant reconnu les bons effets que produisait sur lui la musique, cédèrent aux mouvements qu'il voulait se donner ; le malade, au bout d'un quart d'heure, s'assoupit profondément, et, pendant ce sommeil, eut une crise, qui le tira d'affaire (1).

On dit aussi (2) que la princesse Pignatelli, de Naples, fut guérie d'une fièvre ardente par le chant d'une ariette du célèbre Hasse, exécutée par le chevalier Raaff.

Un médecin de Moravie raconte qu'un joueur de violon fut pris d'une fièvre aiguë, compliquée avec délire, que suivit un assoupissement presque léthargique ; on avait essayé inutilement tous les remèdes usités dans pareils cas. Un de ses amis trouva par hasard des contredanses qui étaient les morceaux favoris du malade ; il les joua : cette harmonie réveilla le malade qui sauta hors de son lit, franchit les obstacles qu'on lui opposait, et dansa jusqu'à ce que, épuisé de fatigue, on le remît au lit. Il lui survint une sueur abondante, qui le délivra subitement de la fièvre et de l'assoupissement.

L'abbé P. Bourdelot (3) cite l'histoire d'une femme, devenue folle pour avoir acquis la certitude de l'infidélité de son amant. Elle recouvra la raison et la santé au moyen de trois concerts qu'on lui donnait tous les jours. Pendant la durée du premier, elle jouit du calme le plus parfait, et fut dans un état satisfaisant ; elle

(1) *Mémoires de l'Académie des sciences de Paris*. 1708.
(2) *Journal encyclopédique* du 15 août 1776.
(3) Bourdelot, *Histoire de la musique et de ses effets*. Paris, 1715.

retomba, lorsqu'il fut fini, dans ses premières agitations; mais l'action soutenue, et l'usage constamment renouvelé de la musique, fit disparaître le désordre de son esprit, et rétablit en elle toutes les fonctions du corps.

On connaît les effets surprenants des accents du célèbre chanteur Carlo Broschi sur Philippe V, roi d'Espagne, dans ses accès de manie.

Ph. Pinel (1) confirme les avantages de la musique dans les affections mentales. « C'est dans les charmes de la musique, dit-il, par l'émotion vive et profonde, qu'on peut produire des changements durables dans ces maladies. »

On constate aussi que les sons musicaux apaisent le mal de tête et le délire; le bruit seul a quelquefois cet effet.

Grisolle cite des guérisons de choréiques, auxquels on avait fait exécuter des mouvements rythmés sur le piano. Le professeur Germain Sée a traité de même la chorée par le chant et des mouvements cadencés aux sons d'un orchestre.

L'hystérie, la neurasthénie, l'ataxie locomotrice sont aussi favorablement influencées par la musique.

La gymnastique respiratoire et phonétique a donné de bons effets dans certaines maladies des organes thoraciques et en particulier chez les sujets prédisposés à la tuberculose. Beaucoup de sourds-muets succombent à cette maladie, leurs poumons s'étant débilités par le manque absolu de tout exercice vocal.

Les Américains se servent de la musique dans presque toutes les maladies pour ranimer le courage et les

(1) Pinel, *Traité médico-philosophique sur l'aliénation mentale*. Paris, 1796.

forces des malades, pour dissiper les craintes et la faiblesse, souvent plus funestes que la maladie même.

Algarotti se fit conduire à l'Opéra, quelques heures avant sa mort, afin de se distraire des pensées tristes et mélancoliques dans lesquelles il se trouvait plongé.

Il est certain qu'à la faveur de la musique on excite des sentiments très divers, puisqu'elle a le pouvoir de les exprimer avec une plus ou moins grande exactitude (1).

La médication musicale peut être considérée comme simple ou composée, suivant qu'elle est administrée au moyen d'un ou plusieurs instruments. Cette classification a été faite par Rambosson, de la manière suivante :

1o Celle qui exerce de préférence ses effets sur l'intelligence et les mouvements et excite ainsi les nerfs locomoteurs ;

2o Celle qui agit sur les sentiments et la sensibilité, stimulant ainsi les nerfs centripètes ;

3o Celle qui agit à la fois sur les centres psychiques moteurs et sur les sensoriaux, sur les mouvements et la sensibilité, sur les nerfs centrifuges et les sensoriaux ;

4o Entre ces deux extrêmes, il y une infinité de degrés.

Cette classification est incomplète : elle donne une idée générale de l'action de la musique, mais ne spécifie pas le genre capable d'agir sur chacun des systèmes psychique, moteur ou sensoriel, sur les nerfs conducteurs de l'une ou l'autre classe.

(1) Voyez Richard Browne, *Medicina musica*. London, 1729. — Roger, *Traité des effets de la musique sur le corps humain*, trad. par Sainte-Marie. Paris, 1803.

Le Dr Gordon y Arosta (1), professeur de physiologie
à l'université de la Havane, a essayé de faire une classification plus complète.

Suivant lui, la musique peut être cérébrale ou mé-
dullaire, avec les subdivisions comprises dans le tableau
ci-dessous :

Musique	cérébrale	excito-encéphalique	champêtre. fantastique. religieuse.
		modératrice encéphalique	puérile. mélancolique.
	médullaire	réflexe motrice	guerrière. dansante.
		réflexe sensoriale	stimulante. déprimante.

Exemples de la musique champêtre : *le Désert*, de
David ; *la Pastorale*, de Beethoven ; *la Création*, de Ber-
lioz ; *le Poème symphonique*, de Meyerbeer ; de la musique fantastique, plusieurs productions de Listz, de Men-
delsohn, de Chopin, de Rubinstein ; de la musique
religieuse : œuvres de Palestrina, d'Allegri, de Ros-
sini, de Gounod.

D'après Beauquier (1), les sons *violents énivrent comme
les spiritueux.*

La musique exerce sur la circulation une action qui
peut être stimulante et dépressive. D'après Binel et
Courtier, cette action se fait sentir aussi sur la respiration. La musique peut donc être utilisée comme une
gymnastique cardiaque et respiratoire. Tout le monde
sait que les ouvriers sont aidés dans leurs rudes tra-

(1) Gordon y Arosta, *Lyon médical*, 1er mars 1903.
(2) Beauquier, *Philosophie de la musique*. Paris, 1865.

vaux par le rythme de leurs chants populaires. Un fabricant de Hambourg a adapté à la bicyclette un instrument de musique actionné par le mouvement de la machine; mais pour obtenir une bonne exécution du morceau, il faut marcher à une allure régulière, sans excéder 15 kilomètres par heure.

Les tons élevés et les sons aigus provoquent la colère chez les sujets nerveux.

Le même instrument peut irriter ou apaiser le système nerveux.

Le Dr Gordon y Arosta (1) a étudié chaque instrument au point de vue thérapeutique :

Le violon convient aux hypocondriaques et aux mélancoliques.

La contrebasse a des effets merveilleux dans les atonies nerveuses; elle réussit également dans les états phlegmatiques et le mysticisme.

La harpe est utile dans l'hystérie; la flûte, contre les passions contrariées et la tuberculose au début.

Le hautbois tonifie l'économie et rend le calme à un organisme déséquilibré par la perte de la fortune, des passions exagérées, etc.

La clarinette est bonne contre les atonies nerveuses.

Le cor anglais calme la colère.

La trompe est d'un grand effet contre le délire de la persécution.

Le cornet combat la langueur et la paresse; en donnant de l'énergie et de l'activité aux fonctions, il est utile contre l'obésité; le trombone, contre la surdité.

Le tambour peut être employé dans les affections

(1) Gordon y Arosta, *Lyon médical*, 1er mars 1903.

nerveuses, surtout celles de la moelle, amenant des troubles locomoteurs.

Jean-Baptiste Porta avait conçu la bizarre et ridicule idée de faire de la musique un remède universel. Il prétendit que rien ne serait aussi facile que de guérir toutes les espèces de maladies par le moyen de la musique instrumentale, si l'on faisait des instruments consacrés à la musique iatrique, avec les bois des plantes médicinales qui conviennent le mieux pour la guérison de chaque maladie. Ainsi il voulait traiter les maniaques au son d'une flûte d'ellébore, les maladies lymphatiques avec le thyrse, etc.

Des prétentions aussi vaines et aussi chimériques ne paraissent pas mériter une réfutation sérieuse.

4° *Inconvénients de la musique.* — Si la musique a des avantages thérapeutiques, son abus n'est pas sans inconvénients.

Chez les sujets débiles et impressionnables, elle produit une exaltation nerveuse des plus intenses, se traduisant par la coloration du visage et l'injection des yeux, une respiration suspirieuse, un malaise général, quelquefois des mouvements convulsifs.

Beaucoup de musiciens ont un caractère irritable, d'autres sont hypocondriaques et mélancoliques. Pergolèse était mourant quand il composa son *Stabat.* Bellini mourut jeune de la tuberculose; Donizetti mourut fou; Mme Malibran fut prise de convulsions en entendant pour la première fois la *symphonie en do* de Beethoven.

La musique peut produire le somnambulisme par suggestion. Un cas en a été cité par Abercrombie (1).

(1) Abercrombie, *On the intellectual power.*

La musique n'agit pas seulement sur le sens de l'ouïe et, par son intermédiaire, sur l'âme et ses facultés.

Un médecin anglais a constaté que les musiciens paient un énorme tribut à la calvitie. Cette action sur le cuir chevelu s'exerce en deux sens contraires, selon les instruments. Le piano, le violon, le violoncelle et la contrebasse favorisent la sortie et la conservation des cheveux. Exemple : Listz, Rubinstein, Thalberg, Paganini, Paderewsky, Sarasate. Par contre, la pratique des instruments de métal détruit en cinq ou six ans la production pileuse la plus exubérante. Le trombone surtout est un dépilateur infaillible. Les instruments de bois, comme la clarinette, la flûte, le hautbois, sont sans action perceptible ; mais l'effet conservateur des instruments à corde sur les cheveux ne se produit que jusqu'à 50 ou 52 ans. Passé cette époque, les plus sublimes mélodies n'empêchent plus la chute des cheveux.

Le sentiment même n'est pas autre chose que la musique de la vie, une sorte de vibration extérieure, à laquelle les sons de la musique ne font pour ainsi dire que donner un corps et une forme saisissable ?

Tous les arts ont pour principe, comme l'art musical, le sentiment de l'*harmonie*. Donc ils deviennent tous les gardiens de la santé, lorsque, sous la direction de la volonté, ils tendent à mettre dans l'âme la paix et le calme. Ils sont le charme de la vie. Et dans le sens même de la mort, comme a dit le mystique Jacques Boehme, les âmes transportées dans les sphères éternelles sont enveloppées de lumière et d'harmonie.

Ce serait peut-être ici le lieu de passer à l'*esthétique*, et de rechercher si l'état actuel de l'art répond à son but; si les œuvres des *peintres* contemporains sont, comme l'Apollon du Vatican, salutaires et bienfaisantes à la santé de qui les contemple; si enfin nos *poètes* savent, par une douce influence, porter la joie dans les esprits, les élever, les animer et conserver ainsi notre santé.

Ces questions rentrent, bien plus qu'on ne serait tenté de le croire, dans le domaine de l'hygiène morale.

VII

VOLONTÉ, CARACTÈRE, INDÉCISION, MAUVAISE HUMEUR, DISTRACTION

> Les individus qui se distinguent par
> une haute moralité semblent être moins
> prédisposés que les autres aux maladies
> typhoïdes épidémiques.
> *Recueil d'observations médicales.*

Quand je parle de *volonté*, je n'entends pas par ce mot la faculté de désirer, mais cette énergie vitale qui résulte de l'action de toutes les forces de l'âme, qui se sent et ne se définit pas, et qu'on pourrait nommer proprement la *faculté de pratique de l'homme*.

Une volonté ferme est l'âme de tous les grands caractères. On ne l'acquiert pas sans un effort persévérant. Un auteur anglais a écrit un petit volume dont la lecture est savoureuse, intitulé: *Pouvoir de l'homme sur lui-même pour prévenir ou contenir la folie*, dans lequel il démontre que, par un énergique effort de la volonté, on peut s'empêcher de devenir fou. Un but élevé, passionnément poursuivi, durant toute la vie, un but vers lequel toutes les énergies sont tendues, qui commande

par conséquent le renoncement et la discipline sur
soi-même, voilà l'effort sauveur (1).

Tout homme, même le plus faible d'esprit, constate en lui-même cette puissance de vouloir, qui,
développée dans l'homme fort, devient le *caractère*.
Cette puissance est, pour ainsi dire, le tout de
l'homme, c'est, au fond, la personne même; c'est
elle qui met en mouvement l'imagination, l'intelligence; c'est sur elle que doivent agir la morale, la
loi, l'instruction, la médecine, et surtout l'hygiène
de l'âme, pour réaliser la domination de l'esprit
sur la matière, telle que nous l'indiquons. C'est bien
là, pour ainsi dire, l'âme transfigurée de Stahl, puisque la force, à laquelle ce grand penseur attribue
tant de prodiges, tandis qu'elle est encore envelop-
pée dans la nuit profonde de l'instinct, arrive,
comme volonté, au jour de la conscience. Aurait-
elle alors moins de puissance ?

L'auteur de *Self Help*, Samuel Smiles, a écrit ce qui
suit dans son livre du *Caractère*, dont on ne saurait trop
recommander la lecture aux jeunes gens :

« Le *caractère* est formé par une multitude de circonstances infimes qui dépendent plus ou moins de chaque
individu. Il ne se passe pas de jour qui ne le discipline
soit en bien, soit en mal. Il n'y a pas une action, si
simple qu'elle paraisse, qui n'entraîne avec elle sa

(1) Ladame, *Hygiène morale (Bibl. univ. de Genève*, 1892,
t. LVI).

suite de conséquences, de même qu'il n'y a pas un cheveu qui ne projette son ombre.

« Chaque action, chaque pensée, chaque sentiment contribue à former notre humeur, nos habitudes et notre intelligence, à exercer une influence inévitable sur tous les événements de notre vie future. Ainsi, le caractère subit un changement continuel en bien ou en mal : tantôt il s'élève, tantôt il s'abaisse, mais l'homme est moins l'esclave des circonstances qu'il n'en est le créateur ou plutôt l'architecte et, par l'exercice de sa volonté, il peut diriger ses actions de manière qu'elles produisent du bien plutôt que du mal (1). »

C'est en vain qu'on essaye d'éclairer la raison d'un aliéné ; c'est en vain qu'on lui représente l'erreur et le vide de l'idée fixe qui le poursuit et le tourmente ; pour le guérir, il s'agit de stimuler son activité, d'éveiller en lui la force de vouloir et d'agir. Meilleur serait le remède, si le malade savait le préparer lui-même ou s'il voulait seulement apprendre à le préparer dans son âme. Car la volonté est une faculté qui peut se développer par une étude soutenue ; il est permis de dire, en un certain sens, qu'on apprend à vouloir, et c'est une opinion qu'il ne fut jamais plus utile d'émettre et de répéter qu'à notre époque, où l'imagination et l'intelligence sont cultivées avec un soin exclusif, au détri-

_____

(1) Ladame, *Hygiène morale* (*Bibl. universelle de Genève*, 1892), t. LVI, p. 564.

ment de la force de vouloir et d'agir, languissante et comme anéantie dans tous les cœurs.

Les qualités et le caractère sont la *majeure ;* la conduite, la *mineure ;* la fortune ou l'infortune, la *conclusion.* En voici deux exemples : Pierre III et Catherine II (1).

Si le caractère est, selon l'expression de Hardenberg, une volonté complètement développée, il est facile de voir comment il faut cultiver le caractère. L'*intelligence,* déterminée par les premiers arguments qu'on lui présente, peut céder à des arguments nouveaux. Le *sentiment,* mû par la première impression, est susceptible de se modifier aussi en sens contraire sous une impulsion différente. En serait-il autrement de la *volonté ?* Non, elle est capable de changement, comme le sentiment et l'intelligence ; il s'agit de la rendre flexible sans faiblesse, forte sans roideur. L'homme, en tant que personne morale, est une force une et indivisible, Cette force, il faut la diriger vers le but qui lui est assigné.

« L'éducation de la volonté n'est pas une chimère. Avant que de devenir un moyen de thérapeutique employé

(1) *Mémoires de l'impératrice Catherine écrits par elle-même.* Préface de Herzen. Londres, 1859, d'après Sainte-Beuve, *Nouveaux Lundis,* 1864, tome II, p. 179..

par les médecins, elle a toujours été pratiquée empiri-
quement par ceux qui ont réussi extraordinairement
dans leur activité extérieure. J'ai approché et examiné
plusieurs hommes de très grand talent. La qualité la
plus constante chez eux était la soumission à une règle
de travail. C'étaient tous des laborieux, s'astreignant à
une besogne déterminée, et ils étaient ainsi, non parce
qu'ils trouvaient naturellement du plaisir à produire,
mais parce qu'ils s'étaient fixé un mode d'activité qu'ils
reproduisaient toujours.

« Je vois encore Dalou solitaire, dans un état physique lamentable, travaillant avec acharnement tout le
jour jusqu'à ce que l'ombre eût noyé les statues dres-
sées dans son atelier vaste et silencieux.

« J'entends Zola me répétant : « Voyez-vous, on n'en-
fante que dans la douleur. »

« Mais il est d'autres qualités qu'il faut savoir déve]
lopper.

« Herbert Spencer dans son dernier ouvrage, qui
est comme son testament philosophique, a indiqué que
beaucoup d'accidents deviennent mortels pour l'individu
parce qu'il n'a pas la présence d'esprit de faire ce qui
pourrait le sauver. Il propose de se livrer à l'exercice
suivant. On se placera par la pensée en face d'un de
ces accidents fréquents, noyade, attaque d'un malfai-
teur, incendie, et l'on se demandera ce qu'en cette circonstance on pourra faire. De la sorte, on meublera
son esprit de notions précises, qui, au moment du danger, viendront nous guider. Cet exercice doit être cultivé d'autant plus que l'on manque de présence d'esprit. Le conseil est très juste et mérite d'être suivi.
C'est un exemple qui montre que l'on peut modifier

son organisation et l'améliorer, pour la faire servir au mieux de ses intérêts (1). »

On serait tenté de crier, avec don Carlos, à notre génération toujours hésitante et indécise : « La *réflexion* est une maladie de l'âme, et n'a jamais produit que des souffrances. Pour être délivré de tout mal, il suffit de vouloir. L'état le plus misérable est de n'avoir pas la force de vouloir. Ayez conscience de vous-même, et vous serez tout ce que vous étiez, tout ce que vous pouvez être. »

Le corps et l'âme sont accablés par des liens impossibles à rompre ; mais il est aussi des chaînes que brise une résolution énergique ; ce sont toutes celles que nous nous imposons à nous-mêmes, et que nous cherchons à déguiser par des noms admis par l'usage, comme les mots *indécision, distraction, mauvaise humeur.* Dans un traité d'hygiène morale, il faut appeler ces fléaux par leurs noms propres.

L'*indécision* est un spasme funeste de l'âme, qui ne se termine que trop facilement par la paralysie. La mort n'est pas cruelle pour l'homme ; c'est l'homme seul qui l'est pour lui-même, quand, à la vue de la mort prochaine, les paupières s'agitent par des mouvements convulsifs, et que, les yeux à

(1) Toulouse, *la Faute extérieure* (*Revue bleue*, 26 septembre 1903).

moitié fermés, il se trouble et chancelle sans pouvoir fixer ses pas incertains.

« L'indécision est une plaie du nervosisme. On se figure que les yeux indécis sont ceux qui ont des motifs nouveaux entre lesquels flotte leur volonté. On leur prête une abondance d'idées qui surprend, un jugement par la comparaison des motifs, le calcul des conséquences, les raisonnements compliqués. En réalité, rien n'est plus faux.

« Comme la violence, l'*irrésolution* est une faiblesse de l'incitation, un alanguissement de la volonté.

« Les *neurasthéniques* sont irrésolus et indécis, parce qu'ils ne peuvent pas vouloir (1). »

Le docteur Marc Herz rapporte un exemple frappant des maux qu'entraîne l'indécision, et de la puissance victorieuse qu'exerce une volonté forte.

Un malade se trouvait dans la dernière période de la fièvre hectique. Le médecin avait cru devoir lui donner toujours de l'espérance, lui-même avait la conscience de son état désespéré ; la lutte de ces deux sentiments entretenait et redoublait la fièvre. Alors le médecin se décida à une démarche fort hasardée. Il annonça au malheureux qu'il était perdu. Cette révélation amena naturellement une agitation excessive, suivie d'un morne abattement. Le soir, le pouls était régulier, la nuit fut plus

(1) Ladame, tome LVI, p. 542.

calme que les précédentes. La fièvre diminua de jour en jour, et, au bout de trois semaines, la guérison fut achevée.

Un chirurgien célèbre avait pratiqué l'opération de la taille sur un personnage haut placé (1). La réaction inflammatoire qui survint exigea des saignées très copieuses. Cependant, quelques jours après, il survint une hémorrhagie par la plaie. Impossible de saigner de nouveau. C'en était donc fait, car les moyens hémostatiques étaient insuffisants. Le chirurgien se ravise, et en réponse au moribond qui lui demande s'il n'avait plus rien à tenter pour le sauver, il lui dit nettement : *Non, Monsieur, il faut mourir.* Ces paroles frappent si profondément le malade qu'il tombe en syncope, l'hémorragie s'arrête et la guérison arrive rapidement.

Pour risquer de semblables expériences, il fallait que le médecin connût bien le tempérament de son malade. Il s'appuya, pour la faire, sur une notion exacte de la nature humaine. L'indécision ne prend que trop souvent sa source dans cette idée funeste : « Il est trop tard! Il n'y a plus rien à faire! »

On dirait que, dans certaines maladies, pour être guéri, on n'a qu'à oser vouloir l'être. On a vu des gens condamnés à garder toujours le lit, sans mouvement, trouver assez de force pour se sauver dans un incendie qui menaçait de les faire périr.

(1) Serre, *Clinique* de 1837.

C'est précisément cette idée qui devrait donner
de la *résolution*. En effet, s'il est réellement trop
tard, la résolution devient facile, parce qu'elle est
nécessaire ; si, au contraire, il est encore temps
d'agir, décidez-vous promptement, car toute peine
a sa récompense assurée. Le chevalier, marchant
à la conquête du trésor, ne devait jamais se retourner : c'est là, dans la légende, une belle expression
d'une idée vraie.

« Il n'y a rien de si difficile, en des affaires importantes, a dit le cardinal de Retz (1), que de prendre
sur-le-champ une dernière résolution, parce que la
quantité de considérations qui se détruisent l'une
l'autre et qui viennent en foule dans l'esprit font croire
que l'on n'a jamais assez délibéré. »

Contre ces perplexités, Franklin avait un procédé un
peu lent, il est vrai, et inapplicable s'il faut une résolution soudaine, mais dont on peut user dans le plus
grand nombre de cas. Voici comment il s'exprime dans
une lettre écrite, de Londres, au docteur Priestley, le
19 septembre 1772 :

« Lorsqu'il s'offre à nous des circonstances où nous
avons à prendre, sur des affaires importantes, une
détermination qui nous embarrasse, là difficulté vient
principalement de ce que, dans notre examen, toutes
les raisons pour et contre ne sont pas présentes en
même temps à notre esprit, et de ce que nous avons en
vue, tantôt l'une, tantôt l'autre, la dernière nous arri-

_____

(1) De Retz, *Conjuration de Fiesque.*

vant lorsque la première est disparue. De là les différentes dispositions ou résolutions qui l'emportent alter-
nativement en nous et l'incertitude qui nous tourmente.

Pour la fixer, ma méthode est de partager une feuille
de papier en deux colonnes, écrivant en tête de l'une
pour et en tête de l'autre *contre*. Donnant ensuite à cet
objet trois ou quatre jours d'examen, je place sous
chacun de ces titres de courtes indications des différents
motifs, qui se présentent par moments à moi, pour ou
contre la mesure à prendre. Quand j'ai ainsi rassemblé
en un tableau tous ces motifs contradictoires, je
tâche d'en peser la valeur respective, et si j'en trouve
deux (un de chaque côté) qui me semblent égaux, je
les efface tous deux. — Si je trouve une raison *pour*
égale à deux raisons *contre*, j'efface les trois. — Si
je juge deux raisons *contre* égales à trois raisons *pour*,
j'efface les cinq, — et, par ce procédé, je trouve enfin
de quel côté le tableau l'emporte; et si, en donnant
encore une couple de jours à la réflexion, il ne se présente d'aucun côté aucun aperçu de quelque importance, je fixe ma détermination.

Ces raisons ne peuvent sans doute être évaluées avec
la précision des quantités algébriques : cependant,
quand chacune d'elles est examinée séparément et
comparativement, et que tout est là devant mes yeux,
il me semble que je puis mieux juger, et que je me
trouve moins exposé à faire une démarche inconsidé-
rée. J'ai souvent recueilli un grand avantage de cette
espèce d'équation qu'on pourrait appeler une *algèbre
de circonspection!* »

La *distraction*, qu'on peut appeler un défaut de résolution dans l'attention de l'esprit, la distraction est, dans la vie de l'âme, un état analogue au tremblement des muscles dans la vie du corps; c'est une oscillation indiquant une force insuffisante, pour agir constamment dans la même direction, et la nécessité du repos et du changement. Or, si l'expérience nous apprend, même dans l'ordre physique, qu'une impulsion forte peut faire cesser cette faiblesse, pendant quelque temps et, peu à peu, pour toujours, nous devons certainement attribuer les effets les plus merveilleux à l'impulsion la plus profonde et la plus individuelle que l'homme puisse recevoir, celle de la volonté.

J'ai fait sur moi-même cette observation : pour faire disparaître les *mouches volantes* qui me troublent la vue, et pour empêcher le tremblement des lettres sur le papier, il me suffit de fixer le regard avec fermeté sur les objets vacillants.

De même, une volonté énergique donne à l'âme une direction, de l'appui, de la force. C'est pourquoi, contre l'opinion commune, j'ai toujours regardé les distractions comme un remède fort douteux, dans les maladies de l'âme et du corps.

J'ai cru, au contraire, que le *recueillement*, c'est-à-dire la volonté fixée sur l'activité spontanée, est dans ce cas très salutaire ; car la vie agit du dedans.

au dehors; la mort, comme les maladies, agit du dehors au dedans.

Que si vous manquez absolument de la force nécessaire pour vous donner à vous-même une direction, eh bien! lancez-vous dans une situation où vous serez forcé d'agir. C'est ce que tout le monde peut faire. Il s'agit seulement de commencer, le reste va de soi-même. Supposons que je n'aie pas d'occupation fixe, ni l'envie de m'en créer une. Dans ce cas, je peux cependant prendre la résolution d'offrir mes services à l'État ou à un particulier, de telle sorte que, les conditions une fois convenues, je me trouve contraint de travailler. C'est ainsi que je triomphe de mon irrésolution, en prenant ce qui se présente et en abrégeant le choix; et, par ce moyen, je me délivre des idées sombres et accablantes, en me plongeant, même contre mon inclination, dans le tourbillon d'une vie agitée, où le devoir à remplir me soustrait aux vaines chimères de mon esprit, pour me transporter de force au milieu de la foule, et où des occupations régulières m'inspirent d'abord une satisfaction apparente, bientôt changée en contentement réel.

« Pour guérir les maux de l'âme, dit un penseur profond, l'intelligence est impuissante, la raison a peu de force, le temps en a beaucoup; la

résignation et l'activité sont des remèdes souve-
rains. »

Ce traitement prophylactique ou réellement curatif a pour base une loi véritable. C'est que de deux
stimulants, le plus faible cède toujours au plus
fort. Si l'on fait pénétrer dans l'âme, et, par celle-
ci dans le corps, le stimulant le plus actif et le plus
énergique, qui est la volonté, tous les autres perdent leur puissance. Il est impossible, dans le
monde physique et dans le monde moral, d'éloigner
de soi toute influence nuisible ; mais se tourner
vers un but déterminé implique déjà l'idée de se
détourner de tout le reste, surtout quand la direction est active et non contemplative.

Encore voit-on les mêmes miracles se produire,
lorsque l'âme se plonge entièrement dans les profondeurs de ses méditations ; lorsque le temps et
l'espace cessent d'exister pour elle, et qu'elle par-
court en quelques instants des mondes infinis ;
lorsqu'Archimède, sous l'épée du soldat qui le
menace, s'écrie : « Ne dérange pas ces figures. »

La *mauvaise humeur* est le démon fatal qui, sous
le nom de *mauvaise disposition de l'esprit*, a su
prendre dans la société un empire despotique. C'est
un mal qu'on ne peut nier ; mais il n'est pas permis
de s'y soumettre. Un auteur moderne a conseillé
au poète d'utiliser cette disposition de son esprit

comme le statuaire fait du marbre qu'il façonne.
Pourquoi ne pas appliquer à l'homme en général
ce conseil adressé au poète ? La véritable hygiène
n'est-elle pas aussi une *œuvre d'art?* On devrait au
moins essayer de l'élever à cette hauteur. Peut-
être alors l'art d'embellir la vie deviendrait-il celui
de la prolonger, comme il le fut chez les Grecs.
Lavater a écrit un discours moral contre la mauvaise humeur. C'est un sujet qui pourrait convenir
à un médecin.

Personne ne peut se défendre de la *tristesse;*
mais tout le monde peut se débarrasser de la mauvaise humeur. Dans la première, il y a encore un
certain charme ; il y a de la poésie ; mais la mauvaise humeur n'a aucune espèce d'attrait, c'est la
prose vulgaire de la vie, c'est la sœur de l'ennui
et de la paresse, cette empoisonneuse qui amène
lentement la mort. On peut dire avec raison que
la mauvaise humeur est un péché contre le Saint-
Esprit dans l'homme.

Où prend-elle sa source? D'abord dans l'*habitude,*
« nourrice de l'homme » et de ses vices.

Si, dès l'enfance, nous étions accoutumés à ne
demeurer jamais dans l'oisiveté, mais à consacrer
chaque heure qui nous reste après des travaux sérieux à des travaux agréables, jusqu'au moment où
le doux sommeil viendrait nous apporter du repos,

et des rêves tranquilles, jamais, alors, nous ne serions mal disposés.

Si, dès l'enfance, nous étions accoutumés à ne passer jamais au lit les belles heures du matin, nous ne connaîtrions pas cette indolence morose que produit généralement la sensation désagréable d'un réveil tardif.

Si, dès l'enfance, nous étions habitués à voir tout en ordre autour de nous, bien certainement, par une disposition harmonieuse de l'âme, cet ordre extérieur se réfléchirait au dedans de nous-mêmes. Dans une chambre bien tenue, l'âme éprouve une sorte de bien-être.

Mais, dans l'art de se préserver de la mauvaise humeur, l'important est de saisir le moment opportun. L'homme ne peut pas être toujours disposé à tout; mais il a toujours une disposition quelconque. C'est ce qu'il ne faut jamais perdre de vue ; on ne doit pas oublier que le changement, la variété, est une des lois qui régissent le monde. La solitude rend morose ; suivant Platon, elle rend opiniâtre. Le commerce du monde peut amener les mêmes effets. Une agréable combinaison de ces deux façons de vivre produira le résultat opposé.

Mais le préservatif le plus certain contre la mauvaise humeur, c'est la *religion*, c'est la vraie connaissance de l'amour qui nous accompagne et guide nos pas. Un esprit ouvert à tout ce qui est bon n'a pas de peine à supporter ce qui est mauvais. Et si quelqu'un était assez malheureux pour apporter en ce triste monde la mauvaise humeur en partage, comme le privilège d'une nature mal organisée, qu'il se garde bien de se croire sage, ainsi qu'il arrive trop souvent; mais qu'il se considère comme un être malade, et que, pour se délivrer de son tourment, il ne dédaigne pas les remèdes les plus amers.

Passons de la mauvaise humeur aux moyens qui la guérissent, et particulièrement à la puissance de la volonté sur des états qui, par leur origine, se rattachent au système nerveux de l'organisme.

On peut, à ce sujet, citer de nombreux exemples qui prouvent que l'esprit a un pouvoir au moins indirect sur la santé ou la maladie, sur la vie ou la mort.

J'ai lu quelque part qu'un homme pouvait, dès qu'il le voulait, faire naître une inflammation érysipélateuse sur chaque partie de son corps.

Il y a de gens qui vomissent sans effort, quand ils le veulent.

On connaît l'action très remarquable qu'exerce une forte volonté sur les phénomènes de l'organe de la vue, et je ne sais combien d'autres faits du même genre.

Le Dr Warlomont raconte qu'il a connu, dans la province d'Anvers, un médecin distingué qui pouvait à toute heure du jour et dans n'importe quelle partie de son corps produire à volonté une douleur plus ou moins vive d'intensité variable ; une fois localisée dans une articulation, au genou, par exemple, la douleur s'irradie dans toutes les parties inférieures du membre ; du cou, elle s'étend bientôt à toute la tête ; elle descend dans le dos et produit une sensation pénible de constriction dans la poitrine (1).

Il y a des hommes chez lesquels le *cœur*, ce muscle non soumis à la volonté, devient un organe volontaire.

Certains auteurs rapportent que Diogène se donna volontairement la mort en retenant son haleine.

Saint Augustin (2) raconte que Restitus, prêtre de la paroisse de Calame, pouvait à son gré se mettre dans un état tout à fait semblable à celui d'un homme mort ; on avait beau alors le piquer et même le brûler, il avait perdu tout sentiment, et on ne lui trouvait nulle apparence de respiration : il ne s'apercevait même qu'il eût été brûlé que par les cicatrices qui lui en restaient ; il avait enfin un tel empire sur son corps qu'en peu de temps, lorsqu'on l'en priait, il s'interdisait l'usage de ses sens.

Fontana (3) possédait, paraît-il, le singulier privilège

(1) Ladame, *Hygiène morale* (*Bibl. universelle de Genève*, p. 435, t. LV).
(2) Saint Augustin, *la Cité de Dieu*.
(3) *Edinburgh med. and surg. Journal*, tome IV, p. 198.

de pouvoir diminuer à volonté, arrêter même pendant un certain temps les battements de son cœur.

Un coquin célèbre, devenu plus tard un policier émérite, Vidocq (1), raconte avoir vu un prisonnier qui simulait à merveille les apparences de la mort, pour obtenir quelque relâchement aux rigueurs de sa captivité, et qui simulait si bien que, lorsqu'il mourut réellement, on crut encore à une nouvelle tentative de fraude, et on le laissa deux jours enchaîné après sa mort.

Le docteur Cheyne (2) raconte que le colonel Thownsend pouvait arrêter à sa volonté le mouvement de son cœur et se donner toutes les apparences de la mort. Il se couchait sur le dos et ne bougeait plus. Un jour, il en fit l'essai devant le docteur Cheyne et deux de ses amis, et tomba comme mort; le Dr Cheyne lui prit la main, et sentit le pouls baisser peu à peu, il lui mit une glace devant la bouche: aucun souffle ne ternit le verre. Comme Thownsend demeurait assez longtemps dans cet état, les spectateurs s'effrayèrent; ils craignirent qu'il ne fût réellement mort. Le médecin, effrayé, crut que la plaisanterie s'était changée en une triste réalité, et se préparait à sortir de la chambre. Mais, au bout d'une demi-heure, le prétendu mort,

(1) Vidocq, *Mémoires*.
(2) Cheyne, *The English malady or a treatise of nervous diseases of all kinds, as Spleen, Vapours*, etc., 4e éd. London, 1734.

qui apparemment avait entendu leur conversation, rendit à son cœur son mouvement : le pouls et les battements du cœur devinrent sensibles, le colonel reprit la parole et reparut bientôt après dans son état ordinaire.

Il est bon d'ajouter qu'un jour il prolongea trop l'expérience et fut victime de son imprudence.

On a vu en Amérique des sauvages qui, lorsqu'ils pensent avoir accompli leur tâche ici-bas, fussent-ils même à la fleur de l'âge, se couchent, ferment les yeux, prennent la résolution de mourir, et meurent en effet.

On connaît les efforts victorieux de Démosthène pour arriver à l'éloquence, lui qui était dépourvu de toute aptitude oratoire.

Le ventriloque Carvin (1) rapporte comment il a appris son art; son récit est très instructif au triple point de vue de la physiologie, de la psychologie et de la morale; il nous indique toute la puissance de la volonté humaine. D'abord, un simple pressentiment éveillé par le hasard; un faible essai; une réussite apparente; le désappointement : des efforts nouveaux pour retrouver le succès, une réussite heureuse, cette fois réelle; un exercice incessant, mêlé de joie; de l'habileté acquise, enfin

(1) Th. Brown, *Posthumous Works*. London, 1712.

l'habitude : voilà les phases parcourues par Carvin. Le succès de ses expériences personnelles
fait naître chez cet homme intelligent les réflexions
suivantes : « En considérant à combien de modi-
fications le mouvement musculaire est soumis, on
s'étonne de voir combien peu, de nos jours, on a
coutume de l'exercer, tandis que le domaine de la
volonté est sans limites. Il y a des hommes qui
savent tellement cacher leur langue qu'un anatomiste même ne saurait la trouver. Cela se fait au
moyen de mouvements musculaires que presque
personne ne connaît, et que cependant chacun,
s'il le voulait, pourrait développer en lui. Dès que
j'eus une fois découvert en moi ce singulier talent,
j'observai avec une attention minutieuse toutes les
circonstances qui accompagnaient le phénomène
nouveau; je les soumis à la force de ma volonté,
et ce qui d'abord m'était très difficile me fût, à la
longue, une sorte de jeu, par l'exercice et l'habitude. »

On a cru longtemps que les *ventriloques* formaient
leur voix intérieure en aspirant. L'abbé de la Chapelle (1)
a jeté quelques lumières sur cette question.
D'après Lespagnol (2), le voile du palais, cloison mus-

(1) La Chapelle, *le Ventriloque*. Paris, 1772.
(2) Lespagnol, *Diss. sur l'Engastrémisme*. Paris, 1811.

culo-membraneuse dont les mouvements ne coïncident guère chez la plupart des hommes qu'avec la dégluti- tion, et sont autant déterminés par l'impulsion méca- nique ou par l'action stimulante du bol alimentaire ou des liquides que par un acte de la volonté, pourrait, par une sorte d'éducation, obéir plus complètement à cette faculté, s'élever ou s'abaisser plus ou moins, pour partager la voix sortant du larynx entre la bouche et les cavités nasales, en diverses proportions, suivant le caractère des sons que l'on veut produire, et en cela consisterait tout le secret des ventriloques.

Le mécanisme des opérations de la ventriloquie ne paraît consister réellement qu'à savoir étouffer sa voix lors de la sortie du larynx et pendant une opération longue et soutenue. La glotte, presque entièrement fermée en cet instant, refoule l'air vers les poumons et n'en laisse sortir ensuite qu'une petite quantité, celle qui est précisément nécessaire à la formation de la voix articulée. Le ventriloque parle pendant l'acte de l'expiration, comme parlent naturellement tous les hommes.

Il n'est presque personne qui ne puisse devenir ven- triloque. Les seules conditions nécessaires sont le tra- vail, la patience, une certaine flexibilité des organes, et surtout une forte poitrine.

Certes, des forces, dont on ne soupçonnerait pas l'existence, sommeillent dans l'organisation mer- veilleuse de l'homme. Une volonté de fer, énergi- que, persévérante, peut les révéler d'une façon éclatante.

Le *stoïcisme*, qui est incontestablement, de toutés les doctrines antérieures au christianisme, la plus pure, la plus sublime, la plus efficace et celle qui a eu le plus grand nombre de disciples pratiques, le stoïcisme nous a démontré par des faits ce que peut une volonté forte. Ce ne sont pas les froids syllogismes de l'école qui ont donné tant d'énergie aux disciples du Portique; c'est la volonté développée et fortifiée par les enseignements de Zénon, qui a produit tous ces miracles de courage, objets d'étonnement et d'admiration pour notre génération molle et énervée, et qu'ils émerveillent comme les contes des *Mille et une-Nuits*. Le raisonnement ne vient jamais qu'après l'expérience; jamais expérience n'a été produite par le raisonnement, à moins qu'on n'appelle de ce nom des expérimentations sans valeur et sans portée.

Cicéron raconte le trait de ce stoïcien qui, cherchant à démontrer, en présence du grand Pompée, cette proposition que la douleur n'est pas un mal, joignit l'exemple à la leçon en triomphant sur lui-même d'une violente attaque de goutte. Était-ce, dans ce cas, le froid raisonnement qui opérait un tel miracle? N'était-ce pas plutôt le sentiment vif de la haute signification d'une preuve si convaincante?

Le stoïcisme montrait d'abord à ses disciples de grands exemples, qui leur apprenaient à vouloir.

Puis les disciples, voyant quelle puissance la volonté peut acquérir, se livraient là-dessus à de sérieuses méditations, dont le dernier mot est cette parole aussi simple que sublime : « L'esprit veut, le corps obéit. »

Leibnitz (1) raconte que, afin de pouvoir résister aux tourments, un Italien mis à la torture se proposa d'avoir continuellement en vue le gibet. On l'entendit répéter à plusieurs reprises : *Io ti vedo.* Ce qu'il expliqua ensuite quand il fut échappé.

La science, la réflexion, l'enthousiasme ne peuvent pas seuls donner à un homme la force d'agir. Il faut que sa volonté le pousse et le détermine. La chenille ne se change pas en papillon pour avoir goûté le nectar des fleurs; mais une fois cette métamorphose accomplie, elle se nourrit du suc du miel.

Maintenant il s'agit de tirer profit des réflexions que nous venons de faire d'après les meilleurs maîtres, et de tendre avec persévérance à en faire une application sérieuse et pratique. Dieu le veuille !

(1) Leibnitz, *Nouv. essais sur l'entendement*, liv. I, ch. II.

VIII

INTELLIGENCE, CULTURE INTELLECTUELLE

> La douleur physique elle-même est, à
> mes yeux, quelque chose de vague dont
> il est impossible de se rendre compte.
> De la netteté dans l'esprit, une volonté
> pure, et, s'il se peut, de l'énergie morale:
> voilà tout ce qu'il faut à l'homme.
> RAHEL.

Nous avons fait l'éloge de la force de volonté et
nous avons insisté sur cette idée que l'homme peut
se donner à lui-même une direction dans laquelle
il agisse avec persévérance. Mais que doit-on vouloir? Quelle tendance faut-il choisir? C'est la *connaissance* qui répond à cette question essentielle,
la connaissance, ce fruit sublime, éternel, de l'arbre
de l'Humanité, mûri à la lumière bienfaisante de
la raison. Egarée dans les rêves, l'imagination suit
sa course vagabonde : si la raison ne vient pas à
son aide, la volonté se perd dans un vide sans fond
et sans limite. C'est la tâche la plus élevée de l'hygiène morale d'expliquer le pouvoir de l'*éducation*
sur les forces obscures de la nature physique, et

de montrer quelle influence salutaire la *culture intellectuelle* exerce sur la santé des individus, des masses, de l'humanité tout entière.

Pour le philosophe qui s'adonne à des recherches profondes sur l'essence de l'homme, il n'existe peut-être pas de phénomène plus remarquable que la puissance donnée à l'idée abstraite d'agir sur l'organisme physique par l'intermédiaire de ce qu'on peut appeler le *sentiment intellectuel*. C'est là une prérogative distinctive de l'homme qu'en lui des idées peuvent faire naître des sentiments, et qu'au moyen de ces sentiments intellectuels l'esprit influence le corps, comme le corps influence l'esprit au moyen des sentiments matériels proprement dits. Les êtres inférieurs à l'homme ne pensent pas ce qu'ils sentent; les intelligences pures pensent et ne sentent pas. Dans l'homme seul, il existe entre le corps et l'âme un rapport qui s'exprime par le sentiment intellectuel. Celui qui a imprimé une fois à son esprit cette direction salutaire sent l'influence de l'idée sur tout son être.

Si, dans les recherches psychologiques, on s'est habitué à considérer l'homme comme un être indivisible, on comprendra facilement notre pensée.

Il n'en sera pas de même si l'on regarde l'esprit et le corps comme deux forces ennemies, violemment enchaînées l'une à l'autre, et si l'on admet

cette opinion, assez généralement répandue, que
toute jouissance de la nature physique est un
attentat à la nature supérieure, et qu'on ne peut
cultiver l'esprit qu'aux dépens du corps. C'est une
opinion bien triste et bien désolante, qui ne laisse
aux pauvres mortels que le choix pénible entre des
sacrifices inévitables. On voit tant de savants qui
se portent mal, tant d'ignorants gros et gras, tant
de paysans en bonne santé, tant de citadins frêles
et chétifs, que ces exemples multipliés semblent
justifier l'opinion commune.

Mais il s'agit de bien s'entendre sur le sens de ce
mot : *culture intellectuelle*. Tel savant a peut-être
consacré la moitié de sa vie à l'étude de la géomé-
trie; mais, tout entier à cette science, il a négligé
celle de l'homme. Tel autre s'est plongé dans les
profondeurs de l'histoire, et a perdu de vue le
monde actuel. D'autre part, cet homme, qui a de
l'embonpoint, est peut-être moins sot qu'il ne semble : il a étudié l'art de jouir. Ce paysan sait juste
ce qu'il lui faut pour remplir ses devoirs d'homme
et de citoyen; le citadin n'en a pas tant appris; il
paye la faute de son ignorance. La véritable culture
de l'esprit, c'est le développement harmonieux de nos
forces; elle seule nous rend heureux, bons et bien
portants. Elle nous apprend ce que nous devons
faire d'après nos aptitudes; elle nous enseigne à

connaître nos forces, en les exerçant à titre d'essai; elle nous fait subordonner, sans les détruire, l'imagination de l'enfance et la volonté prompte de la jeunesse à l'intelligence de l'âge mûr. C'est donc là, dans l'hygiène morale, la partie qui s'adresse directement à la maturité de l'âge viril.

La volonté et le sentiment, par conséquent la joie et la tristesse, dépendent en nous du point de vue d'où nous envisageons et le monde et nous-mêmes. Ce point de vue est déterminé par la culture de notre esprit. C'est en soi qu'on puise ou consolation ou découragement ; c'est en soi que l'on porte le paradis et l'enfer.

Si l'œil est clair et serein, le monde apparaît tel à ses regards. Nos idées agissent sur notre humeur ; elles agissent aussi sur notre bien-être. Une conviction forte et raisonnée devient, dans l'individu qui la possède, comme une partie intégrante de sa personne. C'est, pour l'homme fatigué, un appui ; pour celui qui souffre, un adoucissement à ses maux ; pour celui qui est encore bien portant, un palladium; Spinoza, sans le secours de cette force intérieure, aurait-il pu vivre si longtemps ? Représentez-vous le monde dans son ensemble et dans son enchaînement, et votre regard se rasérénera ; ne perdez pas de vue le but final, et les maux passagers vous paraîtront plus légers et plus supportables.

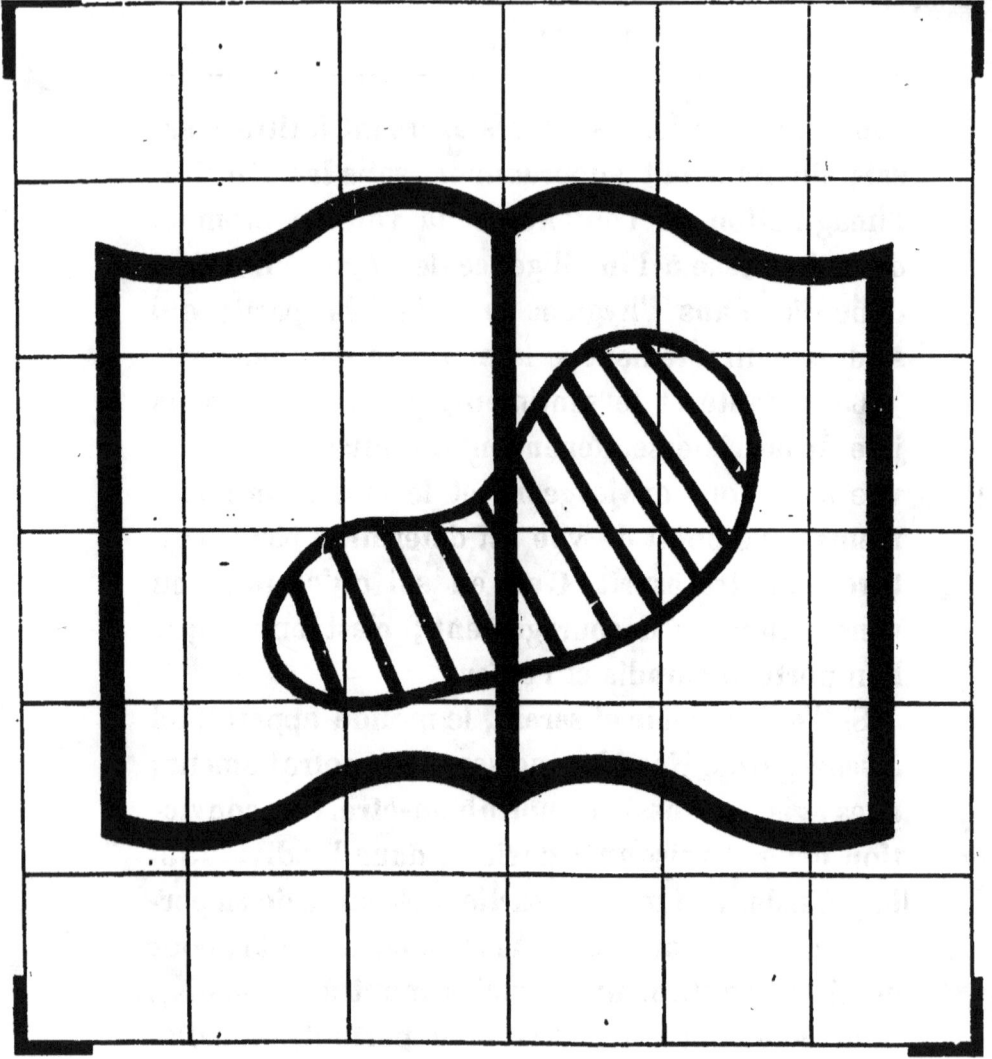

Ne cherchez pas les applaudissements des hommes, et vous pourrez vous en passer aisément. L'égoïste est, plus que tout autre, sensible aux atteintes du mal, parce qu'il reste emprisonné dans le plus étroit horizon ; il est puni par son égoïsme même.

Il faut donc apprendre à élargir le cercle de ses sentiments et de ses idées. Il faut comprendre que la vie n'est pas un don gratuit de la nature ; que c'est avant tout une tâche, une mission à remplir et que, si elle confère des droits, elle impose des devoirs.

La cause principale d'un état maladif étant une attention exagérée à tout ce qui concerne le corps, on ne peut opposer à ce mal de meilleur remède que les hautes conceptions de l'esprit, qui le détournent des préoccupations matérielles.

Il fait pitié de voir ces cerveaux étroits, occupés avec un soin minutieux et incessant de leur existence physique, la miner eux-mêmes lentement par une inquiétude continuelle. Le médecin, qu'ils ne se lassent point de consulter, n'a pour eux que du mépris. Ces gens-là meurent du désir de vivre. Pourquoi ? parce qu'il leur manque la culture de l'esprit, seule capable d'élever l'homme au-dessus de cette misérable faiblesse, en donnant carrière à la meilleure partie de son être, et en lui conférant un pouvoir réel sur la matière.

Ne parlons plus des mémorables exemples que
fournit le stoïcisme ; nous y avons vu l'effet plutôt
de la volonté de l'individu que de la doctrine de
l'école. Mais qui a rempli la mesure extrême de
l'existence accordée à l'homme sur cette terre,
sinon les esprits sérieux tournés avec ardeur vers
les idées les plus élevées, depuis Pythagore jusqu'à Gœthe? Une vue sereine de l'ensemble des
choses est une condition nécessaire de la santé, et
l'intelligence seule peut donner à l'homme cette
sérénité nécessaire. Le grand penseur, qui s'est le
plus profondément plongé dans l'abîme du spiritualisme et qui, par une contemplation calme, a
su prolonger ses jours, ce penseur, regardé comme
le plus sombre des philosophes, a dit ces paroles
remarquables qu'il a d'ailleurs prouvées, selon sa
coutume, par des formules géométriques : « La
sérénité ne peut pas avoir d'excès ; elle est toujours
du côté du bien ; la tristesse, au contraire, peut
avoir un excès ; car elle est du côté du mal. Plus
s'étendent les conceptions de notre esprit, plus
nous approchons du vrai bonheur. »

C'est là la puissance bienfaisante que possède
la véritable philosophie, d'assigner à l'homme un
point de vue, d'où, sans indifférence, mais sans
faiblesses, comme d'une hauteur inaccessible, il
regarde les flots changeants des phénomènes qui

passent, où le passé lui apparaisse comme un legs
sacré, l'avenir comme un but plein d'espoir, le présent comme un dépôt confié à la disposition de son
intelligence et de ses besoins. Cette puissance
appartient à la philosophie, mais seulement à celle
qui échauffe le cœur en même temps que la tête,
qui a sa source dans l'âme même du penseur et
qui pénètre tout son être, qui ne s'apprend pas
comme une leçon, mais qui est inhérente à la personne même et respire dans l'homme tout entier,
qui a pour commencement et pour fin de s'examiner soi-même et de se comprendre. Qu'il est sot de
louer et d'envier un bonheur dont on n'a pas la
conscience ! Le *bonheur*, n'étant qu'une idée, ne
peut résider que dans l'esprit. Il ne s'agit point ici
d'un jeu de mots. J'en appelle à tous ceux qui ont
pu comparer le sentiment d'un bien-être purement
matériel avec les joies de l'intelligence mise en
possession de la vérité. Éclairer son esprit, voilà
pour l'homme le meilleur moyen de préserver et
de rétablir sa santé.

Le résultat le plus important de toute culture
intellectuelle, c'est la *connaissance de soi-même*. La
Divinité a départi à chaque être humain une
somme déterminée de forces qui se meuvent dans
un cercle tracé d'avance. La *santé* de l'individu consiste dans le juste équilibre de ces forces. C'est le

comble de la sagesse humaine de se bien mesurer soi-même, et l'inscription de Delphes n'a pas d'autre sens. Quiconque sait remplir sa mesure conserve la vie et la santé. Celui-là vit dans une pleine liberté ; il est exempt de toute contrainte, il n'appartient qu'à lui-même, et, comme l'a dit Gœthe (1), il peut ordonner à la nature d'éliminer de son être tous les éléments étrangers, cause de maladie et de souffrance. « Le bien suprême donné par Dieu à toute créature, c'est et ce sera toujours d'être *soi-même.* » Si ces paroles de Herder sont vraies, on peut en déduire, à l'appui de notre opinion, des conclusions très précieuses.

En effet, de même que la nature, pour assurer la durée de la personnalité, a mis dans l'être physique une force de résistance et de régénération incessante, de même nous pouvons, dans l'ordre intellectuel et moral, acquérir une force analogue et supérieure. La légèreté de l'esprit, qui est le signe de l'élasticité du caractère, a, pour la conservation de la santé, une influence très active ; comme un éther subtil, elle anime tout notre être. La légèreté du cœur, qui vient d'une possession pleine et entière de soi-même, n'aurait-elle pas des effets plus profonds et plus continus que cette ivresse passagère et sans conscience ?

(1) Gœthe, *Egmont.*

Si l'homme, dont l'esprit est cultivé, arrive à la connaissance de lui-même, c'est seulement parce qu'il a su se comprendre comme une partie du *tout* et se rapprocher d'autres parties du même tout. On peut dire que c'est avec cette conception que commencent la véritable culture intellectuelle, et en même temps un état de satisfaction réelle, au physique et au moral.

Observez avec soin l'*hypocondriaque*, vous reconnaîtrez avec regret que son mal ne consiste, à proprement parler, que dans un sombre et triste *égoïsme*. Il ne vit, il ne dépense, il ne souffre que pour son misérable *moi*, exposé à mille ennemis, Détourné des beaux et grands spectacles que le monde et la nature offrent à tout cœur largement ouvert, indifférent aux joies et, qui pis est, aux souffrances de ses semblables, il guette, avec une persévérance pleine de tourments, le moindre sentiment caché dans les replis les plus délicats de son être, et sa vie n'est qu'un long supplice, une continuelle agonie. Les autres hommes lui sont un objet d'envie ; il est pour lui-même une source d'angoisses et de craintes, et cette source funeste ne tarit qu'avec son existence. La vie qu'il s'efforce perpétuellement de saisir, et qui lui échappe sans cesse, lui devient, à la fin, indifférente, et il tombe dans un état de stupide abrutissement. Il ne peut plus dire, comme l'homme sain de corps et d'esprit : « Je ne me crois étranger à rien de ce qui est humain. » Tout ce qui est humain lui reste étranger. Avec le désespoir d'Oreste, auquel les dieux vengeurs ont enlevé graduellement son plus grand bien, la conscience de lui-même, il se cramponne, sans s'en rendre compte, à cette misérable glèbe, qu'il appelle son *moi*, et s'affaisse avec elle dans la tombe qu'il s'est creusée. Qu'est-ce pour cet homme que le monde, la nature, l'humanité, la science ? L'hypocondrie, c'est de l'égoïsme ; l'égoïsme, c'est l'abrutissement.

Fontenelle a donné la formule de l'égoïsme, lorsqu'il a dit qu'il n'y a de bonheur parfait qu'avec un mauvais cœur et un bon estomac.

S'il en est temps encore, ouvrez l'esprit de ce malheureux à des idées générales ; ôtez le bandeau qui couvre ses yeux, le voile qui enveloppe son cœur ; rendez-le sensible aux destinées de sa race ; en un mot, éclairez son esprit, et le démon qui l'obsède, rebelle à toutes les ordonnances de la médecine, disparaîtra devant la lumière. Que si la guérison était impossible, il serait encore consolant de pouvoir dire avec un poète malheureux : « Tous les hommes souffrent, et moi seul je serais à l'abri de toute douleur ! Je serais heureux au milieu des tombeaux qui couvrent la terre ! »

S'il est utile, dans l'état de maladie, d'étendre sa vue au delà de soi-même, combien n'est-ce pas plus utile encore pour se prémunir contre le mal! La santé, en tant qu'elle est son propre ouvrage, dépend de deux sentiments qui ont des conséquences fécondes : l'empire sur soi-même et l'abnégation, d'où naît la *modération*, résultat de leur alliance. Il y a de la grandeur à montrer au moment opportun l'énergie d'une volonté forte, mais il y en a bien plus encore à la faire plier quand le devoir l'exige, ce qui ne s'obtient que par la culture de l'esprit, élevé à la conception de la légalité, devant laquelle tout arbitraire devient folie. L'énergie de la volonté n'agit évidemment que dans des états passagers ; la raison exerce sa puissance dans des affections chroniques de l'âme, de même que la joie exalte momentanément les phénomènes de la vie, mais épuise la force humaine par des émotions trop fréquemment renouvelées, tandis que la sérénité de l'âme, par une influence douce, mais continue, entretient la santé et possède la vertu bienfaisante d'un aliment exquis et nourrissant.

« Le meilleur moyen, a dit un homme d'esprit, de sortir des conflits qui troublent la nature et la société, c'est l'élévation ; mais rien ne peut élever l'homme que la *contemplation*, fille de la raison. »

Voyez le brahmane : toujours sobre, toujours

content, perdu dans une rêverie sans limite et sans fin, absorbé dans la méditation de l'idéal, il vit calme et tranquille pendant une longue période d'années. Aucun de nos Européens, occupés sans relâche à des riens, ne saurait atteindre la même vieillesse.

Kant avait été maltraité par la nature ; mais, trouvant de la force dans la grandeur de ses pensées, il acquit une santé durable, et fournit ainsi une preuve aux hypothèses des savants, qui, depuis longtemps, cherchent à prouver la parenté de la race indoue et de la race germanique.

Wieland, dont l'existence fut un modèle d'harmonie, bien qu'il fût poète, eut une vieillesse heureuse et pleine de santé, due moins à son imagination qu'au développement régulier de ses facultés intellectuelles.

Les habitudes studieuses, les travaux intellectuels ne sont préjudiciables à la santé que lorsqu'on ne sait pas les concilier avec un exercice suffisant des forces physiques et une hygiène convenable.

La *réflexion* est, en elle-même, une occupation véritablement humaine, bienfaisante et salutaire, qui répond à la double destinée de l'homme. Il fait du bien, ce regard jeté sur le vaste enchaînement des forces universelles, toutes liées entre elles par quelque point, et dont l'ensemble constitue l'unité, cette unité dont le sentiment nous rend heureux.

Il est bon, il est utile de pouvoir montrer avec respect ces individualités brillantes, symboles de la puissance de l'esprit sur la matière qui sont placés dans le temple de l'histoire comme des images vénérables.

Platon enseignait et apprenait encore à l'âge de quatre-vingts ans ; Sophocle était vieux quand il composa *Œdipe à Colonne;* Isocrate brillait comme orateur à quatre-vingt-quatorze ans ; Caton, chargé d'années, n'éprouvait aucun dégoût de la vie ;

Les lettres, disait Sénèque, sont l'occupation favorite de ma vieillesse, c'est à elles et à la philosophie que j'attribue le rétablissement de ma santé ; je leur dois en quelque sorte la vie.

Fleury brillait comme homme d'État, à quatre-vingt-dix ans ; et Gœthe, le maître suprême, Gœthe-Jupiter, parvenu bien au delà des limites ordinaires de la vie, cherchait encore à pénétrer le secret de la nature dans le type primitif de ses créations.

Gœthe (1), retiré dans son Tibur de Weimar, à son heureux déclin, dans le plein et doux éclat de son soleil couchant, ne se sentait plus, il est vrai, la verve créatrice, mais il revenait sur lui-même, revoyait ses écrits, et éditait ses œuvres complètes.

(1) Voyez Goethe et Eckermann, *Entretiens, Pensées sur la littérature, les mœurs et les arts,* trad. par J.-N. Charles. Paris, 1862.

On aurait tort d'objecter que notre époque offre
le triste exemple d'un effet tout contraire, produit
par la culture intellectuelle sur le développement
du corps ; et que l'état débile et maladif de notre
génération s'accroît avec le raffinement de l'intelligence, avec le progrès de la civilisation.

Le raffinement est-il la véritable culture de l'esprit ? Et dans les cas où une contention prématurée
ou excessive de la vie intellectuelle a pu exercer
une action réellement nuisible sur la vie physique,
n'a-t-elle pas guéri elle-même les blessures qu'elle
a faites ? La *lecture*, la *conversation*, la *méditation*
ne sont-elles pas les sources les plus abondantes
où nous sommes sûrs de nous renouveler, de nous
désaltérer ? Il ne s'agit point ici de transformer par
l'étude une constitution débile. L'imagination ou
la foi peuvent opérer des miracles, mais la raison
n'a pas la même puissance. Observez des hommes
intelligents ; ils accuseront bien moins de perturbations morales, bien moins de malaise, que des
hommes bornés pour qui l'univers est enfermé tout
entier dans leur abdomen, de ces hommes qui,
investis par le sort aveugle des fonctions de juges,
décident, en un instant de la vie, de l'honneur, de
la liberté de leurs semblables, selon que leurs fonctions organiques se sont bien ou mal accomplies.

Les recherches essentiellement pratiques de

Brigham prouvent que notre époque, amie du progrès, comprend et apprécie la valeur de l'intelligence par rapport au bien-être physique. Cet auteur veut démontrer que les *savants* arrivent généralement à un âge avancé, que la *mortalité* a diminué dans tous les pays proportionnellement aux progrès des lumières, et que l'ennoblissement des plaisirs est le moyen principal d'étendre au bien-être physique l'action bienfaisante de la civilisation.

Benoiston de Châteauneuf (1), Villermé (2), Casper (3), et en général tous les médecins qui se sont occupés de comparer la *longévité* des classes aisées et des classes ouvrières, ont signalé une grande différence dans la longévité au profit des premières; ils ont montré que les artisans vivent moins que les hommes de labeur intellectuel.

Melier (4) a prouvé que, dans les différents départe-

(1) Benoiston de Châteauneuf, *De la durée de la vie chez le riche et chez le pauvre* (*Ann. d'hyg. publ.*, Paris, 1830, t. III, p. 5) et *De la durée de la vie chez les savants et les gens de lettres* (*Ann. d'hyg. pubb.* Paris, 1841, t. XXV p. 241).

(2) Villermé, *Sur la mortalité comparative dans la classe indigente et dans la classe aisée* (*Arch. gén. de méd.*, 1824, 1re série, t. VI, p. 138).

(3) Casper, *Durée probable de la vie chez les médecins* (*Ann. d'hyg.*, Paris, 1834, t. XI, p. 375, et *Sur la durée probable de la vie de l'homme* (*Ann. d'hyg.* Paris, 1838, t. XIX, p. 231). — Voyez plus loin page 230.

(4) Melier, *De l'influence de l'instruction sur la santé publique et la mortalité* (*Arch. gén. de méd.*, Paris, 1828, t. XVII, p. 57).

ments de la France, la mortalité est en raison inverse du degré d'instruction publique.

« Si, d'une manière générale, dit Fonssagrives (1), la longévité des hommes adonnés aux travaux de l'esprit est plus considérable que celle des artisans, il faut considérer le bien-être d'une part, le savoir de l'autre, comme neutralisant en partie l'influence du travail lui-même. Il est incontestable, en effet, qu'un artisan exerçant avec modération une profession qui n'a rien d'insalubre, pouvant bien se loger et bien se nourrir, et ayant de plus un certain degré de culture d'esprit, aurait des chances de longévité plus grande que l'homme dont la vie se passe sur des livres et dans un labeur exagéré. Au reste, le fait est établi. Ce qu'il importe de rechercher, c'est la longévité inégale des hommes adonnés aux différentes professions intellectuelles.

« Les médecins allemands ont déjà fourni sur cette question d'hygiène, si grave et si intéressante, des données provisoires qu'il est bon d'enregistrer et qui ne peuvent manquer d'appeler des recherches analogues.

« Par malheur pour la rigueur de ces résultats, on a pris pour base des *professions* dont beaucoup n'impliquent ni un effort actif, ni un effort assidu de la pensée. Il vaudrait mieux partir des *vocations* intellectuelles et étudier la longévité des hommes qui ont marqué dans les diverses branches des connaissances humaines et sur l'existence desquels on a des données historiques positives. J'ai commencé ce travail auquel je donnerai suite, s'il plaît à Dieu, et j'ai déjà acquis la certitude que la longévité des hommes de génie

(1) Fonssagrives, *Entretiens familiers*, 3e édition, p. 373.

varie notablement suivant l'adaptation spéciale de leur intelligence. C'est ainsi que la longévité moyenne des peintres (elle serait jusqu'ici de 71 ans) l'emporterait sur celle des philosophes et des historiens, principalement sur celle des poètes, et ne serait primée que par celle des érudits et des archéologues. Je me propose de continuer à recueillir ces faits, sauf, quand ils seront bien établis, à leur chercher des explications. »

Lorsque nous aurons récréé notre imagination par les jouissances de l'art, fortifié notre caractère par des convictions morales, élargi et orné notre existence par la culture intellectuelle, alors nous résisterons avec facilité aux influences ennemies qui ne cessent de nous assaillir de toute part (1). Nous nous apercevrons, avec une satisfaction profonde, que les forces physiques et intellectuelles tendent toutes vers un but unique, qui est de nous perfectionner et de nous rendre heureux ; que *la vie*, *l'art* et la *science* sont des rayons du même soleil, dont le sourire embellit toute existence.

En jetant un coup d'œil sur les réflexions auxquelles nous nous sommes livré jusqu'à présent, nous remarquons que nous avons varié trois fois le même thème, ou joué le même air avec trois instruments, en essayant d'envisager sous trois aspects différents l'homme, qui est un être simple et indi-

(1) Voyez Hufeland, *l'Art de prolonger la vie.*

visible. Nous avons fait des redites ; mais ce ne sont pas des redites inutiles, ni même des redites réelles ; en effet, la proportion des forces et des tendances n'étant pas la même dans tous les individus, chacun de ceux qui prendront en considération les observations précédentes s'appliquera à lui-même celles qui lui conviennent spécialement : il éveillera ou limitera dans sa personne, selon ses besoins particuliers, l'une des trois facultés de notre nature : *sentir, vouloir, penser :* ou bien il fera l'essai de la méthode que nous allons proposer dans les chapitres suivants.

IX

TEMPÉRAMENTS, PASSIONS

Les passions sont des défauts ou des vertus, mais seulement quand elles sont exaltées

GŒTHE.

On accuserait nos observations d'être arbitraires et incomplètes, si nous ne parlions pas, au moins en passant, des *tempéraments* et des *passions*.

Les *tempéraments*, il est vrai, ne peuvent guère se tempérer, et, par conséquent, il n'y a guère à s'en occuper relativement à l'hygiène de l'âme.

Quant aux *passions*, on en a parlé beaucoup et souvent, et elles nous dominent toujours. Nous croirions volontiers qu'à cet égard tout ce qui se rapporte essentiellement à notre but ressort naturellement des développements que nous avons donnés jusqu'ici; mais s'il est des lecteurs qui aiment qu'on leur laisse beaucoup à deviner, il en est d'autres auxquels il faut tout dire. Nous nous bornerons cependant à quelques remarques, restreint que nous sommes dans les limites étroites

de ce livre. Libre à chacun de suppléer, en lieu
utile, les chapitres de psychologie et de philosophie
pratique (1).

Tout bien considéré, il n'existe que *deux tempéraments*, dont tous les autres ne sont que des modi-
fications à l'infini. C'est le *tempérament actif* et le
tempérament passif.

L'auteur vénérable du livre du *Régime* compris
parmi les traités d'Hippocrate (2), Lavater, Zimmermann et autres admettent cette classification
et la suivent également. La doctrine de Brown,
basée sur le contraste de la *sthénie* et de l'*asthénie*,
lui est favorable.

De même que le caractère représente la somme
des forces de la volonté dans l'individu, de même
le tempérament est la résultante des penchants
naturels. Le *penchant* sert de matière à la volonté.
S'il est dominé par elle, il se change en *caractère*;
s'il la domine, il se change en *passion*. Le tempérament est donc la source des passions, et, comme
on distingue deux espèces générales de tempérament, on classe de même en deux groupes toutes
les passions, en comprenant sous ce nom les diver-

(1) Voy. Fredault, *les Passions*. — Bremond, *les Passions et
la Santé*. Paris, 1892.
(2) Voyez Hippocrate, *Œuvres complètes*, traduites par
E. Littré. Paris, 1839, t. V, pp. 462 et suiv.

ses émotions et affections morales. C'est ce qu'ont
très bien compris les physiologistes et les médecins
intelligents. Les tempéraments sanguin et bilieux
désignent ce que nous appelons le *tempérament
actif*, le tempérament lymphatique et phlegmatique,
ce que nous appelons le *tempérament passif*.

Dans le tempérament passif, la poitrine est étroite ;
les muscles petits et compactes, les mouvements faibles
et concentrés : l'homme ainsi constitué se retire le plus
possible au dedans de lui ; c'est là qu'il médite, qu'il
approfondit, c'est là, s'il se croit offensé, qu'il cherche des
moyens certains de vengeance ; car, selon l'expression
de Shakespeare, sa haine incorporée avec sa substance
en est devenue inséparable ; réfléchi, dissimulé, il use
les résistances par sa lenteur, par sa persévérance ; il
couvre ses désirs, ses vœux, ses projets d'un voile d'indifférence. C'est de lui qu'on a dit : *Volto sciolto, pen-
sieri stretti ;* seulement dans de rares et courts instants,
ses yeux, sa physionomie décèlent une âme ardente,
familiarisée avec toutes les émotions, avec tous les ora-
ges de la vie.

Les pensées, les affections ont dans ce tempérament
quelque chose de pénible et de concentré. Il y a plus,
c'est que le sentiment de la *joie*, ordinairement le
plus expansif de tous, cesse d'avoir ce caractère : c'est
une gaieté pour ainsi dire *bordée de deuil*, selon la naïve
expression d'Amyot, c'est une joie qui n'est jamais
franche et complète, c'est une gaieté mordante et
satirique, se manifestant moins par des éclats que par
des saillies humoristiques, des bouffonneries amères et
sinistres : *ridet et odit.*

Nous citerons comme exemples de tempérament passif : Tibère, Caligula, Louis XI, Cromwell, Machiavel, Sixte-Quint, Malebranche, Pascal, Swedenborg, La Fontaine, Swift, Zimmermann, Bordeu, Saint-Just, que l'on appelait l'*Apocalyptique*, Robespierre, ce *Tibère de l'Anarchie*, qui avait peur que son ombre ne l'assassinât, etc.

Dans le tempérament actif, la poitrine est large et ample, ce qui amène nécessairement un grand développement des poumons, un cœur volumineux, un système artériel d'un grand diamètre ; les muscles sont épais, fortement dessinés.

L'homme qui a reçu de la nature le tempérament actif a le caractère prompt, décidé, fougueux, emporté, irascible ; il ne sait rien cacher, il est tout en dehors. La résistance lui est odieuse, la contradiction insupportable, il cherche à triompher des obstacles d'une manière directe et hardie ; ses actions, ses paroles, son style même annoncent la violence et l'impétuosité des mouvements organiques ; il a une gaieté folâtre, une mine enjouée.

Nous citerons comme exemples de tempérament actif : Marc-Antoine, Léonard de Vinci, le Maréchal Maurice de Saxe, Chaulieu, Buffon, Mirabeau, etc.

Il n'est pas vrai, comme on serait tenté de le croire et comme on l'entend dire quelquefois, que les tempéraments inertes, paresseux, passifs, se laissent aisément façonner par la philosophie pratique. L'inertie est la plus grande force de la nature, elle est bien plus difficile à vaincre dans l'homme que la vivacité. L'hygiène de l'âme a pour base l'assujettissement des forces physiques et morales à la volonté ; mais cet assujettissement consiste à les régler, à les diriger, non pas à en arrêter le mouvement. Il importe encore ici de savoir reconnaître la mesure exacte du développement assigné à l'individu, mesure qu'il doit remplir, sans la dépasser, et en dehors de laquelle il perd la santé. Tout homme, selon son tempérament, a besoin de s'exciter ou de se calmer. L'indifférence serait la mort.

« Les Stoïciens avaient juré la mort de nos *passions*, et cette orgueilleuse secte ne considérait pas qu'en les détruisant elle faisait mourir toutes les vertus ; car les passions en sont les semences, et, pour peu de peine qu'on se donne à les cultiver, on en recueille des fruits agréables. Les principaux soins de la morale doivent être employés à remarquer la propriété de nos passions et à les convertir en des vertus qui ne leur soient point contraires ; car celui qui voudrait changer la colère en douceur, ou la crainte en générosité, tenterait l'impossible, et tous ses travaux seraient suivis de mauvais succès. Mais, pour faire heureusement réussir ses desseins, il faut qu'il étudie le naturel de chaque passion, et qu'il emploie toute son adresse pour la faire passer en la vertu pour laquelle elle a le moins d'aversion. Et ceci ne doit point sembler étrange, puisque le plus raisonnable de tous les hommes a bien jugé que, dans l'opposition que la nature a mise entre les vices et les vertus, il s'en trouvait néan-

moins qui avaient quelque ressemblance ; car il n'y a
personne qui n'avoue que la profusion a bien plus de
rapport avec la libéralité que l'avarice, et qu'il n'est
pas malaisé de faire d'un prodigue un libéral ; chacun
est obligé de confesser que la témérité tient plus de la
hardiesse que la lâcheté, et qu'il est plus facile de rendre courageux un téméraire qu'un homme lâche. On
doit confesser qu'il se trouve des passions qui ont plus
d'affinité avec quelques vertus que les autres, et qui,
par le secours de la morale, peuvent devenir facilement
vertueuses (1). »

Sans les passions, nous sommes sans action. Les passions, dit Voltaire, sont les vents qui enflent les voiles
du vaisseau ; quelquefois, elles le submergent, mais
sans elles il ne pourrait voguer.

C'est à tort que quelques froids moralistes ont blâ-
mé les passions, et ont voulu faire de l'homme une
âme impassible, un automate pour le conduire à la perfection. Il est aussi impossible à l'homme de vivre sans
passions que d'exister sans sentiments ; elles sont
nécessaires à la vie ; le cœur de l'homme, dit Juvénal,
a le vide en horreur, il n'y a que l'abus des passions
qui soit condamnable.

Les passions sont instinctives, affectives ou intellectuelles, selon qu'elles ont leur point de départ dans la
sensation, l'amour ou l'intelligence.

Nous avons ainsi combattu le préjugé qui voudrait tarir les passions dans leur source. Cette
source, c'est le *penchant* ; sans penchant, pas d'in-

(1) Le Père Senault, *De l'usage des Passions*. Paris, 1643.

térêt ; sans intérêt, pas de vie réelle. Les anciens, par une belle fiction, ont fait naître les Muses du souvenir : mais le souvenir est fils de l'amour. Le penchant doit d'abord exister, avant que la sagesse puisse lui tracer une direction. L'*indifférence* domine dans le champ désert où manque le penchant. Elle a pour frère l'*ennui*, pour sœur l'*oisiveté*. Quelle famille ! « L'ennemi qui me blesse n'atteint que mon corps, a dit un auteur moderne ; mais l'ennui est un assassin qui tue l'âme. » Et celui qui s'ennuie lui-même ?... ajouterons-nous.

L'ennui tue plus de vieillards que la maladie.

« Au commencement de notre siècle, l'ennui fut presque une religion : il se confondit avec une noble inquiétude des choses éternelles ; il cherchait, il rêvait ; que dis-je, il osait même espérer.

« Aujourd'hui, l'ennui règne plus qu'autrefois : mais ce n'est plus un noble tourment, c'est une maladie lourde, fatigante, monotone ; il ne se contente plus d'enivrer l'âme, il la tue. L'ennui n'est plus une inquiétude, comme au temps de Gœthe et de Rousseau, c'est une négation ; ce n'est plus ce scepticisme qui rougissait de lui-même, et osait à peine s'avouer, c'est l'athéisme qui s'avoue sans fausse honte, froidement et franchement (1). »

L'*amour* et la *haine* : voilà les éléments les plus

_____

(1) Em. Montégut, *Confidences d'un hypocondriaque*, in *Essai sur l'époque actuelle, libres opinions* Paris, 1858, p. 270.

profonds de la vie. La question n'est pas, ici, de savoir si la haine est un amour caché, comme la mort est une vie latente, mystérieuse. Il nous suffit de comprendre que les deux manifestations de la personnalité sont nécessaires à notre existence.

La *mauvaise humeur* elle-même est à l'âme ce que la bile est au corps, et, comme celle-ci, est utile pour l'entretien de la santé.

Dans un livre étrange, publié en 1621 sous le titre *Anatomie de la mélancolie*, par Démocrite Junior, l'auteur, Robert Burton, qui avait été toute sa vie sujet à de noires tristesses et à des accès de folle gaieté, dépeint les causes de la *mélancolie* comme reposant sur la *paresse*.

« La paresse devient le fléau du corps et de l'âme, la gardienne de la méchanceté, la mère de toute ce qu'il y a de mauvais en ce monde, l'un des sept péchés capitaux, le marche-pied du diable, son oreiller et son principal appui... Un chien oisif devient galeux, comment une personne oisive resterait-elle saine? L'oisiveté de l'esprit est mille fois pire que celle du corps. L'esprit sans emploi devient une maladie, la rouille de l'âme, une plaie, un enfer à lui seul. De même que dans une eau stagnante pullulent les vers et les reptiles immondes, ainsi se multiplient les pensées mauvaises et corrompues d'une personne oisive.

« Bien plus, j'ose dire avec assurance que ceux qui vivent dans l'oisiveté, hommes ou femmes, quelle que soit leur position, fussent-ils riches, bien apparentés, heureux, eussent-ils toutes choses en abondance, toute la félicité, tout le bonheur que le cœur peut désirer, je dis que ceux-là, tant qu'ils resteront oisifs, ne seront jamais satisfaits. Ils souffriront toujours dans le corps ou dans l'âme; ils seront toujours languissants, maladifs, ennuyés, dégoûtés de tout, ils passeront leur temps à pleurer, à soupirer, à se lamenter; le monde entier les offensera; ils voudront se fuir eux-mêmes ou mourir, ou bien ils se laisseront emporter par quelque absurde fantaisie (1). »

En général, les *passions* sont des forces. Le courage ne s'acquiert pas par des démonstrations philosophiques; pour l'exciter, il suffit souvent d'un simple mouvement d'indignation. On ne doit jamais négliger des forces naturelles; encore moins doit-on les anéantir; on doit chercher à les étudier, à les vaincre, à les exalter, à les régler, à les soumettre, rien de plus.

Lessing, le philosophe calme, ne parle-t-il pas de la passion qu'on éprouve pour la vérité? L'*enthousiasme* n'est-il pas une passion? et n'est-ce pas en même temps la flamme qui alimente la vie de l'homme? Quiconque s'observe sent combien est salutaire le libre mouvement de l'âme. Les hommes supérieurs aiment l'activité, la lutte, soit en eux-mêmes, soit dans le monde extérieur.

Il ne faut pas confondre *oisiveté* et *loisir*. Voici une

(1) Ladame, *Bibl. univ. de Genève*, 1692, p. 565.

bonne définition que nous empruntons à M. le docteur
Monin (1).

« *Oisiveté*, paresse du corps et rouille de l'esprit ;
l une détruit l'harmonie des fonctions, l'autre trouble
et obscurcit l'intelligence. — Lorsqu'elle n'a pas été
rachetée par la première phase d'une vie active, elle
est blâmable et peut devenir la mère de bien des vices.
Consommer sans rien produire est un vol social.

« *Loisir*, état d'un homme qui, sans être oisif, est assez
heureux pour avoir le choix du travail et de l'exercice.
Il n'y a que les gens qui savent s'occuper qui aient des
loisirs : les autres ne connaissent que l'oisiveté et l'ennui qu'elle traîne après elle. »

« Perdre le temps, a dit Th. Young (2), c'est perdre
plus que du sang ; c'est mutiler son être, c'est com-
mettre un vrai suicide. Dieu a attaché le plaisir à
l'emploi du temps, la peine à sa perte. Si l'ennui nous
gagne, courons au travail : le remède est infaillible. »

Les Egyptiens faisaient de l'oisiveté un crime d'Etat.
Amasis, un de leurs plus grands princes, avait établi
dans chaque canton des juges de police, par devant lesquels tous les habitants du pays étaient obligés de
comparaître de temps en temps, pour leur rendre
compte de leur profession. Ceux qui se trouvaient
convaincus de fainéantise habituelle étaient condamnés à mort comme des sujets inutiles. Afin de leur en
ôter tout prétexte, les intendants des provinces étaient
chargés d'entretenir chacun dans leur district des

(1) Monin, *Bréviaire du Médecin*. Nouv. édition. Paris,
1869, pp. 349 et 351.
(2) Th. Young, *les Nuits*. Paris, 1769, tome I, 3ᵉ Nuit, pp.
63 et 76.

ouvrages publics où ceux qui n'avaient point d'autre occupation étaient obligés de travailler, « Vous êtes de loisir », disaient leurs commissaires aux Israélites en les contraignant de fournir chaque jour un certain nombre de briques : et les Pyramides de Giseh sont en partie le fruit des travaux de ces ouvriers ramassés, qui autrement seraient demeurés dans l'inaction.

Le même esprit se remarque chez les anciens Grecs. A Lacédémone, on ne souffrait point de sujets inutiles; les occupations de chaque particulier étaient réglées conformément à ses forces et à son industrie. La même maxime contre l'oisiveté régnait chez les autres peuples de la Grèce. Suivant les lois de Dracon, de Solon, et des autres législateurs, il y avait action criminelle contre ceux qui en étaient convaincus : ils étaient punis du dernier supplice ; c'était une maxime universelle chez eux que les ventres paresseux étaient partout, comme dans l'île de Crète, de mauvaises et de dangereuses bêtes.

Les anciens Romains ne le cédaient en rien aux Grecs sur ce point. Une des principales fonctions de leurs censeurs était de faire rendre compte à chaque citoyen de la manière dont il employait son temps; ceux qu'ils trouvaient en faute étaient condamnés aux mines ou aux travaux publics. L'inaction n'était point un privilège de la noblesse ; c'était une note d'infamie, et un défaut essentiel, condamné universellement comme contraire à toutes les sociétés. Ils ne la toléraient même pas dans les membres du sénat. Un de leurs empereurs, Antonin, retrancha les appointements de plusieurs d'entre eux qui se contentaient de porter la qualité de sénateurs sans en remplir les devoirs, disant que rien n'était plus indigne et plus cruel que de laisser consommer les fonds de la République par des gens qui ne lui servaient de rien.

Les anciens Germains, au rapport de Tacite, plongeaient les fainéants de profession dans la bourbe de leurs marais et les y laissaient expirer par un genre de mort proportionné à leur genre de vie.

En Chine, autrefois, on ne souffrait point davantage l'oisiveté. On obligeait les enfants à travailler en leur donnant des travaux qu'il leur était possible de faire, même les aveugles et les manchots : ceux qui étaient absolument hors de service étaient nourris et entretenus aux dépens du public. Aujourd'hui, la mendicité forme une caste, ayant un chef et des lois spéciales, des droits vis-à-vis de la société (1).

Caton l'Ancien, comme le rapporte son biographe grec, n'éprouvait jamais plus de bien-être que lorsqu'il entendait les grondements de la foudre.

Mais, objecterez-vous, est-ce que l'absence de toute passion n'empêche pas l'homme de s'user lui-même? Est-ce qu'on ne conserve pas certains insectes, pendant des années entières, sous l'enveloppe de leur seconde métamorphose? Des plantes, placées dans une cave, ne vivent-elles pas plus longtemps que celles qui sont exposées à l'air libre et dont les sucs ne cessent pas d'être mis en mouvement par la chaleur maternelle de la terre ? Que

(1) Voyez G. Morache, *Pékin et ses habitants* (*Annales d'hygiène*, 1870, 2ᵉ série, t. XXXII, p. 8).

dire de la marmotte (1)? Que dire du crapaud qui
vit emprisonné dans le sein d'une pierre? Je répon-
drai que, vivre longtemps, ce n'est pas vivre en
bonne santé, et que l'homme n'est pas un crapaud.

Enfin, si les passions n'avaient pas d'autre utilité
elles serviraient du moins à se combattre les unes
les autres. La réflexion, par elle seule, n'aura jamais la puissance d'anéantir une affection, à peine
réussira-t-elle à la calmer. Au contraire, un penchant violent peut faire contre-poids à un autre ;
ainsi l'orgueil et l'amour, l'amitié et l'indignation,
le rire et la colère se neutralisent réciproquement.

La nature même, qui nous instruit par ses sages
leçons, dirige l'homme au moyen des penchants.
Une *joie* brusque excite, mais, en excitant, elle
épuise. Un *enjouement* habituel entretient le bien-
être. L'une agit comme un remède stimulant, l'autre comme un remède tonique.

Même remarque à faire sur la *colère* et sur l'*indignation*. Ici encore apparaît l'intime union de la
morale et de l'hygiène. La flamme trop vive de la
colère agit d'une manière fâcheuse sur l'organisme.

On voit bien des états nerveux, la folie même,
succéder à des colères répétées, et la mort peut arriver

(1) Voyez A.-E. Brehm, *les Merveilles de la Nature : les
Mammifères.* Paris, 1870, t. II, p. 76, et Perrier, *les Mammifères,* 1904, t. II.

à la suite d'un violent accès, car de la colère à la fureur il n'y a pas même un degré à franchir, il n'y a qu'une pente rapide et glissante.

L'empereur Nerva mourut dans un accès de colère.

Valentinien Ier, reprochant aux députés de Bohême leur ingratitude, entra dans une si violente colère qu'il perdit à l'instant la parole et la vie.

Le roi Wenceslas fut frappé d'une attaque d'apoplexie, dont il périt quelques jours après, pour s'être violemment emporté contre un homme qui ne l'avait pas averti des troubles excités à Prague par Ziscon.

J'ai vu mourir, dit Tourtelle, deux femmes, l'une dans les convulsions et au bout de six heures, et l'autre de suffocation dans l'espace d'un jour, pour s'être livrées à des transports furieux.

C'est que la colère trouble profondément l'organisme, alors même qu'elle ne lui porte pas une atteinte mortelle; un tremblement général, une accélération vive des mouvements du cœur, une tension des artères qu'on sent battre avec violence, une congestion cérébrale évidente, parfois une teinte fortement ictérique, puis un abattement profond, ou de véritables convulsions : voilà pour le physique.

Il en est de même pour le moral; la colère, bien plus que toute autre cause, amène des troubles de l'intelligence, de la raison et de la volonté, qui conduisent à des actes plus ou moins coupables et même, « lorsqu'il n'est pas possible, dit Stahl, d'exercer et d'assouvir directement sur l'objet de sa colère actuelle le violent emportement de l'âme, ce transport retombe sur la première chose qui se présente, mais qui est déjà un objet odieux ou un juste sujet de tourment.. » Nous pourrions ajouter que, dans le délire de la colère, appelé par les Allemands *ivresse de colère*, ces transports peuvent retomber sur les personnes qui se présentent, même si elles sont chères à l'individu. Il les frappe aussi aveuglément que s'il ne les voyait réellement pas.

Il arrive, mais exceptionnellement, que l'on tourne sa fureur contre soi-même (il est vrai qu'alors à la colère se joint ou se substitue le désespoir) : que les gens, les femmes surtout, qui se déchirent les vêtements, s'arrachent les cheveux, se défigurent ; c'est une chose ordinaire chez les idiots et les crétins. Le suicide même n'est pas impossible dans ces conditions.

Autrement, des injures et sévices contre autrui, des crimes même en sont les conséquences. Une fois l'acte commis, un vif sentiment de satisfaction et de bien-être s'empare du coupable et ne cède que plus ou moins longtemps après sa place au remords.

« Au contraire, dit encore Stahl, lorsqu'une violente colère est seulement apaisée, sans avoir pu faire explosion, un long ennui et une haine cachée s'emparent de l'âme, le corps éprouve dans la digestion et dans la nutrition de profonds désordres, accompagnés de langueur et d'ataxie, ainsi que de graves perturbations, dans les actions vitales : on voit même quelquefois en pareil cas survenir le délire accompagné de convulsions.»

Le feu de l'indignation produit souvent des effets salutaires.

M. E. Ettmuller (1) nous apprend que Borrichius

(1) M.-E. Ettmuller, *Dissertatio de irâ.* Leipzig, 1709.

guérit une femme d'une fièvre tierce opiniâtre et qui avait résisté à tous les remèdes, en mettant sa malade dans une colère furieuse.

Valériola s'est servi du même remède pour guérir une fièvre quarte, pour obtenir du relâchement, de la laxité, dans un cas de convulsion avec contraction morbide des extrémités inférieures.

La colère n'a pas été moins salutaire dans certains cas à des paralytiques, à des goutteux et à des muets, auxquels elle a rendu sur-le-champ la santé et la parole.

Et ces différences ne dépendent-elles pas ordinairement des objets et des caractères, c'est-à-dire des circonstances morales ? La *colère* est un emportement grossier, qui nous abaisse au niveau de la cause qui l'a excitée ; si nous nous mettons en colère, notre adversaire a atteint son but ; nous sommes en son pouvoir. L'*indignation* est un mouvement moral, une passion noble, qui nous élève au-dessus des objets bas et grossiers, et qui nous préserve de leur souillure en nous les rendant méprisables. C'est la colère, calme et muette, qui, comme un signe divin, embellit les lèvres de l'Apollon du Belvédère.

D'après Valère-Maxime, un athlète, qui était muet, recouvra la parole par l'indignation que provoqua en lui l'injustice qui lui fit refuser le prix qu'il avait mérité.

Platon appelait les passions « les fièvres mora-

les » : elles ont, en effet, sur l'âme la même action
que les fièvres proprement dites ont sur le corps ;
ce sont des crises qui guérissent les maux les plus
invétérés en purifiant tout l'organisme. L'utilité
qu'on attribue aux affections reconnues mauvaises
appartient, à plus forte raison, à celles qui sont
bonnes et légitimes.

Il ne fut jamais inutile, dit Stahl, de faire intervenir
les passions de l'âme pour la guérison des maux du
corps.

Elles ont, en effet, une influence marquée sur les
diverses fonctions de l'économie.

Martin a vu la température animale monter de 28°
Réaumur dans un violent accès de colère et descendre
à 27° sous l'empire de la frayeur.

D'après les observations de Prout, l'exhalaison de
l'acide carbonique par les voies respiratoires augmente
sous l'influence des impressions exhilarantes, et diminue par la tristesse et l'inquiétude.

Un chagrin violent, comme une joie excessive, agissent sur l'estomac, arrêtent la digestion et occasionnent
le vomissement. La colère agit sur le cœur et sur le
foie ; la circulation activée triple les forces musculaires ;
on dit que le cœur palpite d'espérance, qu'il est serré
par la tristesse. Quelquefois, la bile, arrêtée dans son
cours, donne lieu à la jaunisse.

L'envie agit sur le système cellulaire ou graisseux,
occasionne la maigreur ; on sèche d'envie, de jalousie,
de remords.

Je ferai seulement observer que, de toutes les

affections, l'*espérance* est celle qui anime le plus, et par conséquent la plus importante pour l'hygiène de l'âme. Ce pressentiment céleste est, si je puis dire, une partie délicate de notre moi, un moi charmant, qui ne veut jamais se laisser anéantir.

Le *désir*, cause première de toutes nos passions animales ou sociales, est une condition morale, qui exerce sur l'économie entière une puissance ; cette influence est relative aussi à la santé, à la durée de la vie, et varie encore selon que le désir est accompagné d'espérance ou de crainte.

« La vie n'est qu'un long désir, car le désir qui nous sollicite à vivre, c'est l'espérance de le voir s'accomplir qui nous soutient dans nos peines : désirer, espérer, ajoutez : aimer et souffrir, voilà les conditions de l'humaine existence (1). »

Le désir accompagné d'espérance équivaut presque au plaisir dont il produit tous les bons effets. Il est le partage de la jeunesse, qui, confiante dans ses forces et dépourvue d'expérience, n'a pas eu le temps encore d'être souvent dupe.

C'est au désir accompagné de l'espérance qu'il faut attribuer dans les maladies les changements surprenants qui suivent l'administration de certains médicaments à peu près inertes.

C'est à l'espérance qu'on doit rapporter les effets extraordinaires des pèlerinages, des exorcismes et de la plupart des pratiques superstitieuses.

C'est en ce sens encore qu'il faut interpréter ce vieux

(1) Amédée Latour, *Union médicale*, 29 déc. 1877.

proverbe : « On ne meurt jamais en voyage, ni la veille d'un mariage. »

Le désir, l'espérance de guérir et la confiance que l'on guérira modifient, en effet, tellement l'organisme que la résolution de l'organisme a le plus souvent lieu. On sait que, pour ceux qui souffrent, une grande espérance est presque la santé; Pindare l'appelait « la nourrice de la vieillesse ».

« Les philosophes que l'on surnomme *Elpistiques* affirment, dit Plutarque, qu'il n'y a rien qui contienne et conserve mieux la vie de l'homme que le fait d'espérer. »

François Ier était malade et désespérait de sa guérison : il fit venir de Constantinople un médecin juif, qu'il imagina être le seul capable de le rendre à la santé. Le médecin vint, et n'ordonna que le lait d'ânesse, qui avait déjà été employé ; mais le roi était si prévenu qu'il devait guérir qu'il guérit, en effet, bientôt.

Andry (1) cite des observations faites, en 1682, dans les hôpitaux de Paris, d'après lesquelles *six malades*, *entièrement perclus* depuis plusieurs mois, ont été guéris d'une manière subite, à l'occasion de la visite faite à l'hôpital par l'ambassadeur de l'Empereur du Maroc, qu'ils désiraient ardemment de voir. Ils recouvrèrent, tout à coup, l'usage de leurs membres, et se mirent à marcher.

Le médecin anglais Gédéon Harvey a écrit un traité sur l'art de guérir les maladies par l'attente ou l'espérance (1).

(1) Andry, *Orthopédie*. Paris, 1741, t. I, p. 98.
(2) Harvey, *The Art of Curing Diseases by Expectation.* London, 1689.

Tissot parle d'un ulcère qu'une femme âgée portait depuis deux ans à la hanche et qui, après avoir résisté à tous les moyens, guérit avec une rapidité merveilleuse, lorsque la malade eut revu un fils chéri, dont l'absence lui avait causé de vives inquiétudes.

Napoléon Ier, en visitant les pestiférés de Jaffa, a certainement neutralisé l'action exercée par la terreur sur le moral des soldats ; il leur a rendu la force et l'espoir, et, par là, sans doute, a facilité la guérison de plusieurs d'entre eux. Ils avaient tous une foi très vive dans la puissance de son intervention !

Le *désir sans espérance* produit, au contraire, tous les effets du chagrin.

L'histoire fait mention de l'état désespéré où l'amour de Phila avait réduit Perdiccas, et où celui de Stratonice avait jeté Antiochus, avant qu'Hippocrate et Érasistrate les eussent sauvés.

Les individus qui se sont proposé un but fixe, et qui chaque jour se sentent avancer vers ce but placé comme une borne au bout de leur carrière, sont ordinairement doués d'une grande ténacité vitale. Ils tombent au contraire dans l'abattement, lorsque leurs espérances sont déçues ou comblées, et, le plus souvent, ils survivent peu à la stimulation que leur imprimait la perspective du bien qu'ils cherchaient à atteindre.

Le *spleen des commerçants* est une maladie nouvelle, comme si l'humanité ne possédait pas déjà une nosographie assez complète. En voici la description :

Un homme est arrivé, par un travail opiniâtre et une activité de tous les instants, à une honnête aisance ou même à la richesse. Parvenu au but de sa légitime ambition, il quitte les affaires, et désormais, libre de tout

souci commercial, il va se fixer aux environs de la ville
où il a péniblement amassé sa fortune, et vit de ses
revenus.

Or presque toujours le sort qui l'attend est le suivant :

Les premiers jours, les premiers mois s'écoulent avec
une effrayante rapidité. Il possède enfin cette liberté
si longtemps rêvée et entrevue comme dans un loin-
tain mirage ; il est à l'abri du bruit de la foule et du
tracas des affaires. Il peut dormir, se lever, se coucher, prendre ses repas à ses heures. Il est véritablement son maître. C'est la liberté après l'esclavage. Mais
après un temps plus ou moins long, cette existence,
qui paraissait d'abord si douce, commence à devenir
monotone ; la terrible oisiveté paralyse le cerveau et
engourdit le corps, jadis et pendant de longues années
incessamment occupés. Il regrette l'activité des anciens jours.

Quelques hommes intelligents sont assez heureux
pour se créer une occupation utile à la fois au corps
et à l'esprit ; d'autres se passionnent pour certains exercices, tels que la chasse, la pêche, et y apportent une
ardeur dont on ne les aurait pas crus capables.

Malheureusement, le courage, la volonté ou l'occasion font défaut à un certain nombre, chez lesquels
se manifeste bientôt un phénomène que beaucoup de
personnes remarquent sans pouvoir s'en expliquer la
véritable cause.

Des gens autrefois affables, gais, bienveillants, deviennent petit à petit égoïstes, bourrus, moroses ; tout
les ennuie, ils ne se trouvent bien nulle part.

Bientôt leur santé commence à les inquiéter, ils se
préoccupent de leur digestion ; le moindre rhume

deviennent pour eux une fluxion de poitrine ; ils s'inquiè-
tent du plus petit refroidissement, se couvrent de
flanelle, de tricots, portent des bas de laine en pleine
canicule, et, pour se préserver de dangers imaginaires,
finissent avec leurs ridicules précautions par se rendre
véritablement impressionnables aux moindres changements de température. Il serait facile de remplir un
volume avec les idées baroques de ces hypocondriaques. Plus tard, cependant, les infirmités apparaissent,
et tel, jadis cité pour son caractère jovial, sa complaisance et son aménité, n'est plus qu'un valétudinaire
soupçonneux, égoïste, aussi à charge à lui-même qu'à
ceux qui l'environnent.

C'est alors que le docteur est consulté. D'un coup
d'œil il a bien vite découvert la cause du mal, et il
prescrit le remède : retour, sinon à l'activité des anciens
jours, du moins à un exercice intelligent des forces
physiques. Mais l'habitude du *farniente* est enracinée
déjà ; il est trop pénible de s'assujettir à quelque fatigue ; on hésite à troubler cette quiétude et ce repos si
chèrement achetés, et puis le remède est trop simple,
« le docteur n'y entend rien ».

Voyons maintenant quelles précautions hygiéniques
doit prendre l'homme placé dans ces conditions.

Il doit de toute nécessité se créer une occupation,
une distraction exerçant à la fois l'esprit et le corps.
Le jardinage, par exemple, l'étude de la botanique, de
l'entomologie, de la géologie, sciences qui exigent des
excursions dans les environs de sa demeure, des cour-
ses dans les bois, dans les carrières. Qu'on ne m'objecte
pas que ces sciences ne sont pas à la portée de toutes les
intelligences. Les succès des livres de science familière

sont là pour prouver combien, à notre époque, ces connaissances se répandent facilement, même parmi le peuple. D'ailleurs, nous ne prétendons pas faire des savants ; mais des gens dont l'esprit soit à la fois sérieusement, utilement et agréablement occupé. Si ces moyens sont inefficaces, si l'ennui, si l'état de souffrances persiste, retournez courageusement aux affaires comme les deux malades par l'exemple desquels nous terminerons ces considérations.

Tout Londres a connu pendant un demi-siècle le marchand drapier M..., dont la boutique était située dans le Strand. Sorti du rang des plus modestes employés, il était arrivé à posséder plusieurs millions, à force d'intelligence et d'activité. Sur les sollicitations de sa famille, il se décida à vendre son fonds de commerce et se retira dans une propriété princière, aux environs de la capitale. Tout alla bien pendant quelque temps, mais bientôt l'ennui le prit : voyages, distractions de toute espèce, rien n'y fit. Il tomba sérieusement malade. Son médecin, homme de grand sens, lui conseilla de reprendre sa vie d'autrefois, et bientôt on vit notre millionnaire solliciter dans son ancienne boutique une place de commis ou de surveillant, ses successeurs n'ayant pas voulu, pour un motif quelconque, lui revendre son établissement ou l'associer à leurs entreprises. Dès qu'il retrouva sa vie laborieuse d'autrefois, il recouvra en même temps sa santé, car il vécut encore une vingtaine d'années, et mourut âgé de plus de quatre-vingts ans.

Quant au second malade, il exerçait, dans un village des environs de Paris, tout à la fois les professions de restaurateur, pâtissier, marchand de vin, loueur de voitures et marchand de tabac. Toutes ces industries réunies lui permirent d'amasser une très jolie fortune, augmentée par trois ou quatre héritages inattendus. Il acheta, en Touraine, une fort belle propriété, où il comptait bien terminer ses jours ; mais il avait compté sans le spleen.

Au bout de deux ans, cette vie lui parut insupportable, et bientôt notre homme tomba dans une profonde mélancolie, dont son médecin ne put le tirer qu'en lui conseillant de rentrer dans le commerce.

Il est maintenant établi marchand de vin traiteur à Paris, il jouit de la santé la plus florissante. C'est un des rares industriels de cette profession, vendant pour dix centimes un verre de vin au premier passant venu, tout en possédant trente à quarante mille livres de rente.

Nous ne voulons pas qu'on nous reproche de faire l'apologie des passions ; nous ajouterons donc que les effets favorables que nous leur avons attribués ne se produisent que tant qu'elles ne dépassent pas un certain degré, c'est-à-dire tant qu'elles sont actives ; car les passions actives, dès qu'elles sortent des limites de la modération, deviennent passives. Il n'y a d'actif que ce qui est soumis à la raison de l'homme, parce qu'en dehors de cette sphère il ne peut exercer son activité. Tout ce qui est du domaine exclusif des sens est essentiellement passif, puisque, dans ce cas, l'homme succombe sous la force brutale de la nature.

C'est à nous de contenir les passions dans la limite convenable.

Une émotion est vivifiante tant qu'elle reste dans les limites de l'admiration ; dès qu'elle se change en pitié, elle nous abaisse et nous affaiblit.

Une colère violente n'est pas active, comme on serait tenté de le croire. Celui qu'elle obsède comme un démon souffre dans la meilleure partie de son être. A son degré le plus élevé, elle devient passive, même dans ses manifestations. « Ce n'était pas le calme, dit Plutarque en parlant du silence de Coriolan, c'était la force de la colère, état de l'âme, ajoute-t-il, où les ignorants ne savent pas reconnaître la tristesse. »

Quelque paradoxale que cette opinion puisse paraître, il est certain que des *passions violentes* sont un signe de faiblesse. Elles sont le plus souvent provoquées par le malheur, qui abat dans l'homme sa véritable force, l'esprit. L'enfant pleure et s'emporte, tandis que l'homme grave agit en pensant à l'avenir.

Des *passions douces* égayent l'horizon et l'existence ; elles excitent sans fatiguer ; elles réchauffent sans consumer, et transforment par degrés la flamme qui brûle dans chaque cœur en une lumière calme et fécondante. Elles sont les indices de la véritable force qui n'abdique jamais son empire.

La *gaieté* assainit le corps, comme les rayons du soleil assainissent une habitation, dit Noirot.

Ambroise Paré (1), Ruysch, Mackenzie regardaient la *joie* comme le meilleur remède de toutes les affections chroniques. On en a souvent constaté les heureux effets dans les fièvres intermittentes, la jaunisse, la paralysie, et généralement les maladies de langueur.

D'après Van Swieten, un goutteux, condamné à mort, guérit en apprenant sa grâce.

Un soldat eut les jambes fracassées sur la flottille de Boulogne; sa guérison était fort douteuse. « Si tu restes estropié, lui dit Napoléon Ier, je te nomme capitaine des Invalides. » Dès ce moment, la cicatrisation fit de rapides progrès (2).

La *joie* a eu souvent de très bons effets dans le scorbut. Les indications morales de cette maladie avaient été parfaitement saisies par ceux qui entreprenaient des voyages sur mer, et parmi eux nous citerons le capitaine Cook.

Il faut, jusqu'à un certain point, rapporter à la joie le genre d'effet que Tissot voulait obtenir dans certaines maladies avec asthénie, dans les affections scrofuleuses des enfants, lorsqu'il conseillait de les chatouiller. « Je me suis servi, dit-il (3), plus d'une fois, avec un succès marqué, du *rire* excité par le chatouillement, chez des enfants faibles, pour qui je craignais la noudre, qui étaient pâles, maigres, languissants, et j'ose recommander ce secours, bien dirigé, comme une ressource

(1) A. Paré, *Introduction à la grande Chirurgie*, in *Œuvres complètes*, édition J.-F. Malgaigne. Paris, 1840, t. I, p. 97.
(2) Debreuze, p. 274.
(3) Tissot, *Maladies des nerfs*. 1778, t. II, p. 425.

Infiniment plus efficace, dans bien des cas, que tous les remèdes. » Évidemment, l'action mécanique ne saurait être considérée comme seule active dans le résultat.

Voltaire raconte l'histoire d'une dame qui, voyant sa fille presque agonisante, s'écria : « Mon Dieu, rendez-la moi, et prenez tous les autres! » Un de ses beaux-fils s'avance et lui dit gravement : « Madame, vos gendres en sont-ils? » Cette demande fit rire les spectateurs, la mère et la fille mourante elle-même, qui, dès lors, alla de mieux en mieux.

Un cardinal, asphyxié par une arête dans l'œsophage, voyant son singe recouvert de son chapeau, fut pris d'un éclat de rire qui chassa le corps étranger, et la guérison s'ensuivit.

Un accoucheur affirme avoir vu le rire déterminer la délivrance d'une femme dont on désespérait, parce qu'elle perdait ses forces.

D'après Tissot, un jeune homme blessé à la poitrine était abandonné comme mourant; plusieurs jeunes gens de son âge, qui le veillaient, s'amusèrent à barbouiller, avec les mouchures de la chandelle, le plus jeune d'entr'eux, qui s'était endormi au pied du lit. Le malade, ayant ouvert les yeux, fut si frappé de ce spectacle que, s'étant mis à rire, il sortit de la plaie trois livres du sang épanché, et il fut soulagé.

La *joie* excessive produit quelquefois par contre des complications funestes.

Tout ce qui arrive d'une manière inattendue peut provoquer un trouble profond dans l'harmonie de nos forces. Il conviendra donc d'être prudent toutes les fois qu'on tentera d'utiliser des moyens dont on n'est pas maître de mesurer la puissance.

Soit au milieu de la meilleure santé, soit dans le cours d'une maladie, la joie excessive jette le système vivant dans une perturbation souvent assez profonde pour causer subitement la mort. Quelquefois, connaissant la cause morale, nous en arrêtons l'action ; mais il arrive aussi que nous ne pouvons pas faire cesser l'action de cette même cause. Au rapport de Tissot, un homme, blessé à la main par un coup de feu, dont la plaie allait à merveille, fut pris, le quatrième jour, après avoir beaucoup ri, de douleurs si fortes dans tout le bras que, pendant deux heures, on crut qu'il allait survenir des convulsions.

Dans un autre cas, chez un blessé, le rire, dit Ribes (1), a été suivi de mort ; il a réveillé la douleur dans la partie malade, et avec la douleur les convulsions sont arrivées.

Il est d'autant plus difficile de se prémunir contre cet état moral qu'il arrive inopinément, et que ses effets se continuent après qu'il a cessé d'agir.

Peut-être Kant avait-il en vue des considérations semblables, lorsqu'il a distingué les *affections fortes* et les *affections tendres*. Il fait à cette occasion une observation trop remarquable pour que nous la passions sous silence. C'est à propos de ces paroles de Saussure : « Il règne dans les montagnes de Bouhours une tristesse absurde. » — « Saussure, dit-il, connaît donc aussi une autre tristesse, différente de celle-ci ; une tristesse inté-

_____

(1) Ribes, *Hygiène thérapeutique*. Paris, 1860, p. 605.

ressante, produite peut-être par l'aspect d'une solitude que l'homme a su animer par son énergie ; il
y a donc aussi une tristesse qui appartient à la
catégorie des affections fortes et qui est à l'affection
tendre ce que le sublime est au beau. » Quelle profondeur dans cette observation ! Comme elle conduit le regard bien au delà de la vie ! La douleur
qu'éprouve une grande âme, soit par la perte d'un
être chéri, soit pour une cause moindre, élève le
cœur, loin de l'abattre : c'est une espèce d'orgueil passif, qui seul triomphe de la puissance du
sort.

La nature s'est conformée, par rapport aux sexes,
à cette classification des affections morales. Elle a
voulu que les émotions douces fussent salutaires
à la femme, les émotions fortes à l'homme. De ce
caractère actif ou passif des *sentiments* qui les animent, résultent toutes les différences qui se manifestent dans les conditions de l'existence des deux
sexes.

Ai-je encore besoin de parler des effets physiques
produits par les *émotions morales*? L'action de notre
volonté est-elle capable de déterminer dans notre
organisme des mouvements aussi énergiques que
ceux qu'excite, souvent contre notre gré, la force
impétueuse de la passion ?

Qui, par lui-même, n'en a pas fait l'expérience ?

Qui ne se rappelle les faits remarquables dont sont remplies l'histoire et la vie journalière !

On se souvient du fils de Crésus, de ce muet qui, voyant le glaive levé sur la tête de son père, retrouve tout à coup la voix et s'écrie : « Soldat ! épargne mon père ! »

On se rappelle le chasseur muet qui, rencontrant une femme par laquelle il se croyait ensorcelé, entre, à sa vue, dans un violent accès de colère, et recouvre soudain la parole.

Il est encore bien d'autres cas semblables, dont les poètes ont souvent tiré parti et dont les médecins auraient dû profiter plus qu'ils n'ont fait.

Au siège qui fut mis, en 1555, devant la ville de Sienne, un boulet passa près du marquis de Marignac et lui donna tant d'effroi qu'il fut guéri de la goutte dont il souffrait.

Un homme caustique, aigre, médisant, était tourmenté d'un accès de goutte. Un de ses voisins, qu'apparemment il avait peu ménagé, résolu à se venger de ses sarcasmes, médita un tour qu'il n'avait garde de penser devoir être si salutaire au goutteux. Un soir qu'il le savait seul, il se déguise en nègre, il monte, pousse la porte, entre précipitamment dans la chambre, approche du lit en grimaçant et en ne disant mot. Le malade, épouvanté, commence à crier ; mais, dans l'instant, il se sent enlevé par celui qu'il croit un spectre venant de l'autre monde pour le faire mourir. Il est vrai que le prétendu spectre ne le ménage guère ; il le prend par les bras, par les jambes, et l'emporte tout transi dans la cour. Quand il l'eut jeté sur le pavé, non sans l'avoir bien fait crier, il se mit à le regarder et à lui faire peur, mais il ne l'épouvanta pas longtemps, car, au moment où il s'apprêtait à le prendre dans ses bras pour recommencer la promenade, il le vit se relever et s'enfuir aussi vite que si jamais il n'eût eu la goutte; en effet, il n'avait déjà plus la goutte et ne l'eut jamais depuis (1).

Noirot (2) cite un paralytique, qui depuis plusieurs mois se trouvait condamné dans son lit à une immobilité absolue et qui, voyant, à l'autre extrémité de la chambre, le feu envahir le berceau de son fils, se leva précipitamment, sauva l'enfant et fut guéri.

On raconte qu'une femme percluse de tous ses membres se trouvait à l'Hôtel-Dieu de Paris, presque sur le point de rendre le dernier soupir, lorsque le feu prit à une des ailes de l'établissement. Entendant le tumulte occasionné par l'incendie et le pétillement des flammes, elle fut tellement effrayée que, sans songer à ses membres jusque-là impotents, elle se leva brusquement et regagna à la hâte son domicile, qui était à une assez grande distance de l'Hôtel-Dieu : elle se trouva guérie.

Une dame en proie à un violent accès de suffocation hystérique, que rien ne pouvait faire cesser, fut guérie par la crainte qu'on ne lui brûlât la gorge; son médecin avait pris une feuille de journal, l'avait roulée en torche et allumée, faisant semblant de la lui appliquer tout en flammes.

(1) *Anecdotes médicales.* Lille, 1766, t. II, p 66.
(2) Noirot, *l'Art de vivre longtemps*, p. 265.

Marc-Ant. Petit (1) cite plusieurs cas de guérisons
remarquables opérées chez les gens du monde par la
secousse morale amenée dans les esprits par la Révolution; et qui, combinée avec l'influence qu'avaient
dû nécessairement exercer sur le physique le changement de nourriture, l'exercice forcé, le grand air, les
fréquents déplacements et la force des circonstances,
qui avaient placé le fouet du charretier ou le ciseau du
tourneur dans des mains qui n'avaient tenu jusque-là
que la plume, le pinceau ou une innocente épée, avait
produit un renversement total des premières habitudes.

Citons encore l'illustre Boerhaave guérissant
l'épilepsie par la peur, dans la maison des pauvres
de Harlem (2), et Marc Herz, de Berlin, guérissant
par la crainte de la mort une maladie hectique
dont la gravité ne laissait plus d'espoir (3).

Examinez l'*homme joyeux :* il a l'œil clair, brillant, le pouls large, accéléré, la respiration libre,
le front libre, l'aspect florissant.

Zimmermann (4) indique de nombreux exemples
de décès causés par une émotion subite de douleur
ou de joie.

La *joie fait peur!* — Le chef-d'œuvre de Mme Émile

(1) M.-A. Petit, *Discours sur l'influence de la Révolution
française sur la santé publique*, in *Essai sur la médecine du
cœur.* Lyon, 1806.
(2) Voyez plus haut, page 117.
(3) Voyez plus haut, page 153.
(4) Zimmermann, *Traité de l'expérience*, ch. xi.

de Girardin est le développement d'un fait physiologiquement et psychologiquement vrai ; non seulement la joie fait peur, mais on a vu souvent le plaisir occasionner la mort.

Chilon, éphore de Lacédémone, mourut de joie en embrassant son fils, couronné aux jeux olympiques.

D'après Aulu-Gelle (1), Diagoras de Rhodes eut le même sort causé par la joie extrême qu'il éprouva en voyant couronner ses trois fils aux jeux olympiques.

Pythagore faillit devenir fou lors de sa découverte du carré de l'hypoténuse.

Denys le tyran, Polycrate de Lacédémone et Philippide moururent de joie : ils étaient tous trois avancés en âge : la suspension du cœur et du cerveau est alors plus funeste.

Sophocle, déjà parvenu à une extrême vieillesse, dit plus loin le même auteur (2), avait lu dans un concours une tragédie nouvelle, et il attendit longtemps avec inquiétude le résultat des suffrages qui étaient partagés; enfin il l'emporta d'une seule voix, et la joie qu'il en ressentit lui donna la mort.

Valère Maxime (3) raconte qu'un certain consul, Juventius Thalma, collègue de Tibérius Gracchus, venant de soumettre la Corse, faisait un sacrifice, « lorsqu'il reçut un message lui annonçant que le Sénat avait décrété en son honneur des actions de grâces aux dieux. Il le lut d'un œil avide, puis s'évanouit et tomba sans vie au pied de l'autel ».

Le noble Toscan Thomas Baroncelli, étant allé, dit-

---

(1) Aulu-Gelle, *Noct. att.*, liv. III, ch. xv.
(2) Valère Maxime, liv. IX, ch. iii, et Pline, liv. II, ch. v.
(3) Valère Maxime, liv. IX, ch. iii.

on, de sa villa (aujourd'hui le *Poggio imperiale*) à la rencontre de Côme Iᵉʳ revenant de Rome, fut si ravi d'apprendre que le pape avait conféré à son maître le titre de grand-duc qu'il expira à l'instant même .

« Le pape Léon Dixième, dit Montaigne, ayant été averti de la prise de Milan, qu'il avait extrêmement souhaitée, entra en tel excès de joie que la fièvre l'en prit et en mourut. »

On crut que Santeuil perdrait la tête, lorsqu'il eut trouvé la fameuse épithète *Sacerdos,* pour son poème de la Vierge.

La nièce de Leibnitz mourut subitement de joie en voyant ouvrir les coffres de son oncle, qui étaient remplis d'or, et dont elle héritait.

C.-T.-A. Charpentier (1) raconte avoir vu mourir subitement un fort de la halle de la joie d'avoir gagné une somme considérable à la loterie.

Une heureuse nouvelle produit quelquefois, dit A. Bonnet (2), la mélancolie la plus profonde. Une dame avancée en âge, réduite depuis quelques années à une extrême pauvreté, ayant appris qu'elle allait être propriétaire d'une grande fortune, devint singulièrement triste et pensive ; à cet état succèdèrent la taciturnité la plus profonde et le refus obstiné de tout aliment. Elle se lamentait, soupirait, sanglotait, comme si elle eût été accablée du poids de l'adversité. Malgré tous les secours médicaux, elle demeura plongée dans

(1) Charpentier, *De l'influence des passions sur la production des maladies.* Liège, 1803, p 245.
(2) M. A. Bonnet, *Des passions considérées comme éléments des maladies.* Montpellier, 1818, p. 51.

cette noire mélancolie, et mourut de consomption au bout de deux mois.

Si la joie peut tuer, un *chagrin* violent, ou une douleur profonde peut amener aussi la mort.

Isocrate mourut subitement de douleur, en apprenant la bataille de Chéronée.

Térence mourut de chagrin, après avoir vu disparaître dans un naufrage cent huit pièces de théâtre qu'il avait composées.

Horace ne survécut que 9 jours à la perte de Mécène.

Sibouyah, grammairien arabe du viii⁰ siècle, mourut, dit-on, de chagrin, parce que, dans une discussion qu'il eut avec un autre savant, le khalife Haroun-al-Raschyd n'avait point partagé son opinion sur un point grammatical.

André Vesale mourut de regret d'avoir ouvert un homme dont le cœur battait encore.

Le pape Clément IX succomba au chagrin de n'avoir pu empêcher la perte de Candie.

Au siège de Bude, « un gens d'arme, dit Montaigne, fut particulièrement remarqué par chacun pour avoir excessivement bien fait de sa personne en certaine meslée; cet inconnu, hautement loué et plaint, y estant demeuré; mais de nul autant que de Raisciac, seigneur allemand, esprit d'une si rare vertu; le corps étant rapporté, celui-ci, d'une commune curiosité, s'approcha pour voir qui c'était et les armes ôtées au trespassé il recognut son fils. Cela augmenta la compassion aux assistans : lui seul, sans rien dire, sans siller les yeux, se tint debout, contemplant fixement le corps de son fils; jusqu'à ce que la véhémence de la tristesse, ayant accablé ses esprits vitaux, le porta roide mort par terre. »

Le fameux hérétique du xııᵉ siècle, Amaury, est mort (1209) de chagrin, pour avoir été forcé de renier sa doctrine.

Le chancelier d'Écosse Elphinston (1431-1514) mourut, dit-on, du chagrin que lui causa la perte de la bataille de Flodden-Field. Il avait, il est vrai, quatre-vingt-cinq ans.

Ximènes mourut, à quatre-vingt ans (1517), du chagrin que lui causa sa disgrâce.

Le philosophe italien Rhodiginus mourut de chagrin en 1525, parce que François Iᵉʳ avait été fait prisonnier à Pavie ; il avait soixante-quinze ans.

Cheke, écrivain anglais, mourut, en 1557, à quarante-trois ans, pour avoir été converti de force.

Duprat, évêque de Clermont, mourut, en 1560, à soixante-douze ans, parce que les chanoines de son chapitre voulaient le forcer à couper sa barbe.

Viglius, jurisconsulte allemand, mourut, en 1577, à soixante ans, à cause de l'ingratitude du prince qu'il servait.

Le théologien espagnol Valentia mourut en 1598, à cinquante-deux ans, parce que le pape lui avait reproché d'avoir falsifié un passage de saint Augustin.

Plusieurs personnes moururent, dit-on, de la douleur que leur causa l'assassinat de Henri IV. On cite, entre autres, le célèbre chef de partisans, Dominique de Vic, seigneur d'Ermenonville, un des plus fidèles amis d'Henri IV, qui, passant, deux jours après l'assassinat de ce prince, dans la rue de La Ferronnerie, fut tellement saisi de douleur qu'il tomba mort, à l'endroit même où le crime avait été commis.

L'architecte anglais Jones ne put survivre à l'exécution de Charles Iᵉʳ (1649); il était parvenu à l'âge de soixante-neuf ans.

Le poète Sarrazin (1603-1654) mourut à cinquante et un ans, parce que le prince de Conti l'avait frappé à coups de pincette.

Le peintre allemand Kloostermann, né en 1656, et le littérateur Le Pays, célèbre par les critiques de Boileau, moururent le premier, on ne sait à quel âge, le second, à cinquante-quatre ans, du chagrin causé par la perte de leur fortune.

Saint-Amand (1660), Louvois (1691) et Racine (1699) succombèrent sous le poids de la douleur, après avoir encouru la disgrâce de Louis XIV.

Lepautre mourut (1691) par suite de la préférence que le roi donna à Mansart.

Le peintre westphalien Lely (1618-1680) mourut, à soixante-deux ans, de la jalousie que lui causèrent les succès de Kneller.

Corelli mourut parce que Scarlatti lui dit qu'il s'était trompé sur la valeur d'une note.

Le bénédictin Lami (1636-1711) finit ses jours à soixante-quinze ans, parce qu'un jeune homme qu'il avait retiré de l'hérésie y retomba.

Alexandre Guidi, surnommé le Pindare italien, se rendant à Castel-Gandolfo, pour offrir à Clément XI le bel exemplaire avec figures de six homélies du pontife, qu'il avait mises en vers, découvrit en chemin une faute d'impression qui le pénétra d'une telle douleur qu'arrivé à Fracasti il fut frappé d'apoplexie, et expira quelques heures après, le 12 juin 1712.

Castillo, peintre espagnol du xviie siècle, mourut à soixante-six ans, parce qu'il reconnut son infériorité vis-à-vis de Murillo.

L'historien Avrigny, né à Caen en 1675, mourut, en 1719, de chagrin, à soixante ans, à cause des changements que Lallémand fit à ses ouvrages.

L'écrivain italien Parteguerri mourut à soixante et un ans, en 1735, à cause d'une place qui lui était promise et qui fut donnée à un autre.

François, graveur lorrain, mourut, en 1769, du chagrin que lui occasionna la jalousie de Magny et de Demarteau.

Schidone mourut à quarante-cinq ans, après avoir perdu une somme considérable, et Breughel, à cinquante-huit ans, pour avoir perdu la dot de sa fille.

Le médecin Fabricius, que les malheurs du roi de Danemark firent succomber en 1807, était plus que septuagénaire.

L'anglais Ireland mourut, en 1808, du regret d'avoir donné au public, sous le nom de Shakespeare, un ouvrage composé par lui.

Le comte de Vauban mourut à soixante ans, pour n'avoir pu présenter ses hommages aux Bourbons en 1814.

Qui ne connalt les effets de la *peur?* Le corps tremble, la langue bégaye, la peau est froide, les cheveux se dressent, le cœur palpite, la respiration est gênée, le teint pâlit, le pouls devient faible, l'estomac se trouble : ce sont bien là les symptômes de la crainte

Louis de Bourbon mourut à la vue des ossements de son père qu'il avait fait exhumer.

Pascal manqua d'être précipité dans la Seine, un jour que les chevaux de la voiture où il se trouvait prirent le mors aux dents. Il en éprouva une frayeur si vive que le souvenir de cet événement était sans cesse présent à son imagination, et que, croyant toujours voir un précipice à son côté gauche, il y faisait placer un siège pour se rassurer (1).

Un duc de Ferrare, en proie à la fièvre, fut jeté à l'eau par son bouffon, et ce bain par surprise coupa les accès. En punition de sa témérité, le bouffon fut condamné à avoir la tête tranchée. A la vérité, on se contenta de simuler l'exécution, en le frappant sur la nuque avec une serviette mouillée. Quand tout fut fini, les assistants s'aperçurent, non sans étonnement, que la peur avait fait mourir le bouffon.

Les élèves d'un lycée détestaient un pauvre pion et avaient juré de s'en venger ; un jour, ils s'enferment avec lui dans une salle et lui déclarent qu'ils vont le juger et le mettre à mort : ils lui lient les mains derrière le dos et lui placent la tête sur un billot. On lui bande les yeux et on passe rapidement sur la nuque le bord d'une serviette humide et froide. Comme le malheureux ne se relevait pas après ce simulacre d'exécution, on détache ses liens, on débande ses yeux ; il était mort (2).

(1) Voyez Lelut, *l'Amulette de Pascal.* Paris, 1846.
(2) Ladame, *Bibl. universelle de Genève*, tome LV, p. 468.

La chirurgie a enregistré des faits qui ont une grande analogie avec celui-là.

Van Swieten a observé une femme chez laquelle une vive frayeur occasionna sur-le-champ une tumeur au sein, à laquelle elle succomba.

D'après Van der Wiel, la même cause a déterminé un écartement des os du crâne, chez la femme d'un jardinier du duc de Nassau.

On a vu des hommes mourir au milieu d'une opération douloureuse ou d'un supplice violent, sans lésion d'organe, sans hémorragie et sous la seule influence des efforts musculaires excessifs que la douleur provoquait chez eux.

Il y a des malades qui sont morts à l'idée d'une opération chirurgicale.

Pelletan racontait ce fait : à sa clinique, il devait faire une amputation de cuisse, et, voulant démontrer aux élèves la manière de pratiquer l'incision de la peau, il s'apprêtait à faire le tour du membre, avec le dos du couteau. Au moment où il plaça le fer sur le malade, celui-ci poussa un cri et mourut.

D'après Tissot (1), un paysan, ayant rêvé qu'un serpent s'était entortillé autour de son bras, fut si effrayé qu'il se réveilla en sursaut et que son bras est resté depuis sujet à un mouvement convulsif qui revenait plusieurs fois par jour.

La nécessité de s'observer vis-à-vis des malades est si grande qu'il faut éviter de parler devant eux du danger qu'ils ont couru, et s'abstenir de nommer la maladie, si elle est sujette à récidive ou si le malade ne la connaissait pas et craignait de l'avoir.

(1) Tissot, *Traité des nerfs*, l. IV, p. 45.

On avait enlevé un cancer à une femme très sensible, qui redoutait extrêmement la fièvre, et qui était
persuadée qu'elle mourrait si elle l'avait. Dix jours
après l'opération, la plaie était vermeille, la suppura-
tion abondante et de bonne qualité : le chirurgien,
visitant la malade, lui dit qu'elle a un peu de fièvre ;
elle est frappée par ces paroles, la plaie se dessèche et
la mort survient le lendemain.

J.-L. Petit a vu un homme blessé à la main qui mourut subitement en voyant ses tendons à nu.

Une personne à qui l'on avait caché qu'elle avait la
petite vérole, parce qu'elle la redoutait beaucoup,
mourut quand on lui annonça qu'elle en était guérie.

Le premier roi de Prusse, Frédéric Ier, dormait un
jour sur un fauteuil, lorsque sa femme, Louise de
Mecklembourg, qui était tombée en démence, s'étant
échappée des mains de ceux qui la gardaient, parvint
jusqu'à son appartement, et, après s'être blessée en
brisant une partie des glaces, se jeta sur lui en le que-
rellant. Le roi, auquel on avait caché sa maladie,
fut tellement frappé à l'aspect de cette femme, cou-
verte de sang et vêtue seulement de quelques vêtements blancs, qu'il s'imagina avoir vu la *Dame blanche*
dont l'apparition, suivant une ancienne tradition,
annonçait toujours la mort d'un prince de la maison
de Brandebourg. Il fut à l'instant même saisi d'une
fièvre ardente, et mourut six semaines après, à l'âge de
cinquante-six ans.

Peutemann, peintre allemand du dix-septième siècle,
mourut, en 1641, de la frayeur qu'il ressentit en voyant
remuer des squelettes agités dans un tremblement de
terre.

Mme de Guerchy, fille du comte de Fiesque, mourut, en 1672, pour avoir eu peur du feu.

Le maréchal de Montrevel, « dont l'âme, au dire de Saint-Simon, n'était qu'ambition et valeur, sans avoir jamais su distinguer sa droite d'avec sa gauche, mais couvrant son ignorance universelle d'une audace que la faveur, la mode et la naissance protégeaient », était tellement superstitieux qu'à un dîner, une salière s'étant répandue sur lui, il s'écria qu'il était mort; la fièvre le saisit et il mourut quatre jours après, en 1716.

La *frayeur* a une grande part dans l'étiologie des maladies mentales.

Esquirol en parle comme d'une cause commune, et constate qu'elle a amené 46 cas de folie sur 1,218 malades admis à Charenton et à la Salpêtrière.

Quelques nouveaux chiffres sont fournis par le docteur Choate (1), qui met sur le compte de la frayeur 17 cas de folie sur 3,390 malades reçus dans son service à Taunton Hospital, dans l'espace de 15 ans. L'hôpital de Worcester rapporte 45 cas, dans le cours de 36 ans. A Hartford, on a compté 21 cas sur 4,898 malades. Le State Hospital de Utica rapporte 17 cas, dans l'espace de 19 ans. Les rapports des hôpitaux d'Écosse et d'Angleterre présentent les mêmes proportions. Les femmes sont plus susceptibles que les hommes d'avoir des affections mentales par suite de cette émotion subite. Cependant, l'ensemble des rapports fournis sur les divers asiles d'aliénés ne signale pas une différence notable sous ce rapport entre les deux sexes.

(1) Choate, *Boston medical and surgical journal.*

Une respiration lente, souvent pénible, toujours prête à éclater en larmes, la peau froide, pâle, ridée, la démarche hésitante, les genoux pliants, le pouls faible et ralenti : tous ces signes n'indiquent-ils pas le *désespoir?*

On connaît le rouge de la *pudeur*, la pâleur de l'*envie*, l'air rayonnant de l'*amour heureux*, l'air langoureux de l'*amour sans espoir.*

La *douleur* opprime la poitrine; elle la resserre depuis le diaphragme jusqu'au gosier, dans les accès de la jalousie.

La *colère* se trahit par le gonflement des veines, la rougeur ardente de la face, les battements visibles des artères, la respiration haletante, les yeux égarés et tous les indices précurseurs de l'apoplexie.

Ce n'est point la fantaisie arbitraire des poètes français, allemands et anglais qui fait rimer *douleur* avec *cœur*, *Schmerz* avec *Herz*, *smart* avec *heart.* On le voit, la passion comprime, pour ainsi dire, le cœur dans sa main ; elle l'étouffe comme dans une étreinte matérielle, et les troubles de la circulation sont toujours le premier signe de la force physique qu'elle possède.

Beaucoup de médecins ont dit quelle influence ont sur le corps les déceptions de l'espérance. Ramadge attribue à cette cause la plupart des cas de phtisie pulmonaire, si fréquente en Angleterre.

On comprend aisément que les congestions dans la poitrine, occasionnées par la tritesse chronique, déterminent graduellement la genèse et le développement de ce mal funeste.

Il serait à désirer que tout le monde connût, pour s'en préserver, les déplorables conséquences de ce sentiment amer et stérile qu'on nomme le *regret* (1).

Et surtout le *remords.* — « Les remords, dans certains cas, dit M. A. Bonnet (1), peuvent produire une aliénation mentale que je crois devoir ranger dans l'ordre de celles par crainte excessive. En effet, le remords suppose toujours la crainte de Dieu, des hommes ou de soi-même.

La plupart des grands scélérats sont des mélancoliques. Voyez l'admirable portrait de Tibère, tracé par Ph. Pinel (2). Voyez aussi Caligula.

Théodoric, après avoir fait mourir Boèce, Symmaque et d'autres innocents, éprouva des remords qui le jetèrent dans la mélancolie la plus noire, et il en mourut au bout de quelque temps.

Charles IX tomba dans le marasme et la fièvre lente; il eut des convulsions, de la frénésie et des hémorragies par la peau qui annoncent, en général, ou les plus grandes angoisses, ou la dissolution du sang la plus complète (3).

(1) M. A. Bonnet, *Des Passions considérées comme éléments des maladies.* Montpellier, 1818, p. 74.
(2) Pinel, *Nosographie philosophique.* 6e édition. Paris, 1818.
(3) Voy. Brouardel, *la Mort de Charles IX* in *les Empoisonnements*, 1902, p. 287.

Élisabeth, après avoir fait décapiter le comte d'Essex, tomba dans une langueur qui la conduisit lentement au tombeau ; mais ayant appris qu'il lui avait fait demander sa grâce et qu'elle l'avait ignoré, elle passa à un état de désespoir qui la tua promptement.

Le poison du remords, du chagrin et de la crainte consuma Cromwell ; et la plus chérie de ses filles mourut de désespoir d'avoir un tel père.

Santerre, qui voyait toujours des gendarmes envoyés pour l'arrêter, peut être encore présenté comme exemple de ce genre de manie.

Nous l'avons déjà dit, il existe trois manières de combattre les tempéraments et les passions : l'*habitude*, la *raison* et les *passions* mêmes.

La faculté de contracter les *habitudes* est un bienfait de la Providence divine, qui a voulu assurer par ce moyen la conservation des créatures. S'habituer à ce qui est juste, c'est la quintessence de la morale et aussi de l'hygiène de l'âme.

La *raison* n'agit pas au moment même de l'affection ; mais son action n'en est pas moins efficace, en ce sens qu'elle empêche les passions de se manifester dans les cœurs façonnés par ses leçons, ou qu'elle en fixe elle-même la direction et le développement. Le calme véritable ne se trouve pas dans l'immobilité absolue, mais dans l'équilibre des mouvements.

Nous avons expliqué plus haut comment les

passions s'amortissent l'une l'autre. Elles s'excitent aussi mutuellement. Faites vibrer dans un individu la corde de la passion qui correspond le mieux à sa disposition actuelle ; peu à peu les cordes des autres passions vibreront aussi à l'unisson, et l'instrument tout entier sera mis au diapason convenable ; alors se produira *l'harmonie,* qui est la vie même : car la vie n'est pas le silence. On a trop souvent confondu l'apathie divine et l'indifférence animale : il faut distinguer la larve et le papillon.

X

AFFECTIONS

Si quid novisti rectius istis
Candidus imperti ; si non, his utere mecum.
HORATIUS.

La plupart des auteurs qui ont parlé des passions semblent les regarder, non comme des phénomènes naturels soumis aux lois de l'univers, mais comme des phénomènes hors nature. Ils pleurent sur l'homme, ils rient de ses misères, ils l'admirent et le méprisent, au lieu de l'étudier.

Pour moi, voici ma pensée. Rien ne se fait dans la nature qu'on puisse lui reprocher ; car elle est une partout et toujours ; elle obéit à des lois immuables. La haine, la colère, l'envie, etc., considérées en elles-mêmes, découlent de la même nécessité que tout le reste : elles reconnaissent, par conséquent, des causes spéciales par lesquelles on peut les comprendre, et elles ont des qualités déterminées, aussi dignes d'examen que celles de tous les autres objets dont la contemplation nous réjouit.

Nous agissons lorsqu'il se passe en nous et hors de nous quelque chose dont nous sommes la véritable cause, c'est-à-dire lorsque notre être produit quelque chose dont on peut lui rapporter l'origine. Nous sommes dans un état passif quand il se produit en nous quelque chose dont nous ne sommes qu'en partie la véritable cause. L'affection est ce qui affecte notre corps de manière à étendre ou à restreindre en nous la faculté d'agir. Quand la cause de l'affection est en nous-mêmes, c'est l'état actif ; sinon, c'est l'état passif. Pour agir, il faut que notre esprit ait des idées claires ; l'erreur et l'ignorance le condamnent à subir l'action du dehors. D'où il résulte que les passions se développent dans l'homme en raison inverse de la science, et que plus l'esprit a de lumière, plus il est actif.

La *joie* est une affection qui élève l'âme ; la *tristesse* lui enlève son énergie. L'*amour* est de la joie, unie à l'idée d'une cause extérieure ; la *haine* est de la tristesse, occasionnée par une cause extérieure. La ressemblance d'un objet, qui antérieurement excitait en nous la joie ou la tristesse, nous inspire un sentiment d'amour ou de haine dont la cause ne nous est pas immédiatement perceptible.

C'est ce que nous désignons sous le nom de *sym-pathie* ou d'*antipathie.*

Antipathie (du grec *anti*, contre, et *pathos*, affection), — aversion que l'on a pour un objet, et qui est quelquefois si grande que, si les sens en sont frappés, on perd connaissance, ou l'on est saisi d'horreur.

Il y a des *antipathies* fondées, d'autres qui sont chimériques; les premières sont celles qu'inspirent des objets nuisibles, ou qui affectent les sens d'une manière désagréable, les autres sont toutes celles que l'on a pour des objets que l'on ne voit pas réellement, mais dont on a l'idée frappée. Ce sentiment peut être de deux sortes : ou il naît de l'épreuve que nous avons faite, de l'expérience acquise, d'une espèce de prévision de résultats fâcheux que nous voulons éviter; ou bien il n'a point de cause déterminée, il nous domine malgré nous, et il reste toujours pour nous aussi inexplicable que la prédilection que nous ressentions souvent pour des individus qui ne le méritent pas. On ne sait pas si l'*antipathie* doit être regardée comme fondée sur la constitution de l'âme ou sur celle du corps. Quoi qu'il en soit, il est généralement reconnu que les causes de nos antipathies ne restent le plus souvent inassignables que parce que le jugement se confond avec le sentiment des circonstances, et que nous évitons de rechercher le pourquoi de notre désaffection, nous contentant de dire avec le poète : « Je le déteste, parce que je le déteste. »

Il y a des antipathies qui sont bizarres.

Libavius (1) raconte qu'un père, dès la naissance

(1) Libavius, *Singul.*, lib. II, p. 116.

du seul fils qu'il eut, ne pouvait en aucune façon en soutenir la présence. Il tombait en syncope dès qu'il entrait dans la chambre où ce fils se trouvait. On sent bien qu'il fit souvent des efforts pour vaincre cette répugnance si peu naturelle ; mais il ne vint jamais à bout de la surmonter. On fut donc obligé d'éloigner ce malheureux enfant. Un jour, on le fit venir à l'insu du père qui même ne le connaissait plus, son dégoût cependant le démêla parmi plus de dix jeunes gens, avec qui on l'avait mis, et à l'instant il se trouva mal : il cria que son fils était présent.

Fabrice de Hilden (1) a connu un garçon de cinq à six ans, qui, depuis une longue maladie qu'il avait faite, avait pris une si grande aversion pour le pain qu'il ne pouvait ni en voir, ni même en entendre parler sans tomber en syncope.

Heer a connu une femme pour qui le bouillon était un vrai purgatif ; elle se rompit un jour la jambe ; durant le traitement, au lieu d'user de remède, elle avait coutume de flairer le bouillon, et cela seul la purgeait assez.

Le même auteur parle d'un chanoine qui n'avait jamais mangé ni viande ni poisson, ne pouvant supporter ni l'un ni l'autre, et qui ne se nourrissait que de bouillie, comme les enfants (2).

Un gouverneur de ville frontière tombait en convulsion à la vue des œufs de carpe.

Une dame était sujette à la même incommodité à la vue d'une écrevisse cuite.

(1) Fabrice de Hilden, *Centuria* II, obs. 41.
(2) *Anecdotes de médecine*. Lille, 1766, t. I, p. 168.

Érasme, qui était né à Rotterdam, avait tant d'aversion pour le poisson qu'il n'en pouvait même sentir sans avoir la fièvre.

Ambroise Paré rapporte qu'une personne fort considérable ne voyait jamais d'anguille dans un repas qu'elle ne tombât en défaillance.

Cardan avait horreur des œufs.

Joseph Scaliger ne but jamais de lait, ce qui lui fut commun avec Pierre d'Apono.

Jules-César Scaliger ne pouvait regarder fixement du cresson, sans frémir de tout son corps.

Une dame ne voyait pas un panier de fraises sans que presque aussitôt se développât un urticaire.

Grétry et Vincent, peintre distingué, étaient fort incommodés par l'odeur d'une rose.

La même fleur déterminait une ophtalmie, chez un marchand, ami de Ledelino, ainsi que ce dernier le rapporte.

La princesse de Lamballe s'évanouissait à l'odeur des roses.

Valmont de Bomare raconte qu'un jardinier était ivre, lorsqu'il sentait la bétoine fleurie.

On a cité une jeune femme chez laquelle la fleur d'oranger produisait une attaque d'hystérie.

Wladislas Jagellon, roi de Pologne, avait une profonde antipathie pour les pommes ; et si l'on en faisait sentir quelqu'une à Duchesne, secrétaire de François Iᵉʳ, il lui sortait une prodigieuse quantité de sang par le nez.

Henri III ne pouvait demeurer seul dans une chambre où était un chat ; le maréchal duc de Schomberg, gouverneur du Languedoc, avait la même aversion.

L'empereur Ferdinand fit voir au cardinal de Lorraine, à Innspruck, un gentilhomme qui avait tant peur des chats qu'il saignait du nez à les entendre seulement de loin.

M. de Lancre, conseiller au parlement de Bordeaux, témoigne (1) qu'il avait connu un fort honnête homme si effrayé à la vue d'un hérisson qu'il crut, plus de deux ans, que ses entrailles étaient mangées par cet animal; et qu'il avait vu un gentilhomme fort brave, qui n'osait pas attendre, l'épée à la main, une souris.

Le vieux duc d'Épernon, qui devait toute sa fortune à Henri III, s'évanouissait à la vue d'un levraut.

Tycho-Brahé changeait de couleur et sentait ses jambes défaillir à la rencontre d'un lièvre ou d'un canard.

Jacques II, roi d'Angleterre, ne pouvait voir une épée sans pâlir et sans tomber dans une espèce de défaillance.

Une garde-malade du chevalier Pastou ne pouvait appliquer les 3e, 5e et 7e sangsues sans jeter un cri. On voulut répéter l'expérience deux fois en faisant appeler cette femme chez deux malades, et l'antipathie pour les 3e, 5e et 7e sangsues se manifesta complètement.

Hobbes ne pouvait être un instant sans lumière la nuit, qu'il ne délirât presque aussitôt.

Le philosophe Bacon tombait en syncope toutes les fois qu'il arrivait une éclipse de lune.

Bayle était pris de convulsions lorsqu'il entendait le bruit que faisait l'eau en coulant par un robinet.

(1) De Lancre, *Tableau de l'inconstance des démons.*

Jules-César Scaliger (1) dit qu'un gentilhomme gascon craignait tellement le son de la vielle qu'il ne pouvait jamais l'entendre sans une envie extraordinaire d'uriner. On en fit l'expérience en cachant sous une table un joueur de vielle; il ne commença pas plus tôt à jouer que l'on s'aperçut de l'imperfection du gentilhomme.

Lamothe-Levayer ne pouvait souffrir aucune sorte d'instrument, quelque harmonieux que fussent les sons que l'on en tirait, mais il s'extasiait presque au bruit du tonnerre et au sifflement d'un vent fort.

Un chapelain du duc de Bolston sentait, au cœur et au sommet de la tête, un froid de glace lorsqu'on le forçait à lire le cinquante-troisième chapitre du prophète Isaïe et certains chapitres du livre des Rois (2).

Fabrice Campani raconte qu'un certain chevalier d'Alcantara se trouvait mal quand il entendait prononcer le mot *lana*, quoique souvent il portât des habits de laine.

Le frère de la personne chez qui la fleur d'oranger produisait une attaque d'hystérie éprouvait une sorte de frémissement lorsque sa main se trouvait en contact avec du velours.

Un médecin de Nantes a déclaré n'avoir jamais pu introduire une sonde dans le canal de l'urètre de ses malades par l'aversion qu'il éprouvait à la vue de la sonde.

Un compositeur typographe, Charles Leroy, éprou-

(1) Scaliger, *Exercitationum exoticarum libri XV de subtilitate ad Cardanum.* Paris, 1557.
(2) *Philosophical transactions.*

vait une horripilation générale lorqu'il devait composer un mot commençant par un Æ.

C'est particulièrement dans la première éducation
qu'il faut chercher à garantir les enfants des antipathies. Ce n'est point en les brusquant, en leur donnant
des ordres sévères qu'on y parviendra; c'est en s'y
prenant adroitement, en leur donnant l'exemple de ce
qu'ils doivent faire, et en raisonnant avec eux, qu'on
y arrivera plus sûrement.

Quand les antipathies sont trop fortes, il faut attendre tout de l'âge, de l'expérience et de la raison.

J'appelle *servitude*, l'impuissance de l'homme à
modérer, à dominer ses passions. C'est l'abdication
de l'esprit, qui, dépouillé de toute force et soumis
à l'action des choses extérieures, se laisse entraîner au mal, tout en approuvant le bien. Et, comme
l'esprit et la matière sont intimement liés, le corps
se trouve livré à la puissance de la nature dont il
forme une partie. C'est pourquoi j'ai disposé mon
esprit à la joie, parce que les larmes, les soupirs,
la crainte, etc., sont les signes de l'impuissance de
l'âme et en même temps des obstacles à la vertu
et à la santé. Or, plus le corps est sain, plus il est
propre à pourvoir l'esprit des matériaux nécessaires pour le développement de sa puissance. J'expli-
querai plus bas quelle sorte de joie j'ai en vue.

Agir d'après la raison, c'est agir conformément
aux nécessités de notre nature. La nature de cha-

que être tend à la conservation de son existence. Un homme libre repousse de son esprit l'idée de la mort. Ce n'est point la mort, mais la vie dont la contemplation plaît à la sagesse. Car un homme libre, c'est-à-dire vivant d'après la raison, n'est point dominé par la crainte ; mais il aspire à conserver son existence par une activité salutaire. Il cherche à comprendre le fond des choses et à écarter tous les voiles qui obscurcissent la vue de l'intelligence, comme la haine, la colère, l'envie, l'orgueil et la vanité.

Tous nos penchants ont un caractère fatal et résultent nécessairement de notre nature. Ils n'ont pas de rapport avec l'esprit, sinon en ce sens qu'il les connaît ou qu'il les ignore. Ils sont actifs dans le premier cas, et passifs dans le second. Les uns montrent notre force, les autres prouvent notre faiblesse et notre ignorance. Les uns sont toujours bons ; les autres peuvent être bons ou mauvais. Rien n'est donc plus essentiel que de cultiver la raison. De là dépend tout le *bonheur de la vie;* il consiste uniquement dans cette paix de l'âme que donne la contemplation de Dieu. Or, cultiver la raison, c'est apprendre à connaître la *Divinité* dans les lois nécessaires de la nature. Avoir une conception claire de soi-même et de tout ce qui est à la portée de son intelligence, voilà, pour

l'homme qui règle sa vie d'après les lois de la raison, le but suprême et le moyen le plus efficace
de surmonter les passions.

Avoir contemplé les lois éternelles du monde et aimé
ce qui est digne d'être aimé, a dit E. Littré, vaut bien
la peine d'avoir vécu.

Une affection, devenue passion, perd ce caractère dès que nous nous en sommes fait une idée
nette, car toute passion est une idée confuse. Mais
il n'y a point de passion dont nous puissions concevoir une idée claire. Nous comprenons clairement
toute chose que nous examinons dans ses rapports
avec les lois de l'univers et avec la justice éternelle. D'où il suit :

1° Que l'homme a le pouvoir de porter remède à
son état de souffrance, en tant que cet état provient
d'une passion ;

2° Que le même penchant peut produire également et l'état actif et l'état passif.

Par exemple, c'est un sentiment naturel que chacun désire voir les autres se conformer à ses
idées. Chez l'homme qui ne vit pas d'après la raison,
cet état devient un état passif, qui s'appelle *présomption*, ou *suffisance ;* chez l'homme sage et
intelligent, c'est une vertu, qui se manifeste par
des efforts actifs. Ainsi, tous les penchants sont

passifs, tant qu'ils naissent d'idées confuses; ils sont actifs, dès qu'ils sont éclairés par l'entendement. Ainsi, le meilleur moyen de dompter les passions, c'est de les comprendre. Du moins ne saurait-on pas en imaginer d'autres dans les limites de notre puissance, car le pouvoir de l'esprit humain se borne à former des idées claires.

Plus la raison comprend la nécessité des choses, plus elle acquiert de pouvoir sur les passions, plus elle diminue les souffrances de l'homme. L'expérience le prouve. Une perte reconnue inévitable est moins douloureuse. Personne ne s'avise de plaindre l'enfance pour les difficultés qu'elle éprouve à parler, à marcher, à se rendre compte de ses actes. Mais si, généralement, les hommes venaient au monde à l'état d'adultes, et que l'un d'eux, par exception, subît l'épreuve de l'enfance, alors tout le monde s'accorderait à plaindre cet être chétif et misérable, parce qu'alors l'enfance serait une dérogation aux lois naturelles.

Ainsi donc, ce que nous avons de mieux à faire tant que nous ne sommes pas parvenus à une perception claire de nos penchants, c'est de graver dans notre âme certains dogmes de morale, et de les appliquer aux circonstances particulières de notre existence.

Voici, par exemple, un de ces dogmes :

La *haine* peut être vaincue par l'*amour*. Pour avoir toujours cette loi devant les yeux, il faut que nous pensions aux félicités que l'amour procure à l'homme, et que nous nous rappelions que les hommes agissent d'après les impulsions invariables de la nature. Alors, tout ce qui pourrait provoquer notre colère passera comme inaperçu devant nous.

Il faut rechercher ce qu'il y a de bon dans chaque sentiment pour se l'approprier. Si l'on a le goût de la *gloire*, il faut songer à ce qu'elle a de bon et de vrai, et aux moyens de l'acquérir; il ne faut pas se préoccuper de ses abus, de son instabilité, etc.

De tels soucis ne troublent qu'un cerveau malade. Ce sont ces tristes idées qui tourmentent l'*ambitieux*, dont les plans ont échoué; en épanchant sa bile, il veut paraître sage; *l'avare* qui a perdu sa fortune déclame contre l'argent et contre les vices des riches; l'*homme malheureux en amour* accuse sans cesse la perfidie des femmes.

Toutes ces plaintes ne font qu'augmenter leurs souffrances; elles prouvent seulement qu'ils sont incapables de supporter leur sort et qu'ils regardent d'un œil jaloux le bonheur d'autrui.

Une affection ne peut être vaincue que par une affection plus forte. Les affections les plus fortes

sont les penchants actifs, éclairés et dirigés par
l'esprit. Plus l'esprit a d'étendue, plus il devient
capable de rapporter à une idée générale tous les
phénomènes particuliers; plus les affections placées sous sa dépendance acquièrent de vivacité. Or,
l'esprit humain peut s'élever assez haut pour tout
embrasser dans la conception de l'Être divin. De
cette conception naît l'*amour de Dieu*, la meilleure,
la plus pure, la plus forte de toutes les affections.
Ce sentiment absorbe tous les autres. L'homme
qu'il anime marche, plein d'activité et d'énergie,
dans la splendeur de la lumière. Il est délivré du joug
des passions. Mais l'amour de Dieu, comme toutes
les affections actives, a sa source dans l'intelligence. Comprendre le particulier, c'est se rapprocher de la conception de l'idéal; conception bienfaisante qui procure à l'homme les plus douces et
les plus profondes jouissances. C'est là cette joie
pure dont je viens de parler. L'amour, ai-je dit,
c'est une joie vive, unie à l'idée de la cause qui l'a
produite. La joie avec laquelle nous embrassons
l'ensemble des choses, parce que nous reconnais-
sons en Dieu la cause suprême et universelle, doit
faire naître en nous un éternel amour. Invincible,
elle doit tout soumettre et tout dominer.

C'est ce qui fait ressortir avec évidence le véritable fondement de notre bonheur, de notre liberté,

de notre santé, qui est l'amour persévérant et inaltérable de l'Être divin.

Telle n'est pas, il est vrai, l'idée de la foule. On
croit être libre quand on peut satisfaire ses désirs;
on croit que c'est abdiquer que de se soumettre à
des lois immuables. Et pourtant la félicité éternelle
n'est pas la récompense de l'amour, elle est l'amour
même ; nous n'y participons point pour avoir
triomphé de nos passions : mais c'est parce que
nous la possédons que nous avons la force de nous
vaincre.

Je crois n'avoir rien à ajouter relativement au
pouvoir de l'esprit sur les passions. De nos observations, il résulte que ce pouvoir est plus grand
chez l'homme éclairé que chez l'ignorant. Celui-ci,
assujetti à l'action des causes extérieures, n'arrive
jamais au contentement de lui-même; il vit sans
connaître Dieu ni le monde, sans avoir conscience
de sa propre personnalité, et il ne cesse de souffrir
qu'au moment où il cesse d'exister. Le sage, au
contraire, est à l'abri des tempêtes qui bouleversent
l'âme; tout entier à l'idée de Dieu et de la nécessité éternelle, il ne cesse jamais d'être et d'agir.

XI

OSCILLATION. — LE PLAISIR ET LA DOULEUR

> Je me réjouissais de ma douleur; elle était
> pour mon esprit le symbole de la vie éternelle,
> et je croyais sentir en moi cette lutte féconde
> qui crée et produit tout dans ce monde où se
> combattent sans repos des forces infinies.
> FRÉD. DE SCHLEGEL.

La vie de l'homme, comme celle de toute la
nature, consiste dans une succession de contrastes
qui se font équilibre.

La *loi des compensations* existe dans l'univers,
et c'est par pulsations alternatives que la vie cir-
cule dans les artères du monde. Même dans la
structure des plantes, ces enfants du calme et de la
paix, la nature obéit à cette loi; elle les forme par
une série de contractions et d'expansions, qui se
suivent et se préparent l'une l'autre; à chaque
nœud répond un développement de la tige. Cette
loi préside à toutes les créations de la nature. Pas
de supériorité sans défectuosité équivalente, pas
de gain sans perte, pas d'élévation sans chute, pas
de discorde sans conciliation.

De même, dans la vie de l'homme, ce monde en miniature, il y a des alternatives continuelles de fatigue et de repos, de sommeil et de veille, de joie et de douleur ; c'est comme l'inspiration et l'expiration de l'air vital. Notre existence est un mouvement circulatoire, déterminé par des *oscillations* continuelles et équivalentes.

Un naturaliste a décrit ainsi les effets de cette loi invariable : « Quand on a marché trop vite, on est forcé de marcher avec une lenteur proportionnelle. Après un exercice immodéré, il faut une mesure égale de repos. Si l'on fait en un jour le travail de deux journées, cet excès se compense par une journée d'abattement physique ou moral. Plus l'homme est actif à l'état de veille, plus son sommeil est profond et prolongé. Plus on combat le besoin de dormir, plus il pénètre, se répand et se maintient dans tous les membres, changé qu'il est en lassitude et en mauvaise humeur. Plus une sensation est vive, plus elle est prompte à s'éteindre. Plus une volonté, un désir ont de violence, plus ils se refroidissent facilement. Plus la colère s'exalte, plus elle est près de cesser. Les animaux les plus féroces sont aussi les plus faciles à dompter. Le lion, qui est très porté à la colère, peut devenir un animal très doux. Les individualités les plus énergiques et les plus indépendantes sont les plus susceptibles de se confondre dans la vie universelle. »

Si ces contrastes se suivent avec trop de force et de rapidité, la vie est promptement dévorée ; elle s'use et se consume dans un combat trop ardent. Si, au contraire, la lutte n'existe pas, si le mouvement est pour ainsi dire unilatéral, il manque à la vie une des conditions de sa durée.

Il importe donc, avant tout, de savoir régler convenablement les contrastes nécessaires. Heureux celui qui possède l'art d'éveiller ou d'apaiser à propos cette lutte indispensable, mais dangereuse quand elle devient excessive. L'homme a le pouvoir d'établir l'équilibre dans son âme. *C'est là le fondement de toute l'hygiène morale.* Mais, pour arriver à ce point, il faut d'abord travailler à se connaître et gagner de l'empire sur soi-même. Il ne suffit pas de bien régler sa nourriture, de se déterminer une mesure convenable de repos et de travail, d'apprendre par cœur l'*Art de prolonger la vie* de Hufeland (1) ou de lire nos élucubrations sur les effets du sentiment, de la volonté et de l'intelligence relativement au bien-être de l'homme. Il faut encore se faire violence, apprendre à se connaître, se développer moralement et intellectuellement ; alors on saura ce que c'est que la santé.

(1) Voyez Hufeland, *l'Art de prolonger la vie.* Paris, 1896.

Que personne ne dise : « Je suis incapable d'une
telle entreprise ; je ne me sens pas assez fort. » Quiconque nous lit, et repousse nos conclusions, a
dans l'esprit la force et l'aptitude nécessaires pour
assujettir le corps ; mais il faut vouloir ; *vouloir,
c'est pouvoir.*

Il est inutile de parler du besoin que l'homme
éprouve de se distraire et de se réjouir après de
sérieux efforts d'activité et de souffrances pénibles,
ainsi que du penchant qui l'entraîne à satisfaire ce
besoin. C'est une loi de la nature. Après la *fatigue,*
vient le *sommeil* réparateur, qui nous gagne avec
une douceur irrésistible. Tout au plus, un savant,
occupé sans relâche à fouiller les entrailles de la
science, serait-il capable d'oublier les lois de la nature et de la vie qu'on ne viole jamais impunément.
Si Méphistophélès n'avait pas rendu à Faust d'autre
service que de le ramener dans le monde réel et
de secouer la poussière de son manteau, le docteur
n'aurait pas eu à désespérer. — Mais il n'est pas
du *réveil* comme du sommeil. Pour éveiller l'homme, souvent la contrainte est nécessaire. La vie a
dans la main une verge de fer pour montrer à chacun le chemin qu'il doit suivre. Heureux qui suit
la direction indiquée, et n'attend pas, pour se mettre en marche, que son dos saigne sous les coups
redoublés de cette maîtresse sévère. Il faut un

degré élevé de culture intellectuelle ou une rare
finesse de tact pour éprouver le besoin d'être
sérieux ou de souffrir au milieu du tourbillon
des plaisirs et des jouissances de la vie.

Un homme d'esprit, qui est en même temps l'auteur le plus moral des temps modernes, N. de Sal-
vandy, pose cette question : « Quelle est cette
mystérieuse puissance qui fait toujours sortir une
affliction de nos joies les plus vives, comme si, en
les goûtant, l'homme était infidèle à sa mission ? »
Cette observation, vraie au point de vue moral,
trouve son application au point de vue de l'hygiène.

La *douleur* n'est pas seulement l'assaisonnement
du plaisir, elle en est la condition nécessaire. De
même le jour ne va pas sans la nuit. La nature sait
toujours ce qu'elle fait. Il n'y a pas de roses sans
épines ; il n'y aurait point de joie sans la douleur.
La mauvaise humeur est une sorte de levain qui
empêche l'esprit de moisir. Un mouvement de dépit,
produit par une cause accidentelle, suffit souvent
pour chasser une humeur mélancolique, longtemps
rebelle à tout remède.

Les hommes riches, rassasiés, oisifs, sont les
plus exposés à l'*hypocondrie*, eux que les sots
regardent comme les heureux de la terre. Ils sont
sans cesse excités à se tourmenter eux-mêmes,

parce qu'ils sentent dans leur existence un vide
que le plaisir ne saurait combler.

Le sage ne connaît pas ces vains tourments; il les
prévient en cherchant les sombres et pénibles passages que l'homme est destiné à traverser dans le pèlerinage de la vie. L'existence est mêlée de lumières
et de ténèbres. C'est une sorte de crépuscule formé
de la combinaison du jour et de la nuit. Quiconque a appris à se connaître, au lieu de méditer sans
fruit sur l'origine du mal, s'efforcera, en admirant
du fond de son cœur la Providence divine, non-
seulement d'entendre, mais d'évoquer, volontairement et avec courage, au milieu même de ses joies,
l'avertissement mystérieux de la douleur. C'est là
l'apogée de l'art de vivre, le point culminant de
l'hygiène morale; c'est un but difficile à atteindre:
quand on y arrrive, on en est récompensé digne-
ment.

« Dans ces oscillations incessantes entre le *plaisir* et la
douleur, ces deux pôles du monde moral, l'homme, dit
Fonssagrives (1), qui est un être excessif, ne sait jamais
conserver cette mesure qui seule pourrait lui assurer
la possession du bonheur. Il s'élance de l'un à l'autre
avec une aveugle impétuosité qui ébranle les ressorts
de sa santé et lui fait manquer le but; car, ainsi que
le dit Montaigne, « *la volupté même est douloureuse en*

(1) Fonssagrives, *Entretiens familiers*, page 235.

ses profondeurs », et cependant il ne peut non plus se fixer impunément, dans un état d'apathie et d'indifférence que le stoïcisme avait rêvé pour lui. Il est un être sensible, et, quoi qu'il en coûte, il faut qu'il sente les douleurs de la volupté, comme les voluptés de la douleur. La négation des régions intermédiaires, ne semble pas faite pour lui, et cela esttellement vrai qu'il ne les habite pas sans y rencontrer l'*ennui,* maladie étrange et effrayante à la fois, sorte d'atonie de l'esprit et du cœur, qui infeste aujourd'hui le monde des intelligences, et qui semble le châtiment terrible des hommes qui se soustraient à la loi du travail, gaspillent leur activité et émoussent par l'abus de toutes choses leur aptitude à sentir. »

Lorsque cet opuscule a paru pour la première fois, aucun chapitre n'a plus que celui-ci soulevé d'objections, même de la part des lecteurs qui avaient accueilli favorablement le reste de l'ouvrage et qui appréciaient les intentions de l'auteur.

« Qu'est-ce qui fait le charme des pays méridionaux, me disait-on, si ce n'est qu'ils nous donnent l'idée d'un *printemps éternel?* L'homme peut-il concevoir une existence meilleure autrement que par cette idée même de la durée et du calme? N'est-ce pas une imagination de misanthrope ou de moine que de donner place dans la vie à la douleur et au mal, comme si la société était condamnée à un supplice sans fin? Non, nous existons pour goûter la joie et le bonheur, pour répandre sur toute la terre

le bien et le beau, pour en établir à tout jamais
le règne exclusif : voilà la destinée humaine, si la
vie de l'humanité n'est pas un mauvais rêve. Tous
les souhaits des âmes tendres doivent s'accomplir
un jour, si ces espérances ne sont pas des raille-
ries de démons, mais les promesses d'un Dieu
d'amour. »

J'ai écouté ces objections avec plaisir. Qui n'ai-
merait pas à rêver aussi ces beaux rêves, sans lesquels la vie n'est qu'une surface sans couleur? Mais
le réveil dissipe les songes. C'est dans le monde
réel que nous sommes forcés de vivre et d'agir. Il
faut, pour un moment, oublier le rêve de l'idéal, si
on veut lui conserver sa splendeur et sa beauté.
Car le désir et le pressentiment ont été donnés à
l'homme pour qu'il s'élève vers l'idéal, non pour
qu'il l'abaisse au niveau des réalités de la terre.
Réaliser l'idéal, c'est l'anéantir. Qu'on médite à ce
sujet le beau mythe grec de Sémélé et de Jupiter.
Si c'est un devoir sacré d'élever son âme à la contemplation du bien suprême, ce devoir a des limites : il ne faut qu'un dimanche dans la semaine.
Envisageons notre existence telle qu'elle est réellement, et nous apprendrons à la supporter, laissant
le soin de peindre le ciel à ceux qui savent faire
un tableau sans ombres. Lorsque des mondes plus
parfaits nous accueilleront dans leur sein, alors

nous serons autrement organisés. Tels que nous
le sommes ici-bas, la joie est en nous associée à la
souffrance, et la douleur est la source profonde de
notre existence et de notre activité.

D'ailleurs, ces souhaits dont vous parliez, qui
est le plus capable de les accomplir : de l'homme
qui les nourrit dans son cœur, sans les satisfaire,
ou de celui qui a conscience de la réalité? Et, pour
en revenir à l'hygiène de l'âme, goûtera-t-on plus
de bien-être à appeler de ses vœux un autre monde
qu'à bien concevoir les lois du monde actuel et à
s'y soumettre?

Pour notre part, nous nous en tenons à la théorie
du comte Veri : «Notre vie consiste dans l'*activité*;
le sentiment des obstacles qui gênent cette activité
est la douleur; celui des secours qui la favorisent
est le plaisir. Mais l'activité ne peut être favorisée
d'un côté sans trouver de l'autre un obstacle, si
léger qu'il soit. Ainsi le plaisir présuppose la douleur. Lorsque nous voulons développer outre mesure
notre activité, cet excès amène une réaction. La
santé consiste dans une sage mesure. En nous
observant avec attention, nous découvrons en nous
un penchant continuel à sortir de notre état. Ce
penchant n'indique pas que nous soyons contents
et satisfaits. La vie n'est donc qu'une douleur
constante, et cette douleur, qui est le fond de la

vie, excite notre activité. Le plaisir n'est en soi rien de réel; c'est seulement un palliatif à la souffrance. »

Cette théorie peut paraître trop sombre, elle ne l'est pas. Elle envisage sous son vrai jour la misérable condition de l'homme, et jette une vive lumière sur les mystères de la vie morale et de la vie naturelle. Dans le mélange de la joie et de la douleur, elle nous révèle une intention divine. Dieu a voulu que la souffrance formât le caractère, que le plaisir aiguisât l'esprit. L'un et l'autre sont donc également nécessaires au développement de l'homme et de l'humanité.

Le but suprême de la vie n'est pas la satisfaction de nos désirs, c'est l'accomplissement du *devoir*, sans lequel il n'est point de satisfaction véritable. L'insipide monotonie de la jouissance enseigne par la satiété la valeur du travail; malheureusement cette leçon est comprise trop tard par les hommes qui ne réfléchissent pas. Le désir inassouvi fait le désespoir des sots et la joie de l'homme intelligent. La vie, en effet, n'est qu'une idée sans valeur, une page blanche, tant qu'on n'y a pas écrit ces mots : « J'ai souffert, c'est-à-dire j'ai vécu.» Faire l'histoire de ses souffrances : voilà tout le bonheur de l'homme. Nous n'en pouvons concevoir d'autre.

FEUCHTERSLEBEN.   17

Je ne crois pas avoir jamais rencontré un homme
que je pusse appeler excellent, et qui n'eût été soumis
à des privations, à des chagrins, à des souffrances. La
douleur semble être indispensable au développement
de l'intelligence, de l'énergie et de la vertu. Les épreuves
auxquelles sont soumis les peuples comme les individus sont donc nécessaires pour les retirer de leur
léthargie et pour tremper leur caractère (Fearon).

Une telle définition ne saurait plaire à la jeunesse, cet âge de l'illusion et de l'espérance; elle
n'en a pas moins d'exactitude et de justesse.

Ainsi, le bonheur est incertain et passager; le
devoir seul est certain et éternel. Mais, si la Providence a créé la douleur, elle a mis à côté d'elle la
joie qui console, et c'est précisément la lutte de ces
deux sentiments qui indique la grandeur de nos
destinées. Il n'est pas de plus beau sourire que
celui qui éclaire un visage mouillé de larmes; il
n'est pas de désir plus élevé et plus durable que
celui qui ne peut jamais être satisfait ; il n'est pas
de jouissance plus pure et plus vraie que celle de
l'homme qui s'impose à lui-même des privations.
En deux mots, des roses autour d'une croix : voilà
le symbole de la vie humaine.

Le plaisir devient plus grand quand il est partagé :
c'est le contraire pour la peine, qui devient moins
grande, quand des amis y prennent part.

Nous avons montré les contrastes, cherchons maintenant les moyens d'établir l'équilibre.

Dans la sphère du sentiment, la joie et la douleur se correspondent.

Dans un ordre supérieur, il en est de même du repos et du mouvement. L'*activité* est la vie même; mais une activité excessive en intensité ou en durée nuit à l'harmonie ; il est une limite que l'on ne doit pas dépasser.

Quand on considère l'admirable mécanisme du corps humain, la flexibilité de ses articulations et l'agilité qu'il est susceptible d'acquérir, on ne peut s'empêcher de conclure qu'il n'est pas fait pour le repos. C'est ce qui faisait dire au grand Frédéric : « Quand j'examine notre structure physique, je suis tenté de croire que la nature nous a plutôt faits pour l'état de postillons que pour celui de savants. »

Dans la dernière maladie d'Arnaud, quelqu'un l'invitait à se reposer. — A me reposer, reprit le pauvre moribond, en se redressant sur sa couche, mais j'ai l'éternité pour cela.

Haller, s'étant cassé le bras droit dans sa bibliothèque, se remit sans désemparer à écrire de la main gauche, pour ne point perdre de temps, en attendant l'arrivée du chirurgien. Parvenu à la fin de sa carrière et fidèle à la science qui fut le culte de sa vie, il continua d'étudier son pouls, tant que les battements en purent être sentis, marquant d'un signe de tête, comme il l'avait promis, le moment précis où il devint insensible.

— Il faut que vous me disiez comment vous faites votre musique, demandait un jour Tronchin à Grétry (1). — Mais on fait des vers, un tableau ; je lis, relis vingt fois les paroles que je veux peindre avec les sons ; il me faut plusieurs jours pour échauffer ma tête ; enfin, je perds l'appétit ; mes yeux s'enflamment, l'imagination se monte, alors, je fais un opéra en trois semaines ou un mois.

— Oh ciel, dit Tronchin, laissez là votre musique, ou vous ne guérirez jamais.

— Je le sens, je ne guérirai jamais, répondit Grétry, aimez-vous mieux que je meure d'ennui ou de chagrin?

La même règle est applicable aux fonctions matérielles de l'organisme ; l'homme frugal sait proportionner sa nourriture à la somme des forces qu'il dépense.

Enfin, même dans les plus hautes régions de l'activité humaine, dans celles de la pensée, il y a une oscillation nécessaire. *Dulce est desipere in loco.*

Il serait absurde de vouloir établir en soi un semblable *équilibre* au moyen de la raison. Il n'est pas de l'homme comme de l'aiguille d'une montre qu'on avance ou qu'on retarde à volonté. On ne peut échapper à la conscience par aucun acte de la conscience ; mais on peut bien développer en soi une disposition et s'y abandonner. L'état le plus favorable à la santé et au bien-être, c'est l'état réfléchi

(1) Grétry, *Essais sur la musique*, tome I.

et cependant à moitié involontaire d'une contemplation calme et paisible, sorte de milieu tutélaire entre l'attention soutenue et la distraction négligente, où l'esprit trouve à la fois de l'exercice et du repos, où le spectacle du monde extérieur fait diversion aux préoccupations personnelles et les empêche de se changer en mélancolie ; état sublime, presque indéfinissable, connu seulement de l'homme qui unit à une intelligence éclairée une sensibilité délicate.

« Consultez votre propre expérience, a dit Schelver, pour vous rappeler le lieu et le moment où vous avez joui de la plus grande félicité. Certainement vous n'avez été heureux que lorsque, entraîné par la roue invisible de la vie, vous avez été actif et créateur. Alors on s'appartient à peine à soi-même ; transporté de joie et de plaisir, on jouit et l'on ne se rend pas compte de sa jouissance. Le cœur est ému, mais il ne comprend pas son émotion. L'âme produit ses œuvres, comme l'arbre ses fleurs et ses fruits, par un effort naturel, spontané, instinctif. Ne savons-nous pas que, lorsqu'on veut prendre et tenir avec précipitation plusieurs objets à la fois, on les laisse échapper à mesure qu'on les saisit ? Le calme et le sang-froid sont nécessaires. Laissons agir l'instinct que la nature a mis en nous. »

Certainement le point essentiel de l'art de vivre en général, et par conséquent de l'hygiène morale, c'est d'avoir toujours une notion claire de soi-même sans s'observer minutieusement ; de garder une sérénité inaltérable au milieu de tous les phénomènes de la vie ; de supporter l'assaut de toutes les forces extérieures et de rester toujours soi-même à travers tous les changements. Avouons-le : quiconque est parvenu à ce point est tout pour lui-même, maître, ami, adversaire, protecteur, médecin. Toute existence se manifeste par des pulsations. De même que notre marche n'est qu'une suite de chutes, de gauche à droite et de droite à gauche, de même le progrès harmonieux de la vie résulte de l'équilibre des contrastes qui se succèdent.

Cet équilibre n'est pas le même pour tous les individus. Chacun doit chercher celui qui convient à sa nature, il le trouvera plus sûrement par l'exercice de ses forces que par la réflexion. On se porte bien quand on arrive à ne plus sentir, d'une façon prédominante, un organe particulier de son activité, mais qu'on sent la liberté de cette activité, comme l'expression commune de son moi.

XII

HYPOCONDRIE

> Ce sont les détails mesquins
> de la vie qui font notre malheur. De
> misérables soucis usent l'âme et le
> corps. Attachons-nous donc à culti-
> ver la partie divine de notre nature,
> le penchant à l'admiration.
>
> BULWER.

L'*hypocondrie* est assurément la plus folle et en même temps la plus triste des maladies humaines.

La raison, la morale et même la religion ont essayé tous les moyens de terrasser cet horrible démon; mais lui, ce frère de lait du souci, qui passe, comme on sait, par un trou de serrure, il s'est enveloppé du voile de la prudence, et personne ne peut le chasser.

Essayons pourtant de lui arracher le voile qui le cache. Nous l'avons appelé du nom d'*égoïsme* (1) ; il ne s'en émeut guère, car il connaît les idées du siècle et il sait que l'égoïsme passe aujourd'hui pour une preuve d'esprit et d'indépendance. Mieux

(1) Voyez p. 178.

vaudrait lui démontrer qu'il n'est rien, et sérieusement, c'est ce que nous allons tenter de faire.

Une voix vénérable l'a dit sur la tombe de Wieland : « Quand l'homme réfléchit sur sa condition
physique et morale, il devient malade. C'est que
nous souffrons tous de la vie. » C'est là une définition exacte de l'espèce d'hypocondrie que j'ai en
vue, et qui est du ressort de l'hygiène de l'âme.

Quel médecin n'a pas vu de ces hommes, qui, au
déclin de leur âge, éprouvent un sentiment habituel
d'inquiétude et de malaise, de ces vieillards moroses,
hypocondriaques, injustes envers leur siècle et leurs
contemporains, secrètement révoltés que l'air soit pur,
que les fleurs aient des parfums, que la jeunesse ait
encore des sentiments d'amour ?

Nous tous, qui vivons dans ce monde, nous sommes malades, nous avons tous notre route tracée
vers la tombe, et il ne faut pas grande attention
pour trouver le chemin qui conduit à la mort.

Les individus qui sont toujours à veiller sur leur
santé ressemblent aux avares qui amassent des trésors
dont ils n'ont jamais l'esprit de jouir (Sterne).

« L'hypocondrie, dit Fonssagrives (1), a pour point
de départ l'instinct exagéré de la conservation, et about-
tit plus sûrement que toute autre passion à la destruc-
tion de la santé. C'est une vie en dedans de soi-même

(1) Fonssagrives, *Entretiens familiers*, p. 233.

une ingérence abusive et tracassière du cerveau dans
les fonctions intérieures, une perpétuelle frayeur de
maladies qui n'apparaîtront sans doute jamais. Les annales de la médecine mentale ont conservé le souvenir
d'un monomaniaque qui se croyait en cristal, et qui
prenait des précautions infinies pour qu'on ne le bri-
sât point. L'hypocondriaque croit sa santé renfermée
dans un vase aussi fragile, et il la perd par les ména-
gements abusifs, à l'aide desquels il veut la défendre
contre des périls imaginaires. »

Qu'importe. Tant que nous sommes assez bien
portants pour faire notre journée et pour goûter le
repos après le travail, avons-nous besoin de nous
occuper de notre corps?

La douleur est un rien présomptueux, qui n'a
d'importance que parce que nous voulons bien lui
en attribuer. Nous devrions rougir de lui faire tant
d'honneur, de la flatter, de la caresser, de l'élever
ainsi sur un piédestal. Elle ne paraît grande que
parce que nous nous abaissons devant elle (1).

Peut-on s'imaginer un Thémistocle, un Régulus,
regardant sa langue dans la glace et se tâtant le
pouls ?

Bien plus, j'en appelle, pour guérir ce mal, à la
peur même qui le produit. La *peur* est-elle salutaire ou funeste? Est-ce un remède ou un poison?

_____

(1) Voyez Reveillé-Parise, *Traité de la vieillesse, hygiénique, médical et philosophique.* Paris, 1853.

Rien ne fait vieillir plus tôt que la peur continuelle de vieillir.

Bien des siècles avant que le plan du traité de Hufeland, *l'Art de prolonger la vie* (1), fût préconçu dans le cerveau de son bisaïeul, Attar, le sage Persan, avait indiqué cinq moyens d'abréger la vie :

« Le premier, c'est la misère dans la vieillesse ;

« Le second, c'est une maladie prolongée ;

« Le troisième, un long voyage ;

« Le quatrième est d'avoir toujours le regard fixé sur la tombe ; cette préoccupation constante hâte, pour celui qu'elle tourmente, l'heure de la mort ;

« Le cinquième est la peur, ce moyen infaillible qui tue plus sûrement et plus vite que l'épée de l'ange exterminateur. »

La *peur* abrège les jours de l'homme ; elle est un élément de l'hypocondrie ; aussi l'hypocondriaque meurt-il de la peur de mourir.

La peur exagère les dangers et en présente où il n'y en a pas.

J'ai peur, disait un malade à Esquirol. — De quoi ? — Je n'en sais rien, mais j'ai peur.

Ce sont là ces lâches malades dont j'ai dit plus haut qu'ils sont pour le médecin même un sujet de mépris, ce sont ces amants inquiets et inintelli-

(1) Hufeland, *l'Art de prolonger la vie.* Paris, 1896.

gents de la science médicale, qui parcourent avidement toute la nosologie, qui transcrivent toutes les formules qu'ils peuvent trouver, et à l'un desquels Marc Herz disait un jour : « Mon ami, c'est une faute d'impression qui vous tuera. »

Ce sont là ces êtres nuls que le divin Platon chasse de sa Répuplique, car Platon les connaissait, il en avait vu plus d'un dans cette ville d'Athènes, qui est en même temps le Paris et le Londres de l'antiquité.

« N'est-il pas honteux, fait-il dire à Socrate par la bouche de Silène, d'être obligé de recourir à l'art de guérir pour des maux que l'on s'est attirés non par des blessures ou des maladies inévitables, mais par l'oisiveté et par la débauche, et pour lesquels les Asclépiades sont forcés d'inventer des noms?

« Qu'un charpentier tombe malade, il consulte le médecin, qui le purge, le saigne ou le cautérise. Si on voulait le soumettre à un régime délicat et minutieux, il répondrait qu'il n'a pas le temps de se soigner et de négliger son travail ; il dirait adieu au médecin et retournerait à sa besogne avec la chance de guérir, de vivre et de travailler. Ses forces sont-elles trop épuisées pour qu'il se relève? Il prend congé de la vie, et la mort le débarrasse de ses souffrances. Ainsi fait le charpentier.

« Vous qui vivez dans une condition supérieure,
aurez-vous moins d'énergie, ayant plus d'intelligence ? Par Jupiter ! rien n'est plus contraire à
la dignité de la vie que cette continuelle attention donnée au corps. Elle empêche de s'occuper
sérieusement des affaires de la maison ; elle ôte au
soldat son énergie ; elle entrave le citoyen dans
l'accomplissement de ses devoirs publics. Elle ôte
à l'homme toute aptitude pour les arts et pour les
sciences ; elle empêche de comprendre et de méditer, occupée qu'elle est à rêver toujours des souffrances imaginaires. C'est un obstacle au courage
et à la vertu. Esculape guérissait les blessures des
héros, mais on ne voit point qu'il ait essayé de prolonger, par les merveilles de son art, la vie malheureuse des hommes condamnés à un état continuel de maladie et de souffrance ; il ne voulait pas
leur donner le moyen de perpétuer leur race misérable. Quant à l'homme faible de tempérament
et ruiné par les excès, il pensait que l'existence
d'un être semblable était inutile à lui-même et
aux autres : l'art n'avait pas à s'occuper de lui,
fût-il plus riche que Midas. »

Que cette manière d'envisager la question semble trop antique pour nous, fils d'un monde orga-
nisé tout différemment, peu importe ; elle nous
fournit toujours un enseignement précieux. On le

voit, les hommes intelligents distinguaient deux sortes d'hypocondrie : pour l'une, ils invoquaient les secours de la médecine ; l'autre, celle dont nous parlons ici, n'était rien à leurs yeux, ainsi qu'aux nôtres.

Un homme des plus clairvoyants qui, lui-même, a subi quelques atteintes de cette maladie imaginaire, et qui a pu l'apprécier par une expérience personnelle, Kant, en véritable philosophe allemand, qui nie tout ce qui le gêne, traite d'insensés ceux qui attribuent la moindre réalité à une chimère aussi vaine. « Quand les idées noires viennent obséder mon esprit, je me demande, dit-il, si elles ont une cause réelle. Si je ne découvre pas de cause ou si j'en trouve une dont rien ne puisse détourner l'effet, je passe à l'ordre du jour. En d'autres termes, laisant de côté ce qui n'est pas en ma puissance, comme si je n'avais pas à m'en occuper, je porte mon attention vers d'autres objets. »

Voilà, pour combattre l'hypocondrie, un moyen que nous approuvons pleinement, car nous savons qu'il a réussi. L'Aristote prussien avait la respiration gênée par une conformation vicieuse du thorax ; il n'en a pas moins vécu jusqu'à un âge assez avancé et il a triomphé de ce vain obstacle en le niant.

Kant, né à Königsberg en 1724, mourut en 1804. Il n'était, dit-on, jamais sorti de sa ville natale.

Le plus spirituel des hypocondriaques et le plus hypocondriaque des hommes d'esprit, le professeur Lichtenberg, de Göttingue, pensait de même. « Il y a, dit-il, des maladies graves qui peuvent causer la mort; il en est d'autres qui ne sont pas mortelles, mais qui se manifestent avec évidence. Enfin il y en a qu'on n'aperçoit qu'au microscope: elles apparaissent d'autant plus horribles. Ce microscope, c'est l'hypocondrie. Si les hommes voulaient se donner la peine d'étudier les maladies avec un verre grossissant, ils auraient la satisfaction d'être tous les jours malades. »

L'une des idées noires les plus fréquentes, c'est de se croire malade de la poitrine.

Laënnec, si connu par les progrès qu'il a imprimés à l'étude des maladies de poitrine, avait pris la précaution de parler latin auprès du lit des phtisiques, et d'exiger des élèves qui l'entouraient qu'ils lui répondissent dans cette langue, afin d'épargner aux malades des impressions qui n'auraient pas été sans danger pour eux.

C'est là une folle chimère dont la contagion est due surtout aux descriptions sentimentales que les observateurs superficiels ont faites de la phtisie dans les nouvelles et les romans. Melch. Ad. Weikard (1) a cru devoir spécifier, sous le nom de *phtisie imaginaire,* une affection mentale particulière (2). Le phtisique tousse, mais la toux n'est pas toujours un signe de phtisie.

Il en est de même de tous les symptômes isolés d'un état morbide. C'est au médecin de juger de leur ensemble, de leur signification ; pour l'homme étranger à l'art de guérir, ils ne sont rien.

Un philosophe a dit avec raison : « Pour faire comprendre à un hypocondriaque ce que c'est qu'une maladie réelle, rendez-le véritablement malade : alors il recouvrera la santé. »

Désignez ce pitoyable état de l'âme comme il vous plaira : faiblesse, paresse, bêtise, égoïsme, maladie, commencement de folie, tous noms qui lui conviennent, car il est tout cela, et plus encore : il nous vient du diable, et son nom est *légion ;* quel qu'il soit, c'est l'activité seule, qui, semblable à l'ange Gabriel, armé de l'épée flamboyante, lui défend l'entrée du paradis habité par des hommes fidèles à la nature et au devoir.

Pour que le *repos* soit bienfaisant, il faut en avoir besoin.

Tout bien considéré, puisque les hypocondriaques, n'étant pas réellement malades ou plutôt

(1) Weikard, *Der Philosoph Arlz.* Frankfurt, 1798-99, 3 vol.
(2) Voy. p. 103.

n'étant tourmentés que par de vaines chimères,
n'excitent et ne méritent aucune pitié, il faudrait,
à mon sens, les déclarer malhonnêtes, ce qu'ils
sont véritablement, et, comme tels, les exclure de
la société. Une mesure de ce genre, appliquée dans
leur propre intérêt, les guérirait plus promptement
que toutes les dissertations philosophiques. Je dis
plus ; il serait bon de les faire souffrir ; si la société
a jamais le droit de tourmenter un de ses membres,
c'est bien dans ce cas. Le grand poète n'a-t-il pas
dit : « Le meilleur remède à l'hypocondrie, ce
sont les souffrance réelles. »

Les *idées noires* ne sauraient naître dans le cerveau d'un homme qui se conformerait à nos préceptes d'hygiène morale. Comment, en effet, tomber dans l'hypocondrie, lorsque, entouré d'images
charmantes, on marche avec une volonté calme et
sûre, l'œil fixé sur le vaste théâtre du monde où
se concertent, dans un belle harmonie, toutes les
forces de la nature, l'activité et la jouisance ?

« *Ennui*, maladie qui menace de devenir incurable,
si on la laisse grandir, » dit M. Monin (1). La mélancolie n'a pas de cause plus profonde que la paresse. Le
travail en est le remède ; ce travail ne dût-il rien produire d'utile. Socrate a dit : « Il vaut mieux travailler

_____

(1) Monin, *le Bréviaire du médecin*, nouv. édit. Paris, 1869,
p. 342.

sans but que de ne rien faire. » Le plaisir n'est qu'un palliatif, avec la récidive plus forte et le suicide en perspective.

Ruccellaï était d'une délicatesse qui, en toute chose, allait à l'excès. Il ne buvait que de l'eau, mais de l'eau qu'il fallait aller chercher bien loin et pour ainsi dire goutte à goutte. Un rien le blessait : le soleil, le serein, le moindre chaud ou la moindre intempérie d'air altérait sa constitution. La seule appréhension de tomber malade l'obligeait à garder la chambre et à se mettre au lit. Le pauvre abbé gémissait sous le poids de ces bagatelles, n'osant rien entreprendre où il eût tant soit peu de fatigue et de peine. A la fin, piqué d'ambition, ou plutôt du désir de se venger de ses ennemis, il entreprit de servir la reine Marie de Médicis dans des intrigues fort mêlées, et qui demandaient beaucoup d'activité ; la vue du travail, qui lui semblait un monstre, pensa lui faire quitter prise ; mais, se surmontant, il devint si robuste et si actif que ses amis, qui le voyaient travailler tout le jour, ne point se reposer la nuit, courir la poste sur de mauvais chevaux, boire et manger chaud ou froid, comme il pouvait, lui demandaient des nouvelles de l'abbé Ruccellaï, ne sachant pas ce qu'il était devenu, ni quel autre homme avait pris sa place, ou dans quel autre corps son âme avait passé.

Pour éviter des redites, je n'entrerai pas dans plus de détails ; mais ce mécontentement de tout, qui est le signe caractéristique de notre époque, est une manie si générale que j'ai dû m'arrêter à la combattre.

Il y a surtout trois états de l'esprit qui disposent

à l'espèce d'hypocondrie dont nous parlons dans ce livre, et dont tout médecin moraliste a le devoir de s'occuper. C'est l'*égoïsme*, l'*oisiveté*, le *pédantisme*.

Ne revenons pas sur les deux premiers (1).

Quant au *pédantisme*, il est important de le bien définir. On le reproche souvent à ceux qui en sont les plus exempts, et on ne le voit pas où il existe au plus haut degré. Le pédantisme n'est pas l'ordre et la ponctualité, même portés à l'extrême ; c'est la *petitesse d'un esprit étroit* qui abandonne le but pour les moyens et qui se fait l'esclave de vaines idoles. Ne donnons point le nom de *pédant* à ce savant modeste à qui la société des livres fait oublier celle du monde, et peut-être même les convenances de l'usage ; mais au savant orgueilleux, qui, négligeant le fond pour la forme, attache de l'importance aux éditions d'un livre, et ne s'occupe pas des pensées de l'auteur ; qui connaît les documents des siècles passés, et ne sait pas les interpréter. Le pédant (il ne s'en doute guère), c'est encore le fat des salons, dont toute la vie se résume en trois mots : le ton, les manières, la mode. Oui, c'est là le pédant le plus ridicule, le pédant proprement dit. Pour cet homme, rien n'est sérieux que ce qui est frivole ; rien n'est frivole

(1) Voyez p. 178 et p. 197.

que ce qui est sérieux. Maintenant, qu'on relise l'épigraphe de ce chapitre, et l'on comprendra pourquoi je parle ici du pédantisme.

Qu'y a-t-il en effet de plus mesquin que la préoccupation de l'hypocondriaque, toujours inquiet pour sa santé? Cette folle contemplation de soi-même, qui se repaît de chimères, dégrade l'intelligence et use la vie à fuir sans cesse, avec une anxiété puérile, l'épouvantail toujours présent de la mort. Mais elle se complaît dans sa faiblesse et elle a même inventé, dans notre siècle de raffinement, un rôle où elle paraît avec une grâce séduisante. La travestissement qui la déguise ne trompera pas nos regards. Examinons-la de plus près.

Il est quelquefois question de la mélancolie des hommes célèbres. Le Stagirite a dit que les hommes supérieurs, doués d'un esprit pénétrant, sont généralement enclins à la tristesse. C'est une opinion vraie en partie (1).

Camoëns, le Tasse, Byron, d'autres encore ont eu l'humeur sombre. On a mis les deux premiers sur la scène pour glorifier la mélancolie; on a sympathisé avec leurs souffrances; on a affecté de partager les douleurs de Byron.

_____

(1) Voyez, sur ce sujet : Réveillé-Parise, *Que les grands hommes sont mélancoliques* (*Mémoires de l'Académie de médecine*. Paris, 1833, t. III, p. 275).

Aristote (1) a cité pour exemples Socrate, Platon, etc. L'observation d'Aristote se rapporte bien avec celle de tous les temps.

Ajoutons les noms de Huyghens, Pascal, Molière, Zimmermann, Jean-Jacques Rousseau, Swift, Gilbert, Bordeu, Mozart, Beethoven, etc.

Haller se croyait destiné aux flammes éternelles, à cause, disait-il, de la laideur de son âme:

Swammerdam, dans un accès de noire mélancolie, jeta au feu le fruit de vingt années de travail sur les animaux et les insectes, disant que c'était un sacrilège de révéler les secrets de Dieu.

À côté de ces hommes, qui ont brillé par leur génie et qui se sont illustrés dans les sciences, les lettres ou les arts, citons au nombre des victimes de la mélancolie les grands hommes de la politique : Charles-Quint, Mazarin, étaient des mélancoliques par craintes religieuses.

Que les grands hommes analysent leurs sensations et s'en rendent compte; c'est fort bien. Est-ce une raison pour que nos poètes se jettent à l'envi dans le genre hypocondriaque? Avouons-le franchement, la littérature moderne est fille de l'humeur noire. Sa muse, maladive et morose, c'est l'hypocondrie qui énerve et affadit le cœur. Bientôt, pour juger nos poètes, il faudra des médecins au lieu de critiques.

(1) Aristote, *Probl.*, sect. 30.

Un jeune homme a été élevé ou plutôt gâté par sa mère ; il entre dans la vie sans études sérieuses, approfondies, sans expérience, sans direction déterminée ; il n'a pas de force pour travailler, ni pour goûter les jouissances véritables. Devant lui se posent ces terribles problèmes : « Être et n'être pas ? n'avoir pas été et ne pas devenir ! » Quelle solution trouvera-t-il ? Il cherche, il hésite, plein d'inquiétudes et d'angoisses. Il lit des nouvelles, il va au spectacle. Dans les romans, sur le théâtre, il voit des personnages de fantaisie ; il se compare à ces héros. Il a lu les poètes, fait des vers. Éclairé d'une lumière soudaine, il découvre que l'ennui dont il souffre est un abîme sans fond, un désir inconnu, non satisfait. Il se plonge dans cet océan de larmes dont la poésie mélancolique a inondé le monde, et se mire avec complaisance dans ses flots amers. Il a pour compagnons d'infortune Camoëns et Byron, seulement il a sur eux un avantage : le progrès du temps a augmenté sa douleur, qui, il y a tout lieu de l'espérer, « arrivera prochainement à une seconde édition ». C'est ainsi que le malheureux passe sa jeunesse, et si la réalité vient enfin frapper à sa porte d'une main rude et impitoyable, il est perdu. Il ne connaît ni le monde ni lui-même. Contre des souffrances, hélas ! trop réelles, vainement invoquerait-il ses poétiques rêveries ; sa muse est impuissante à le consoler.

C'est le sort des hommes sans talent sérieux ; mais c'est aussi, malheureusement, celui des hommes de talent, nés poètes. Le vrai poète, qui se sent un génie supérieur, s'absorbe dans sa personnalité ; et à force de se creuser le cerveau comme un hypocondriaque, il tombe réellement dans l'humeur noire. Le mal gagne le public des lecteurs, et comme aujourd'hui le public c'est tout le monde, on comprend pourquoi, dans un traité d'hygiène, nous avons dû parler de littérature à propos de l'hypocondrie.

Laissons les Byrons de contrebande à leurs élégies et à leurs complaintes, puisqu'il est impossible de leur faire concevoir qu'avant tout ils auraient besoin d'apprendre. Qu'ils jouissent à leur aise du triste sentiment de leur insuffisance et qu'ils le ruminent à loisir.

M. le professeur Landouzy a peint une intéressante esquisse de notre génération de *névrosés*.

« ... Cette génération, qui compte tant de jeunes hommes aux ardeurs défaillantes, aux volontés débiles, aux intelligences stériles, aux caractères tristes, inquiets et soupçonneux ; tant de jeunes femmes, toujours anxieuses, toujours remuantes, aux instabilités fonctionnelles constantes, jamais malades et toujours détraquées ; tant de femmes impatientes, à l'esprit instable, à l'humeur capricieuse, tour à tour charmantes et insupportables ;

aux *états d'âme* compliqués et hantés de casuistique,
aux rires bruyants, aux larmes faciles, à la parole
haute, précipitée, fatigante, intarissable, au langage
inconséquent, décousu, hyperbolique; tant de femmes
attristées, jamais satisfaites, plus amoureuses de réa-
lisme que d'idéal, qui bientôt n'auront plus d'yeux que
pour les impressionnistes, de goût que pour les sym-
bolistes, de passion que pour certaine littérature et
certaine musique, qui, venues des pays du Nord,
secouent leurs nerfs plus qu'elles n'éveillent et ne ras-
sérènent leurs pensées; tant d'hommes névrosés,
désœuvrés; tant de femmes ennuyées, incomprises,
dévoyées; tant de découragés et de surmenés, comme
si ne devenaient pas, dans la lutte pour la vie, vraiment découragés, déséquilibrés et surmenés ceux-là
seuls qui sont décourageables, déséquilibrables et sur-
menables (1). »

De son côté, Lord Pembroke (2) a constaté et décrit
avec vigueur une sorte de maladie morale qui fait des
ravages dans la haute classe de la Société anglaise.

« Les riches sont atteints d'une mélancolie incurable.
Pauvres riches! pourquoi sont-ils ainsi frappés d'impuissance, de découragement? Ils ne demanderaient
pourtant pas mieux que de faire quelque chose de bon
et d'utile, mais ils ne savent pas ce qui est bon et
vraiment utile.

« Ce n'est pas le ressort moral et l'énergie seulement
qui leur manquent : ce sont les principes, les convictions. Ils ont des élans passagers qui leur viennent de
leurs croyances religieuses, mais ces croyances mêmes

(1) Landouzy, leçon d'ouverture du cours de thérapeutique.
(2) *Revue contemporaine.*

sont traversées d'incertitudes et de doutes. Toute leur morale la plus haute consiste à être les uns comme les autres; on dirait une troupe d'aveugles qui ne trouvent rien de mieux à faire pour ne pas s'égarer que de se donner la main.

« Que d'existences jeunes, pleines de grandes aspirations et de brillantes promesses, s'abîment dans l'égoïsme et l'indifférence! Que d'hommes puissamment doués ont vécu et sont morts inutiles, ou à peu près, par suite de cette influence glaçante, énervante.»

Le tableau est peint avec assez de coloris : il est curieux de voir que cet état de malaise moral, ce dégoût de toutes choses qui travaille notre haute société française, s'attaque aussi au grand monde anglais, si actif, si mouvant, si occupé en apparence. Ici le désenchantement prend une teinte plus sombre. La tristesse est plus triste sous un ciel couvert; l'ennui s'appelle *spleen*.

Mais il ne suffit pas de montrer le mal, il faut en indiquer les causes et le remède.

« Les causes sont :

« 1º La foi croissante au fatalisme, le désespoir de jamais trouver le mot de l'énigme de l'univers;

« 2º L'habitude croissante aussi de demander à propos de tout : à quoi bon? habitude qui trahit le sentiment profond de l'impuissance humaine;

« 3º La conviction désolante, que la science semble confirmer de jour en jour, que l'homme, comme force et comme être, n'est qu'un atome perdu dans l'immensité des choses.

« Le Remède : le travail, le dévouement. »

La conclusion est généreuse. Allégez toujours la

misère humaine, si peu que ce soit, et vous aurez assez vécu. C'est le grand argument que Jean-Jacques Rousseau a si éloquemment exprimé contre le suicide.

Pour nous, qui tenons à la vie, cherchons à gagner du courage, et non pas à nous désespérer. Hippel a dit : « Savoir lire ôte un degré de courage; savoir chanter en ôte deux.» Pourtant nous avons rangé la *lecture* parmi les moyens de conserver la santé de l'âme, et, par conséquent, celle du corps.

Outre l'activité qui est l'alpha et l'oméga, il en est encore deux autres d'un effet merveilleux, dont nous allons parler tout à l'heure.

XIII

VÉRITÉ. — NATURE

'Maudits poltrons ! pourquoi n'avez-
vous pas le courage d'être vous-mêmes ?
vous seriez mille fois mieux. Point de
grâce, point d'onctions, sans le naturel ?
Rien de ferme aussi, rien d'important.
NECKER.

Les meilleurs remèdes et, par conséquent, les
meilleurs préservatifs contre les maux auxquels
le genre humain est sujet, ce sont la *vérité* et la
nature.

Même si nous le voulions, nous ne pourrions pas
jouir d'une existence libre et pure ; car un mensonge universel, inévitable, nous enveloppe : le
mensonge des rapports sociaux. Contre cette pression extérieure, nous n'avons pas de défense. La
vie officielle est une comédie dont nous sommes
les spectateurs ou les comparses obligés. Il ne nous
est pas permis de quitter le théâtre et de troubler
l'ordre du spectacle. Bon gré, mal gré, nous devons
nous soumettre à cette loi que la société nous
impose.

Mais nous imposer à nous-mêmes une contrainte

volontaire ; mais prendre un rôle dans la pièce qui
se joue, nous travestir et nous grimer comme des
acteurs, c'est là une folie qui doit peu à peu, par
un effet irrésistible, ruiner en nous la santé de
l'âme et du corps. Il n'est rien de moral que la
vérité, rien d'immoral que le mensonge. L'une
purifie, l'autre corrompt. Le mensonge continuel
que nous nous imposons à nous-mêmes consume,
comme un poison lent, toutes les forces de l'existence, et nous, insensés ! nous trouvons une joie
maladive à nourrir de notre chair et de notre sang
le ver rongeur qui nous dévore. Tel est le goût du
siècle. Nous sommes fiers de notre mal, comme une
coquette l'est de sa pâleur, et c'est dans le raffinement même des mensonges sociaux que nous faisons consister les progrès de la civilisation. Ainsi
l'on voit le malade incurable, quand il est perdu
sans ressource, se réjouir de la diminution de ses
douleurs ; il croit que le mal a disparu parce que
la souffrance s'est apaisée ; l'espoir et la satisfaction brillent sur son visage; hélas ! l'amère ironie
de ses fausses illusions aiguise la douleur de ses
proches et du médecin, qui ne se laissent pas
tromper comme lui. C'est là l'image du monde.
Personne n'a le courage d'être soi-même, et cependant la santé repose sur le développement libre et
spontané de l'individu.

Les philosophes ont bien compris quelle est la maladie de notre temps ; ils en ont indiqué le remède. Seule, ont-ils dit, la *vérité* peut sauver le monde. Hommes, soyez vrais partout et toujours ! Ce qu'ils enseignent en général à notre génération, le *médecin* doit le recommander avec instance à chaque individu en particulier. C'est en effet un métier fatigant et qui use vite les forces humaines, de rester continuellement en scène et de jouer un rôle toute sa vie, dût-on même, au dénoûment, s'écrier avec le même droit qu'Auguste : « La pièce est finie, applaudissez ! » Hufeland compare cet état à un spasme continuel de l'âme, à une fièvre nerveuse lente. Pourquoi nous y condamner ? Ne vaut-il pas mieux être vrai ? Faut-il de si grands efforts pour suivre l'instinct de la nature ? Je dis à l'homme : Il n'y a pas de force sans vérité ; à la femme : Il n'y a pas de vérité sans grâce. Apprenez ce secret, qui est à la portée de tous les esprits et que personne ne découvre (éternelle histoire de l'œuf de Colomb) ; le *génie*, c'est tout simplement la vérité.

Moreau, de Tours, qui était, en même temps qu'un grand savant, un esprit ingénieux, s'est amusé à soutenir ce paradoxe que *le génie n'est qu'une névrose*, qu'il est une des manifestations de l'aliénation mentale, qu'entre l'homme de talent et l'imbécile il n'y a que la distance de quelques degrés. « La constitution d'un homme de génie, disait-il, est bien réellement la même que celle d'un idiot. » Peut-être eût-il a été plus exact de dire simplement que les fous, comme les hommes de génie, sont au-dessus, ou plutôt en dehors de l'humanité.

Comment définir l'homme de génie? L'invention, l'originalité caractérisent la personnalité de l'individu génial; c'est un homme qui est différent des autres hommes, un homme anormal, presque une monstruosité.

On a été de tout temps frappé de ce que présentaient d'insolite, de « hors nature », les personnages célèbres de la littérature, de la science, de l'art ou de l'histoire. On a relevé une série d'*excentricités*, de *bizarreries*, qu'on était autrefois disposé à excuser, comme si elles étaient une condition de leur manière d'être.

Chez l'homme de génie, la sensibilité à des réactions intenses, suivies d'un prompt épuisement; c'est une hyperesthésie généralisée, ayant pour conséquence de l'hyperalgie. Plus on s'élève dans l'échelle sociale, plus la sensibilité s'affine. Les écrivains, les artistes, les savants réagissent sous les influences les plus légères, comme les sensitives sous l'influence du moindre souffle. Leurs sens acquièrent une acuité excessive.

Tantôt c'est l'ouïe qui prend un développement excessif:

MM. Berthelot, Pierre Loti sont des exemples d'auditifs; le moindre bruit leur cause un frisson maladif. Flaubert, Carlyle, J. de Goncourt ont eu aussi une délicatesse de perception auditive poussée à l'excès.

« Le bruit, hélas! dit Edmond de Goncourt (1), était

(1) Edm. de Goncourt, note aux *Lettres de Jules de Goncourt.*

devenu également·une obsession chez mon pauvre
frère, disant qu'il lui semblait avoir « une oreille dans
« le creux de l'estomac », et vraiment, le bruit avait
pris et prenait, à mesure qu'il était plus malade, ainsi
que dans une féerie, à la fois ridicule et mortelle, le
caractère d'une persécution des choses et des milieux
de sa vie. »

Schopenhauer haïssait également le bruit.

Tantôt c'est l'odorat qui prédomine.

Zola était particulièrement doué à cet égard (1).

Un poète italien du XVIIe siècle, Favorini, ne pouvait
supporter l'odeur de la rose sans en être incommodé.

Un souffle, une ombre, un rien, tout lui donnait la fièvre.

Ce vers de La Fontaine peut s'appliquer à la plupart
des écrivains ou artistes de talent : *genus irritabile*.

L'artiste, le poète sont souvent troublés jusqu'à la
souffrance par le désir passionné d'exprimer tout ce
qu'ils sentent et tout ce qu'ils rêvent. « Le besoin d'é-
crire bouillonne en moi comme une torture dont il
faut que je me délivre, s'écriait Byron ; ce n'est jamais
un plaisir, au contraire ; la composition m'est un labeur violent. » Flaubert, les Goncourt sont, comme
Byron, des martyrs du verbe.

S'il en est qui se préoccupent de donner à leurs
pensées un revêtement impeccable, d'autres prennent
plutôt souci de leur propre *moi*.

Pascal (2), Le Tasse (3), J.-J. Rousseau (4), Alfred de

(1) Tardif. *les Odeurs et les Parfums.* Paris, 1899.
(2) Pascal, *Pensées.*
(3) Le Tasse, *Correspondance.*
(4) Rousseau, *Confessions.*

Musset ont écrit leur autobiographie. Mais ce qui éclate surtout chez ce dernier, c'est le *délire de la persécution*.

Comme J.-J. Rousseau, Bernardin de Saint-Pierre, Swift, Newton, Cardan étaient des *persécutés*.

« Savez-vous, disait un jour Louis-Philippe à Guizot, que votre ministre de l'instruction publique est un aliéné? » Effectivement, Villemain était un fou persécuté. Il en était arrivé à ne plus vouloir monter l'escalier des Tuileries, parce que les Jésuites « avaient craché sur les murs ».

L'hypocondrie, la mélancolie s'observent aussi chez les esprits supérieurs. Ils présentent une alternative de défiance excessive ou d'orgueil extrême, de sentiment exagéré de leur supériorité ou de leur puissance de travail.

Benjamin Constant, au dire de son biographe Magahaës, est un des exemples les plus typiques de cette désharmonie intérieure. « Tout lui était nécessaire et tout lui manquait : joies, vertus, félicité, grandeur, tout se desséchait entre ses doigts arides. Il ne croyait à rien et il s'efforçait de savourer les délices que l'amour procure aux âmes pieuses. Ayant conçu l'idée d'un livre contre les religions, il composa de bonne foi un livre en faveur de toutes les religions. » Lamennais n'a-t-il pas terminé en philosophe *l'Essai sur l'indifférence*, qu'il avait commencé en apôtre.

Mais les contradictions sont naturelles aux tempéraments passionnés. Le besoin de changement s'accorde à merveille avec cette anxiété incessante qui est l'apanage du génie. C'est ce qui explique comment les grands hommes ont presque tous la *folie du doute*, qui n'est qu'une variété de la mélancolie :

« La déplorable manie de l'analyse m'épuise, écrit Flaubert. Je doute de tout et même de mon doute. »

Il en est qui en sont à ce point tourmentés qu'ils en viennent à maudire l'existence ou tout au moins à la juger inutile. Chateaubriant (1), Lamartine (2) ont admirablement peint cet état d'esprit. L'abbé Gratry, éloquent oratorien, nous en a donné la sensation, dans ces lignes si expressives : « A dix-huit ans, écrit-il, j'étais profondément pénétré de la gravité de toutes choses. Un jour on m'avait donné une chambre à un étage fort élevé, je regardais à ma fenêtre et, voyant cette hauteur, je me disais à moi-même avec grande conviction : Je ne me jetterais certainement pas par cette fenêtre, mais si quelqu'un venait m'y jeter par surprise, il me rendrait un grand service. Je n'avais d'ailleurs aucun dégoût de l'existence, mais la vie me semblait inutile et dénuée de sens. »

Ce désir du suicide, nous le retrouvons chez George Sand, David d'Angers, Magendie et Dupuytren.

Victor Hugo était dominé par une idée fixe : passer pour le plus grand homme, non pas seulement de la France, mais du monde; mieux encore, de tous les temps.

Balzac avait un orgueil sans limites.

Hegel croyait qu'il était au moins égal à Dieu.

Si nous ne sommes pas dans les régions de l'aliénation, nous en côtoyons de bien près les frontières.

Que faut-il conclure? « Toutes les analogies qu'on observe entre le génie et la folie ne prouvent pas assu-

(1) Chateaubriant, *René*.
(2) Lamartine, *Raphaël*.

rément, dit le docteur Cabanès (1), qu'on doive les confondre. Mais il est indéniable que ces deux termes ont beaucoup de points de contact. Si toutes les intelligences supérieures ne sombrent pas dans la démence, il n'en est pas moins avéré que c'est pour beaucoup d'entre elles le dénouement fatal. »

Ce qui fait l'originalité du *talent*, c'est l'art de s'interroger soi-même consciencieusement, au lieu de consulter les livres. Qu'un auteur suive cette méthode, la richesse de ses pensées fera l'étonnement et le désespoir des plus érudits; le naturel et la fraîcheur de ces images exciteront l'envie de tous les poètes. Certainement notre littérature vaudrait mieux, si elle était plus morale et plus vraie. C'est le mensonge qui cause notre faiblesse. Dans la voie où le siècle est engagé, il ne peut trouver que honte et repentir. Rien n'est plus propre à énerver, à paralyser l'intelligence. Pour nous relever de notre abaissement, il faut que nous prenions courage : ayons la force de ne mentir ni aux autres ni à nous-mêmes, ayons la force d'être ce que nous sommes. Heureux qui porte en soi, partout et toujours, sa fortune et sa richesse ! Nous avons dans notre âme des trésors d'imagination et de sentiment : ne les laissons pas enfouis et stériles.

(1) Cabanès, *Revue (Ancienne Revue des Revues)*.

FEUCHTERSLEBEN.   19

Mais quel sera notre abri contre la pression qu'exerce sur nous la société fondée sur le mensonge ? Ce sera l'étude et la jouissance de la nature. Lorsque cette plante délicate qu'on nomme l'*esprit* menace de se dessécher et de périr dans la serre chaude de la société, transportez-la, pour la sauver, dans un lieu solitaire, et elle reviendra bientôt à la vie. Casanova, l'épicurien le plus ami du plaisir qui ait peut-être jamais existé, est arrivé à déclarer que les jouissances les plus vives sont celles qui ne troublent pas la paix de l'âme. Et quelles sont ces jouissances ? Je n'en connais que deux : la *méditation* et la *contemplation de la nature*.

Fait admirable et d'une mystérieuse profondeur ! la beauté et la grandeur de la nature ne peuvent pas se déployer à nos regards sans qu'aussitôt notre esprit s'élargisse et s'élève. Dites ce que vous voudrez en faveur de la société, elle apprend à l'homme ses devoirs, et c'est là son éloge ; mais la *solitude* seule donne le bonheur (1). Le regard qui se perd dans le bleu infini du ciel ou qui s'étend sur le tableau riche et varié de la terre ne fait pas attention aux misères qui tourmentent la vie dans le tourbillon du monde. La nature n'a que des pensées sublimes ;

(1) Personne n'a mieux écrit sur les avantages et les inconvénients de la solitude que J.-G. Zimmerman : *De la solitude*. Paris, 1840, 1 vol. in-8.

en les méditant, l'homme s'élève à leur niveau.
L'atome apprend à connaître sa faiblesse, et en
même temps il se réjouit de son existence, parce
qu'il se sent vivre dans l'harmonie de l'ensemble.
La nature, par ses lois immuables, enseigne la justice ; elle est bienfaisante, même quand elle anéan-
tit. C'est en elle seule qu'on trouve la vérité, le
repos, la santé. « La vie au grand air, a dit Rahel,
a pour moi quelque chose de magique ; il me semble
que je suis alors plus rapprochée de ceux que
j'aime, plus éloignée des importuns. » Les sages
prononceront toujours avec respect le mot *nature*,
comme, dans les temples, on s'incline au nom de
l'Être Suprême.

Parmi les savants, ce sont surtout les naturalistes qui ont eu la vieillesse la plus longue et la plus
sereine.

Comme exemples de longévité parmi les savants, les
philosophes, les astronomes, les mathématiciens et les
naturalistes, nous citerons : Thalès, qui a conduit
sa vieillesse jusqu'à 90 ans, Ératosthène, jusqu'à 80,
Démocrite, qui vécut retiré à la campagne jusqu'à
109 ans, Platon, Pythagore, qui parvinrent à un âge
très avancé.
Copernic vécut 70 ans, Galilée 78, Mercator 82,
Newton 85, Halley 86, Olbers, le célèbre astronome de
Brême, 81, Jean Bernouilli 71, Fontenelle 100, J.-D. Cassini 87 (1625-1712), J. Cassini 79 (1677-1759), F. Cassini 70

(1714-1784), Huyghens 66, Euler 77, Lalande 75, Delambre 73, Laplace 79, le comte J.-D. Cassini 97 (1738-1845), Arago 67, Locke 73, Blumenbach 88 ; Leibnitz (1646-1716), Buffon (1707-1788), Kant (1724-1804) ont aussi atteint un âge très avancé.

Ce que nous dit Feuchtersleben de la longévité des savants livrés à l'étude de la nature ne s'applique pas à tous les hommes adonnés aux diverses professions libérales. Des recherches de Casper (1), Neufville (de Francfort), Eischerich, Majer, etc., il résulte que, parmi eux, il y a de notables écarts dans la durée de la vie ; tandis qu'elle est représentée par 65 ans 11 mois pour les théologiens et les ecclésiastiques, elle n'est plus que de 54 pour les juristes et les financiers, et de 52 ans 3 mois pour les médecins, placés au bas de cette échelle de longévité : suivant Eischerich, il en meurt les 3/4 avant 50 ans, les 10/11es avant 60 ans, et les vieillards sont très rares parmi les médecins. Les labeurs intellectuels, les inquiétudes, les veilles, les dangers de la contagion rendent compte de ce fait.

On peut citer des exemples à l'appui : Bichat mourut à 31 ans, (1771-1802), P.-A. Béclard à 40 (1785-1825), Stoll à 44, Laennec à 45.

Mais on rencontre encore des exemples de longévité parmi les médecins : eux aussi ils consacrent leur vie à l'étude de la nature et lui doivent une juste immunité :

Parmi les anciens, nous citerons Galien ; parmi les modernes, Hoffmann, Haller, Van Swieten, Fernel qui

___

(1) Casper, *De la durée vitale probable chez les individus qui exercent la profession de médecin* (Ann. d'hyg., 1834, t. XI. p. 375), et *Sur la durée probable de la vie de l'homme* (Ann. d'hyg. Paris, 1838, t. XIX, p. 231).

vécut 72 ans, Boerhaave 70, A. Portal 90 *(1742-1832)*,
A. Scarpa 85 ans, J.-P. Frank 76 ans, P.-H. Pinel 84
ans *(1745-1826)*, J. Tenon, 92 ans, François Chaussier
82 ans *(1746-1828)*, Percy 84 ans, Desgenettes 75 ans,
J.-N. Corvisart 66 ans *(1755-1821)*, J.-D. Larrey 76 ans
(1766-1842), Alibert 71 ans, Abernethy, Lawrence,
John Hunter 65 ans *(1728-1793)*, Hahnemann 88 ans
(1785-1843), E. Serres 80 ans *(1788-1868)*, Chevreul (Mi-
chel-Eugène), né à Angers le   août 1786, mort à Paris
le 9 avril 1889.

La nature, en effet, qui, pour se révéler, exige
qu'on l'interroge avec un cœur d'enfant, rajeunit,
en retour, ceux qui se consacrent à elle avec la
candeur de la jeunesse.

Bichat disait : il faut voir la nature, il ne faut pas l'apprendre.

Au fond, la santé de l'âme est le sentiment de
l'harmonie ; et l'*harmonie*, c'est la nature même.
Antée est l'image de l'homme ; la terre, quand
nous nous appuyons avec amour sur son sein maternel, nous fortifie et nous anime jusqu'à nous
rendre invincibles. La nature agit sur tous nos
organes ; elle remplit l'imagination de nobles et
fraîches images, elle trace à la volonté des limites
infranchissables, elle lui donne de la fermeté et de
la vigueur ; son silence majestueux élève l'âme ;
ses effets grandioses, mais toujours simples et

réguliers, éveillent dans l'intelligence de vives et fécondes pensées ; le caractère immuable de ses lois nous maintient dans un équilibre salutaire; les trésors de beauté qu'elle sème d'une main prodigue, le charme des fleurs, l'éclat des étoiles, tous ces diamants qu'elle répand, sans compter, sur tous les chemins, dans le parcours des mondes animés, forment un spectacle magnifique, dont la vue chasse de notre front les rides des soucis et de l'humeur noire, et dont la grandeur nous transporte au-dessus de nous jusque dans les régions divines où la loi suprème se manifeste, avec une souveraine autorité, à notre intelligence et à notre amour.

Voilà les bienfaits de la nature ! Avons-nous eu tort de l'invoquer comme le meilleur et le plus puissant médecin de l'âme ?

XIV

RÉSUMÉ

> Sois maître de toi-même, et garde cou
> rage dans les bons et les mauvais jours.
> MARC-AURÈLE

Toute réflexion sur ce qu'on appelle la liaison du corps et de l'âme serait vaine et même inopportune, si elle n'était faite en vue d'un résultat pratique et n'aboutissait réellement à ce résultat. A ce point de vue, nos lecteurs nous sauront peut-être gré de jeter un coup d'œil rétrospectif sur la route que nous avons parcourue, et de résumer brièvement nos recherches. On nous permettra d'y ajouter quelques détails subsidiaires, qui n'ont pu trouver place dans le développement général de nos idées.

Pour que l'esprit acquière sur le corps un empire salutaire, la première condition indispensable, absolue, est de croire à la possibilité d'un tel empire. Aux théoriciens de la démontrer par des

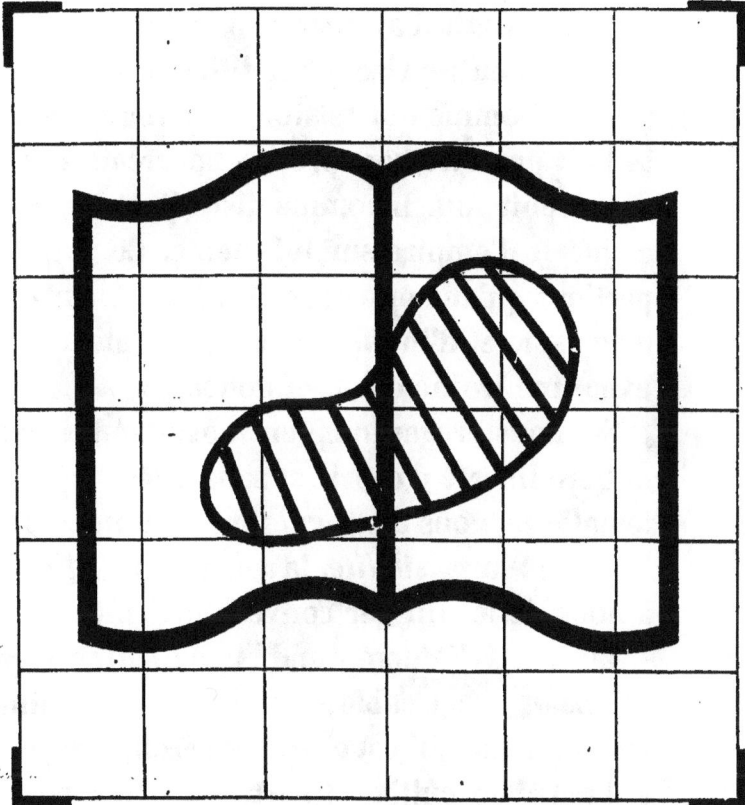

raisonnements; nous avons mieux aimé la prouver par des faits.

Une fois qu'on s'est habitué, dans son for intérieur, à croire au pouvoir réel de l'esprit sur le
corps, il s'agit d'exercer ce pouvoir sur soi-même.
C'est une entreprise plus difficile qu'on ne l'imagine. L'homme qui est toujours inquiet sur sa santé finit par être son propre bourreau, et il risque
de devenir fou. L'homme distrait et léger ne peut
acquérir d'empire sur lui-même. Ce pouvoir n'appartient qu'aux âmes sereines, également exemptes
d'égoïsme et d'indifférence, et capables de s'étudier
avec une ironie calme et douce.

Si nous regardons en nous-même avec une
entière liberté d'esprit et sans préoccupation sys-
tématique, nous distinguerons dans notre âme trois
facultés : la *sensibilité,* la *volonté,* l'*intelligence.* C'est
à nous de les diriger convenablement.

La *sensibilité* comprend l'imagination vers ce qui
est beau et agréable; alimenter le sentiment au
moyen de ce qui est grand et serein; cultiver l'une
et l'autre en cultivant l'art.

La *volonté* doit être fortifiée, purifiée, améliorée;
elle a son objet dans l'homme même; elle le gouverne et le maîtrise. Le devoir et l'hygiène morale
s'accordent pour dire à l'homme : *Sois maître de
toi.* Le plus sûr moyen de réaliser ce précepte,

c'est de se jurer à soi-même de persévérer dans ce que l'on a reconnu clairement comme juste. Si l'on veut rester sain d'esprit et de corps, il faut prendre la ferme résolution de se maîtriser soi-même, et rester fidèle toute sa vie à cette résolution irrévocable. Il y a d'abord des rechutes; mais la volonté, en redoublant ses efforts, finit par obtenir une victoire complète. Il faut donc, avant tout, se prêter à soi-même, du fond de sa conscience, le serment sans restriction, sans appel, de conformer sa vie aux lois de la morale. La volonté ainsi fortifiée triomphe de l'indécision; elle corrige la distraction par le recueillement; elle dissipe la mauvaise humeur. C'est elle, enfin, qui nous dégage des liens de l'habitude, et qui fixe la légèreté des esprits mobiles.

L'*intelligence*, comme les deux autres facultés, doit être développée avec soin. L'empire sur soi-même est le but de la volonté ; la connaissance de soi-même est le but de l'intelligence. L'homme a le besoin et le devoir de s'étudier; mais il doit aussi étudier le monde, et s'élever à la conception de l'Être suprême. L'intelligence conduit l'homme dans les bras de la religion; elle met dans son cœur une résignation parfaite à la loi suprême; de ce sentiment naît une sérénité calme qui, à son tour, produit la santé. Celui-là seulement qui est

devenu petit à ses propres yeux peut concevoir et
sentir ce qui est grand. Il faut donc que chacun
répète cette belle prière de Jeanne d'Arc, qui
demande à Dieu « un grand cœur et de nobles
pensées ».

Le *calme* est le premier et indispensable remède
de tous les maux; il est toujours utile et salutaire.
De même, comme préservatif, il a une vertu inappréciable.

Il n'est personne aussi heureux que moi, disait
le Dʳ G. Bouilly, mais tout le secret de mon bonheur
réside dans l'équilibre parfait de mon organisme. Je
rentre chez moi éreinté, n'en pouvant plus. Je dîne et
me voilà dispos. Si je me trouve en face d'une situation
difficile, mon incurable optimisme me la fait toujours
envisager par le bon côté. Avoir du bon sens, se garder d'emballement, tout est là dans la vie. C'est ma
pondération, qui fait ma force (1).

Ce calme si nécessaire est le fils de l'esprit.
Aucune étude ne le produit plus sûrement que celle
de la nature. Celle-ci, au point de vue de l'hygiène
morale, est bien préférable à celle de l'histoire,
souvent nuisible à des natures dont elle irrite les
passions et les souffrances délicates. — Un tempérament actif exige une activité intellectuelle; un
tempérament passif, une activité pratique. Il faut bien

(1) Dʳ Helme, *Revue moderne de médecine et de chirurgie.*
1903.

se garder d'anéantir en soi les passions ; car elles sont les germes naturels de la vie et de la santé ; il faut seulement les maintenir en équilibre, les modérer, les dominer.

Trois forces nous sont données, que nous devons maintenir en nous : le *courage*, la *joie*, l'*espérance*. C'est à nous de régler et de diriger nos penchants.

La loi d'oscillation est le principe fondamental de l'hygiène de l'âme : en vertu de cette loi, nous devons établir en nous l'équilibre nécessaire entre la joie et la douleur, le repos et le mouvement, la raison et la folie. Le peintre sait opposer et combiner ses couleurs ; le sage réalise dans son âme l'harmonie des contrastes. On n'a guère à craindre l'atteinte réelle de la souffrance morale, quand on sait éveiller à propos dans son âme les réflexions sérieuses, les souvenirs douloureux, les tristes pensées. Enfin, il importe de constater la corrélation de nos dispositions physiques et morales avec les différentes heures du jour ; il faut connaître celles que développent les influences du matin, du midi, du soir.

Ces données générales peuvent suffire. Lecteur, c'est à vous d'en déduire vous-même les conséquences.

Que si vous êtes déjà tombé au pouvoir de l'hy-

pocondrie, je n'ai qu'un conseil à vous répéter :
« Détournez les yeux de vos propres tourments pour
contempler le spectacle immense de l'humanité
heureuse ou souffrante ; consolez-vous de vos douleurs personnelles, ou du moins méritez l'intérêt
des autres, en vous intéressant vous-même aux douleurs de l'humanité ; intérêt que les grands mouvements de la civilisation actuelle suffisent d'ailleurs
à inspirer et imposent même comme un devoir à
quiconque veut se montrer digne de son temps.
Demandez à l'étude des magnificences toujours
nouvelles de la nature le baume salutaire dont
votre âme a besoin. Enfin, dans l'enchaînement
immense des caractères et des destinées humaines,
cherchez la place qui vous est marquée, la fonction
que vous avez à remplir, et, votre valeur une fois
connue, efforcez-vous d'être et de rester vous-
même pur et vrai comme une parole de Dieu. Car
la santé consiste dans l'union du beau, du bon et
du vrai. »

Notre tâche est finie.

Puisse l'esprit consciencieux qui a dicté ces
pages trouver une douce récompense dans les
sympathies des âmes souffrantes et des intelligences éclairées !

MAXIMES ET PENSÉES

Condo et compono quæ mox depromere possim.
HORAT.

I

Les œuvres des poètes, romans et pièces de théâtre, ont, sur les livres purement didactiques, un avantage considérable ; elles n'épuisent pas complètement un sujet, ce qui peut amener l'ennui ; mais elles excitent la réflexion, en lui donnant des problèmes à résoudre. Peut-être nos maximes et pensées auront-elles, pour le lecteur, un attrait semblable. Car le mérite des aphorismes est de stimuler la curiosité sans la rassasier.

II

La vie nous pose partout des problèmes et révèle des principes à l'esprit attentif qui sait interpréter le sens des symboles. Les bons livres et les hommes d'expérience rendent le même service. Cherchons partout ce qui peut nous donner le calme et la force. Ce que nous nous approprions de cette manière, conformément à notre nature, nous appartient au même titre que ce qui nous semble produit par nos réflexions personnelles. Car l'homme n'invente rien. Gœthe a dit avec raison : « Toute idée est une reproduction. »

III

Le même auteur a dit encore : « Une excessive délicatesse qui attache trop de prix à la personnalité propre peut être une cause d'*hypocondrie*, si elle n'est contrebalancée par une grande *activité*.»

IV

Pour se conserver sain de corps et d'esprit, il faut de bonne heure s'intéresser aux affaires générales de l'humanité.

V

On doit tendre à mettre l'*équilibre* au dedans et au dehors de soi-même. Cet équilibre, en tant qu'il peut être établi par la volonté, est, par rapport à la sphère de la nutrition et de la reproduction, la tempérance ; dans celle de l'irritabilité, la balance exacte entre le repos et le mouvement; dans celle de la sensibilité, c'est le bien-être. Voilà notre loi.

VI

Il faut de la force et une moralité profonde pour

conserver le *calme* bienfaisant, qui, même au milieu des bouleversements et des tempêtes, donne un point d'appui à la méditation, principe et condition nécessaires du vrai bonheur.

VII

On n'aurait pas à s'inquiéter des *passions*, si l'on pouvait seulement les mesurer.

VIII

Des observations personnelles, faites sur moi-même avec un soin minutieux, m'ont appris que la *pensée* est comme un fluide qui fuit sous l'étreinte. Lors même que le cerveau semble complètement troublé, la pensée reste pure et libre, l'effet seul en est entravé.

IX

Le *doute*, qui est de tous les sentiments le plus inquiet, se résout en *désespoir*. Celui-ci peut devenir un moyen curatif.

X

Il est des moments heureux où le corps se subordonne à l'esprit, au point d'oublier ses besoins propres. Alors toutes nos forces se développent et suivent librement leur cours, comme une mer qui s'étend sans obstacle entre un rivage visible et un rivage invisible. Heureux qui a cette puissance

d'abstraction, qui sait évoquer l'*extase* et la modération par le *sang-froid!*

XI

La nature guérit les blessures qu'elle fait. Mais
quand l'homme se fait tort par sa faute, ira-t-elle,
comme une mère qui gâte son enfant, s'apitoyer
avec lui sur des maux dont il est cause? Pour
adoucir les souffrances de l'âme, n'est-ce pas assez
du calme de la nature, de ce ruisseau qui serpente,
de cette forêt tranquille, de l'azur du ciel et de
cette harmonie universelle de l'éternelle beauté?
Une voix dissonante ne saurait troubler cette harmonie mélodieuse, serait-il plus noble et plus légitime qu'une plainte individuelle, égoïste, détruisît
tout le concert?

XII

Y a-t-il un art de prolonger la vie? A ceux qui le
connaissent, enseignez plutôt l'art de la supporter.

XIII

Tout le secret de l'art de prolonger la vie, c'est
de ne pas l'abréger.

Sénèque a dit : Nous nous sommes fait une vie courte;
nous ne l'avons pas reçue telle.

XIV

Pour que l'*activité* soit véritablement salutaire,
il est trois conditions indispensables :

1° Il faut qu'elle garde une juste mesure, qu'elle
évite tout excès ;

2° Qu'elle s'applique avec amour, dans le moment
opportun, à des objets qui lui conviennent ;

3° Qu'elle prenne des intervalles de repos, et
qu'elle varie ses occupations. Telle est la nature de
notre esprit, que le repos le délasse moins que la
variété.

XV

Une théorie qui glorifie les jouissances en procure moins que celle qui apprend à les estimer
dans une certaine mesure, et, par conséquent, à ne
pas dédaigner une jouissance faible ; la première
amène nécessairement le dégoût de la vie, que la
seconde peut seule guérir.

XVI

Pour l'homme digne de ce nom, la *consolation*
n'est pas salutaire, parce qu'elle l'affaiblit ; le *devoir* seul est sa véritable consolation. Désirer l'infini, c'est ignorer les bornes du fini ; gémir d'être
méconnu, c'est méconnaître le but de l'existence.
Notre but est en nous-mêmes. Les souffrances
de l'âme ne sont souvent qu'une pénitence subie,
c'est-à-dire les suites inévitables d'un état intérieur
contraire à la nature.

XVII

Si des personnes éclairées ne s'aperçoivent pas de la puissance qu'exerce l'esprit, c'est qu'elles s'imaginent que tout ce qui existe vit par une cause extérieure. On fait ainsi de la vie de l'homme un rien abstrait, qu'une école médicale a désigné sous le nom d'*irritabilité*. Bien au contraire, la vie agit du dedans au dehors : *mens agitat molem.*

XVIII

Pour l'esprit comme pour le corps, la vie est un travail d'assimilation et d'excrétion, d'inspiration et d'expiration. La *santé* consiste dans la régularité des pulsations.

XIX

Toujours écouter, toujours penser, toujours apprendre, c'est par là que nous vivons. Qui n'aspire plus à rien, qui n'apprend rien, n'est pas digne de vivre.

XX

O what a noble mind is here overthrown ! O triste dérangement d'un noble esprit ! Je ne connais pas de douleur plus morale, plus profonde que celle qu'expriment ces paroles de Hamlet. Il n'en est pas de plus fréquents dans notre siècle, où la négation s'attaque même aux choses éternelles, où rien ne semble plus avoir des chances de durée.

XXI

La *patience* est l'appui de la faiblesse ; l'*impatience* est la ruine de la force.

XXII

Patience, sœur de l'espoir, baume salutaire qui guéris l'âme, qui trouve dans l'inertie une force merveilleuse et bienfaisante, quel malade ne bénirait pas ta douce magie ; quel médecin pourrait ignorer que les paroxysmes de la fièvre disparaissent devant toi, qu'ils redoublent si tu t'éloignes, que tu aides à dompter les plus violentes douleurs, et que tu hâtes les guérisons les plus difficiles ? Seule, tu es forte dans le faible ; seule, tu es la révélation la plus parfaite, la plus délicate de l'âme humaine, en tant qu'elle est capable d'écarter du corps les maladies.

XXIII

L'*hypocondrie*, c'est de l'égoïsme. Le poète habitué à fouiller les profondeurs de son âme, à disséquer toutes les fibres de son cœur, à se faire le centre du monde, le poète devient ordinairement la proie de cet horrible fléau. J'ai connu un de ces hommes doués de dons sublimes et funestes, obsédé des tourments de l'humeur noire ; il ne réussit à s'en délivrer par moments qu'à force d'étudier l'his-

toire et de s'intéresser sans réserve aux destinées
générales de l'humanité. Ce remède aurait amené
une complète guérison, s'il avait été employé à
temps.

XXIV

Chaque homme porte en lui un germe de folie.
La *sérénité* et l'*activité de l'esprit* sont les seules
forces capables d'en empêcher le développement.

XXV

Le *scepticisme* sombre et mesquin de l'homme du
monde, c'est de la faiblesse et de l'impuissance.
On se résigne, quand on voit les difficultés que
l'homme courageux combat avec persévérance, et
que la foi seule espère vaincre. Les « demi-méde-
cins » sont généralement des sceptiques.

XXVI

Gardons-nous bien de développer en nous l'*apathie*; efforçons-nous, au contraire, d'enflammer et
de nourrir dans notre âme les jouissances les plus
pures et les plus nobles.

XXVII

Le *beau* a droit à notre recherche et à notre
amour; le beau, c'est l'aliment du bien et de la
santé.

XXVIII

L'*activité* dans l'accomplissement du devoir est
la mère d'une conscience pure ; celle-ci fait naître
le *calme,* et dans le calme seul croît la plante délicate de notre bien-être.

XXIX

Ce qu'il importe de conserver toujours, c'est
moins la lumière de l'intelligence que le *calme* et
la *sérénité.*

XXX

Aux caractères précipités, imposez la nécessité de
marcher lentement, d'écrire lentement ; aux caractères indécis, celle d'agir avec promptitude. Donnez
aux rêveurs, toujours absorbés dans leurs pensées,
l'habitude de regarder en face et de parler distinc-
tement et à haute voix. Ces habitudes ont sur l'âme
et sur le corps une incroyable influence que j'ai
souvent observée.

XXXI

Il ne suffit pas de se regarder comme objet, il
faut encore se traiter comme tel.

XXXII

Recherchez la société des hommes dont le commerce vous rend plus apte à continuer le travail de

la vie ; fuyez la contagion de celui qui laisse en vous du vide et de la faiblesse.

XXXIII

Considérer les *souffrances* comme des épreuves, c'est et ce sera éternellement la théorie la plus belle et la plus féconde. Elle moralise et fortifie.

XXXIV

La nature a donné à l'homme une activité énergique ; à la femme, une vie et une destinée passives. La loi qui a marqué cette différence entre les sexes ne saurait être transgressée impunément.

XXXV

Les *livres* sont des lunettes à travers lesquelles on voit le monde ; elles sont nécessaires pour les yeux faibles, dont elles fortifient et conservent la vue ; mais il vaut mieux pouvoir se passer de leur secours.

XXXVI

Tout *désir* énergique se réalise. C'est là une parole hardie ; mais elle renferme une merveilleuse consolation.

XXXVII

La *tristesse* a sa source au dedans de l'homme, et le ruine dans les profondeurs de son organisme.

Le *dépit*, produit par une cause extérieure, rétablit l'équilibre de la santé.

XXXVIII

Si l'on parvient à concentrer son attention sur un point donné, soit par la conversation ou la lecture, soit par le souvenir ou par le sentiment du devoir, cette diversion adoucit la tristesse et lui enlève bientôt son amertume. Le succès est plus assuré quand c'est involontairement et à son insu que l'âme souffrante est détournée de ses funestes préoccupations.

XXXIX

Hippel a dit : « La *méditation* profonde habitue l'âme à vivre en dehors de son enveloppe corporelle. Elle la prépare ainsi à la vie future. »

XL

S'abstraire de soi-même, ou, comme on dit, se distraire, mauvais remède. Quand je m'applique fermement à faire abstraction de l'objet A ou B, je maintiens cet objet dans ma pensée et je manque mon but. Que si je fixe l'objet C, A ou B s'éloignera de lui-même.

XLI

Toute *négation* implique l'affirmation du contraire. Cette loi a les résultats les plus importants,

non seulement pour l'hygiène de l'âme, mais pour
toute la vie. Le seul moyen de combattre le mal,
c'est de ne pas le reconnaître, de le nier ; c'est de
lui substituer le bien.

XLII

Un *optimisme* modéré, fruit naturel d'une saine
philosophie, convient à l'hygiène morale. Quand on
est mécontent du monde, on l'est de soi-même ;
et, dans ce cas, comment échapper à la mauvaise
humeur? comment conserver la santé de l'âme?

XLIII

Il n'est personne qui n'ait eu quelque jour un
bonheur inattendu. Songez aux caprices du sort, et
vous ne désespérerez jamais. Le souvenir fera naître en vous et entretiendra l'espérance.

XLIV

Sachons nous traiter nous-mêmes comme Reil
traitait, dit-on, ses malades. Entre ses mains, on ne
perdait jamais l'*espoir.*

XLV

C'est par l'*énergie* que l'homme maintient son individualité vis-à-vis des influences extérieures; mais
toute énergie que nous pouvons acquérir a sa source
dans la culture intellectuelle, par exemple, la force

d'inertie, la ténacité, le calme, la fermeté, la persévérance, la patience, etc. L'énergie, dans son sens
général, est le résultat des différentes facultés
amenées à leur plus haute puissance, ou bien la
force inconnue, inexplicable, inhérente à l'individu.

XLVI

Loin de nous la prétention d'imposer à l'homme
une complète *égalité d'humeur*. Il n'est piano si
parfait qui ne puisse être désaccordé par l'humidité.
Quand l'instrument est ainsi dérangé, il est difficile
de bien jouer; mais le virtuose y réussit encore,
tant que les cordes ne sont pas toutes faussées ou
muettes.

XLVII

Nous n'avons pas le pouvoir de créer en nous
des dispositions, mais nous pouvons, comme le
poète, profiter de celles qui se manifestent dans
notre âme. Le poète tire de son génie une œuvre
d'art, comme le sculpteur tire d'un bloc de marbre
une statue. Il est des moments où la conscience
perd ses droits, où elle semble même disparaître.
Alors, comme égarée par la lueur incertaine du
crépuscule, l'âme s'abîme dans la douleur ou dans
la joie. « Ce sont, a dit Rahel, des parenthèses
dans la vie; à ces heures-là, nous avons une liberté

qu'on n'accorde pas à l'homme de sang-froid. Qui
voudrait se donner la fièvre nerveuse? Et pourtant elle peut, dans certains cas, nous sauver la
vie. Cependant, elle vient d'elle-même. »

XLVIII

J'ai fait dernièrement une expérience très signi-
ficative sur les dispositions que détermine la clarté
du jour. La lampe qui brûle pendant la nuit, dans
ma chambre à coucher, jetait de vives lueurs. Je
m'éveillai, sans savoir quelle heure il était. Des
idées graves et même sombres vinrent, comme
d'habitude, s'emparer de mon âme; elles éloignaient
de moi le sommeil. L'horloge sonna : il était cinq
heures. Je reconnus que la clarté que j'avais attribuée à la flamme de la lampe était la lueur croissante du jour. Aussitôt la disposition de mon esprit
se trouva changée. Les mêmes objets, qui venaient
d'attrister ma pensée, m'apparurent sous un aspect
riant, et je repris courage. Ce changement fut très
sensible pour moi ; ce fut comme une secousse dans
le cerveau.

XLIX

L'*émotion*, c'est le soleil couchant qui répand sur
la nature ses teintes de pourpre, c'est le verre de
couleur qui montre les objets sous un jour plus
beau, comme enveloppés d'un charme magique.

L

« Je ne sais, mais j'aurais plus d'horreur d'un *poison noir* que d'une eau transparente comme celle-ci, » dit, dans une pièce de Clara Gazul, une jeune fille, qui, près de s'empoisonner, regarde le breuvage limpide. Ces mots contiennent pour nous une leçon. Tout dépend de la couleur que nous donnons aux choses que le destin nous envoie.

LI

La vie humaine a son aurore. Quand l'aube se lève, il ne faut plus de lampe, il fait jour. Tout homme réfléchi a passé par cette époque, il a vécu de sa vie propre du moment où il a eu conscience de lui-même. Mais la nature ne veut pas que nous arrêtions nos regards à chaque détail du mécanisme de notre être. Le cerveau n'est pas l'homme tout entier ; le cœur, les pieds, les mains contribuent aussi et plus encore à notre existence. Une fois que les yeux connaissent le but, le corps n'a pas besoin de réfléchir pour se mouvoir dans la direction indiquée. Les roses fleurissent sans le savoir ; les fruits viennent, sans le savoir, à maturité.

LII

Le vice fondamental de l'homme, c'est la *paresse*. Chez les gens éclairés, il se cache sous le masque d'un scepticisme froid, sombre, soi-disant philosophique, que représente, d'une manière frappante, le type de Hamlet. C'est une renonciation à soi-même, une maladie, une mort volontaire. Le réveil de l'énergie est la condition de la santé et de la vie.

LIII

Si l'*intelligence* suffisait à l'homme, nous n'aurions pas la faculté de sentir ni celle d'imaginer.

LIV

Le corps et l'âme sont fortifiés par l'action alternative du froid et du chaud, de la joie et de la douleur. C'est ainsi que la nature, comme la poésie, fait l'éducation de ses enfants les plus distingués.

LV

La *science* ne peut pas nous donner du goût pour la vie; elle nous la montre plutôt dans toute sa nullité. L'*imagination* et le *sentiment* excitent notre intérêt pour des phénomènes passagers, et par là nous rendent heureux. En ce sens, l'art est plus salutaire que la philosophie.

LVI

Les notions de la *science* ne remplissent pas le cœur de l'homme; elles ne peuvent ni le faire agir ni le calmer. Ce pouvoir n'appartient qu'au sentiment, à ce je ne sais quoi qui n'a pas de nom, mais dont les effets sont réels. Par exemple, on a dit

excellemment : les poèmes de Hafiz récréent l'âme,
non par le sens des paroles, mais par la sérénité
des sentiments qu'ils répandent.

LVII

Un *scepticisme* sans amertume est la plus sûre
défense contre l'horrible spectre de la vieillesse,
non pas le scepticisme par rapport aux vérités éternelles, mais l'indifférence calme par rapport à soi-
même. Pour rester jeune, il faut se préserver de
toute tendance exclusive.

LVIII

Un homme capable doit toujours s'occuper d'un
travail conforme à son aptitude et qui demande le
concours de toutes ses forces ; car la vie consiste
uniquement dans une *tension* plus ou moins énergique. Le relâchement, c'est la maladie, c'est la
mort.

LIX

Écrire, sans songer même à publier ce qu'on
écrit, est un excellent moyen hygiénique pour
fortifier l'âme. Dans un siècle comme le nôtre, ce
remède est, pour ainsi dire, à la portée de tout le
monde. Pour vous délivrer de l'idée ou du sentiment qui vous obsède, il vous suffira le plus souvent de consigner par écrit vos impressions et de

les retracer avec clarté. Ce travail dissipe les spasmes de l'âme et en prévient le retour.

LX

Le vrai philosophe ne s'absorbe pas dans la *contemplation de la mort*. La philosophie est la sagesse de la vie, et la mort n'a point à ses yeux de réalité.

LXI

La *vertu*, le *bien-être* résultent de la direction que l'on se donne à soi-même.

LXII

Vous qui avez réfléchi sur les phases de votre existence physique et morale, interrogez votre expérience, et demandez-vous si les sentiments ne se règlent pas sur les idées bien plus que les idées sur les sentiments.

LXIII

Passion, état passif : termes corrélatifs. Réfléchir, c'est être actif. Plus l'activité devient une habitude, un élément de notre existence, moins nous risquons de tomber dans l'état passif. Passive, l'âme s'abaisse ; active, elle s'élève ; s'élever, c'est vivre. La maladie et la mort sont un manque partiel ou total d'élévation.

LXIV

Les défauts des premières années exercent, jusque dans l'âge le plus avancé, leur action physique ou morale; il en est de même des bonnes qualités acquises de bonne heure.

LXV

Sache vouloir, fais ce que tu dois : voilà, en deux mots, toute l'hygiène de l'âme.

LXVI

L'à-propos est une condition de la santé. Ainsi, la solitude est salutaire; mais quand on est en société, ce n'est pas le moment de vouloir être seul.

LXVII

« Heureux, dites-vous, qui pourrait unir le ressort et l'élan de la jeunesse avec la maturité de l'âge viril. » Tâchez seulement de conserver les dons de la première, le reste viendra de soi-même, et le temps comblera vos souhaits.

LXVIII

On arrive au but lorsqu'on y tend de tous ses efforts; car le *désir* n'est que l'expression des besoins de notre nature. « Frappez, et l'on vous ouvrira. » Combien d'ambitieux réussissent dans la recherche des honneurs et des richesses! En serait-il autrement pour la santé?

LXIX

Quand nous commençons à acquérir la conscience de nous-mêmes, nous devons momentanément, en apparence, sacrifier la fraîcheur et la vivacité juvéniles de nos sentiments pour les mûrir par la réflexion et l'expérience.

LXX

Lorsqu'une *douleur* vous menace ou vous saisit, songez bien que s'en détourner ce n'est pas la détruire. Il faut la regarder en face et l'examiner attentivement pour savoir s'il est bon de passer outre et s'il ne vaut pas mieux en tirer profit. Ne méprisez jamais une chose avant de la tenir en votre pouvoir. Ce qu'on se borne à pousser de côté revient à la charge avec une importunité croissante. Le jour seul peut dissiper, par l'éclat de sa lumière, tous les spectres de la nuit.

LXXI

La *culture de l'esprit* est nécessaire pour que la volonté puisse agir en connaissance de cause ; mais elle n'est pas indispensable pour que la volonté agisse, dans le sens général de ce mot. Tant que le développement intellectuel n'est pas achevé, il faut se mettre à même d'agir utilement en éveillant dans son âme l'énergie générale. L'intelligence est au-dessus de la volonté; mais celle-ci doit être exercée tout d'abord pour qu'elle puisse s'acquitter de ses fonctions.

LXXII

Mais, direz-vous, pour vouloir, il faut un objet à la *volonté*. Que dois-je vouloir? C'est ce qu'il m'importe avant tout de connaître. Soit! mais il ne vous est pas nécessaire de bien comprendre l'objet assigné à votre activité. Savoir ce qu'on veut, dans le sens le plus général, ce n'est pas *savoir*, dans l'étroite acception du mot. Il n'y a pas d'idée sans expérience extérieure ou intérieure; mais l'expérience peut précéder la conception nette de l'idée. Elle peut donc se produire sans être conçue.

LXXIII

Le *vide* étant une négation, on ne le sent pas à proprement parler; mais quelquefois il se condense et devient sensible. Sentir le vide dans son âme, c'est le commencement de la guérison; car un effort, une tendance devient un besoin.

LXXIV

Le millionnaire, dont l'esprit sans culture ignore le grand art d'user noblement de ses richesses et ne connaît pas d'occupation d'un ordre élevé, se fatigue dans la jouissance et le désir; il éprouve

vaguement le besoin de trouver quelque part une
résistance capable d'éveiller son activité.

LXXV

L'âme humaine a un point obscur qui contient
les germes de tous les maux intérieurs. Il est essentiel d'en limiter l'espace par des idées claires, morales et sereines. Si l'on n'y met pas obstacle, il
s'étend et s'agrandit; l'ombre envahit l'âme, et la
nuit se fait en nous, la triste nuit de la démence.

LXXVI

Il y a aussi dans l'âme un point lumineux, asile
du silence, du calme et de la clarté, où ne peuvent
pénétrer ni la tempête ni la nuit. C'est une sorte de
refuge donné à l'homme contre la souffrance et la
douleur. Notre devoir est de le conserver et de
l'agrandir. La folie même ne saurait anéantir ce
point éternellement lumineux.

LXXVII

On n'a pas encore déterminé le degré de perturbation morale où commence la *folie*.

LXXVIII

On confond trop souvent la *force* avec le *goût*.
Celui-ci est, de nos jours, suffisamment développé;
il s'accroît avec la délicatesse maladive du siècle;

mais la force, qui est le fondement de la santé, n'est pas du tout cultivée. Nous avons du goût pour tout ; nous n'avons de force pour rien.

LXXIX

La *désharmonie* est une condition fatale de l'existence humaine. Sachons nous y soumettre ; heureux encore de pressentir, par moments, l'unité suprême.

LXXX

Ce n'est que dans le silence de la méditation que germent et croissent les *souvenirs*. Le meilleur moyen de nous rendre un objet indifférent, c'est de nous en parler sans relâche, afin de nous ôter la tentation d'y penser dans la solitude. — Un autre moyen essentiel pour conserver la santé, c'est de savoir apprécier et développer convenablement les avantages de chaque période de la vie : la fraîcheur de la jeunesse et son insouciance pleine de vigueur, la modération réfléchie de l'âge viril, le coup d'œil calme de la vieillesse. Les tourments de la pensée sont funestes pour un jeune homme, comme le sont pour un vieillard les emportements de la colère. La nature bienveillante a donné à chaque saison de la vie humaine des fleurs et des fruits qui lui sont propres.

LXXXI

Il ne serait pas moins salutaire de considérer avec attention et reconnaissance cette multitude de bienfaits inaperçus que nous prodigue sans cesse la générosité de la nature. L'homme se montre chaque jour froid et insensible à une foule de jouissances réelles dont l'appréciation lui donnerait une satisfaction durable. Des esprits délicats en ont fait souvent la remarque. Apprenons à tenir compte de tout ce qui nous arrive de bon et d'agréable, à goûter le bonheur de respirer, de voir la lumière, de sentir la douce chaleur du soleil; à comprendre enfin que chaque journée d'existence est pour nous un présent de la nature auquel nous n'avons pas droit de prétendre.

LXXXII

Un *égoïsme* pur et noble est nécessaire pour conserver la sérénité et la santé. Il faut plaindre l'homme qui ne fait pas de son propre contentement le but de son travail, de son amour et de sa vie. Il n'y a guère de satisfaction pure sans une cause personnelle. Toute action humaine porte nécessairement ses fruits, bons ou mauvais.

LXXXIII

Le *bonheur de l'âme* consiste, en réalité, à se posséder et à s'agrandir. J'en appelle à l'expérience de tout homme éclairé : à quel moment s'est-il senti le plus heureux? N'est-ce pas à cette époque de la jeunesse où chaque jour révélait à son intelligence des mondes nouveaux et de nouvelles sphères d'idées? Plus on avance en âge, plus ce bonheur devient rare. Les conceptions terrestres ont des limites visibles; ce qui soutient le vieillard expérimenté, c'est le regard qu'il plonge au delà du monde dans les régions de l'infini.

LXXXIV

Ce qui distingue l'homme ordinaire et l'*homme de génie*, c'est que, pour être heureux, le premier doit s'oublier et perdre conscience de son individualité, le second doit se concentrer en lui-même et prendre possession de son être.

LXXXV

Si votre âme souffre, si elle est en proie à l'incertitude, au doute, à la crainte, cherchez la compagnie, fréquentez le monde. Là, souvent, un mot jeté au hasard a suffi pour illuminer, comme un éclair, la nuit la plus sombre.

LXXXVI

Vous supportez quelquefois avec peine vos parents, vos amis les plus chers. Soyez sûr que pour

eux il en est de même à votre égard. Méditez bien
cette idée, il n'est pas de meilleur préservatif.

LXXXVII

Notre but est de donner à l'esprit une direction
générale, saine et véritable ; de l'élargir, de le délivrer des vaines chimères, et de mettre à sa portée
des remèdes sûrs.

LXXXVIII

Il y aurait du pédantisme et de la maladresse à
vouloir suivre, dans tous ses détails, l'action de la
volonté sur toutes les fonctions habituelles et journalières de la vie physique.

LXXXIX

On peut voir, dans les écrits des médecins qui
ont fait des observations attentives, que la *colère*
agit sur le système biliaire, qu'elle fait évacuer la
bile par des vomissements ou par des selles ; que la
frayeur agit sur les nerfs qui se rendent au cœur
ou aux gros vaisseaux ; que la crainte et la haine
produisent du froid ; la joie et l'anxiété, de la chaleur ; une attente joyeuse ou inquiète, des palpita-
tions ; l'aversion et le dégoût, des syncopes ; que
le rire et les larmes sont ordonnés par la nature
prévoyante dans l'intérêt de notre bien-être physique ; que ce bien-être enfin représente souvent une

véritable crise des maux les plus compliqués. Nous
avons une action au moins négative sur l'éternu-
ment, les bâillements, les soupirs, etc. Ce qu'il y
a de plus subtil, de plus remarquable, et, en même
temps, de plus journalier dans les effets physiques
de la volonté, peut à peine s'exprimer par des paroles. Mais qu'on mette notre théorie à l'épreuve
d'une pratique sérieuse et persévérante, et l'on sera
surpris de ses merveilleux résultats.

XC

On prétend avoir observé que l'aspect du beau
exerce sur l'organe de la vue une influence salutaire, comme le vert des prairies et le bleu du ciel,

XCI

L'*hypocondrie* et l'*hystérie* étaient inconnues des
anciens. Essayons d'êtres nobles comme les Grecs,
énergiques comme les Romains. Peut-être alors ces
maux horribles disparaîtront.

XCII

L'*hypocondrie* ne consiste pas seulement à se
croire atteint d'un mal chimérique, mais encore à
étudier avec un soin minutieux les maux qu'on
éprouve réellement.

XCIII

Si votre âme est malade, inscrivez seulement

dans le journal de votre vie les pensées consolantes qui présentent à votre esprit des images agréables ; par ce moyen, vous les garderez à votre portée, pour y recourir dans vos moments de tristesse. Un recueil de ce genre est, pour le malade, aussi nécessaire que le médecin.

XCIV

Pour prescrire le *régime de l'âme*, il importe surtout de bien comprendre les divers âges de la vie et d'y avoir égard ; car chaque âge a ses désirs et ses devoirs propres, qui ne conviennent pas à l'âge suivant. Que l'adolescent s'abandonne aux entraînements de son activité exubérante, c'est une sorte de fièvre qui donne à tous les germes la liberté de se développer, conformément à la volonté de la nature. Au milieu de la vie, quand le caractère s'est affermi, l'habitude commence. Elle devient, pour la vieillesse, une source de plaisir et de force. La nature, dans sa bonté, a voulu que le souvenir du passé fût toujours agréable, et que chaque âge léguât à l'âge suivant l'héritage de ses joies, sans lui transmettre ses douleurs.

XCV

Qu'est-ce que le *passé* ? Pour toi, c'est toi-même ; car il n'existe à tes yeux et tu ne peux le saisir que par les traces et les germes qu'il a jetés dans ton

être, et qui s'y sont peu à peu confondus. Qu'est-
ce que l'*avenir?* Pour toi, rien que toi-même. Il ne
te regarde qu'en tant que tu en fais le but de tes
efforts. Se souvenir et espérer dans tout autre sens
n'est que « le rêve d'un songe ».

XCVI

L'état le plus apte à prolonger la durée de la vie,
c'est, selon Hufeland, le *mariage;* selon Kant, le
célibat. Tous deux invoquent l'expérience. L'un cite
l'exemple d'hommes mariés qui sont parvenus à un
âge très avancé; l'autre appuie son opinion sur ce
que les célibataires ont une verte et simple vieillesse. La clef de cette énigme est que, dans la première période de la vie, l'énergie vitale se conserve
par le célibat, et que, dans la seconde, les forces
affaiblies ont besoin, pour se conserver plus longtemps, des soins de la famille.

XCVII

La vie n'est un rêve que par la faute de l'homme,
dont l'âme n'écoute point le signal du réveil.

XCVIII

Une douce *tristesse*, dont les accès reviennent
par intervalles, a, comme l'aspect de la lune, quelque chose de rafraîchissant. On devrait essayer de
changer l'humeur sombre et chagrine en humeur

triste. Des larmes versées de temps à autre seraient même un baume salutaire pour les blessures du cœur.

XCIX

L'homme animé de sentiments nobles et délicats peut-il jamais être content de lui-même? Or, le *contentement de soi-même* est nécessaire pour arriver au but. Il ne faut donc pas placer trop haut le devoir, le but élevé de l'existence, afin d'être plus sûr de l'atteindre.

C

De même que les *phtisies* et les *hydropisies* se développent principalement sous l'influence des souffrances morales ; de même l'activité et la joie sont les moyens qui favorisent le plus l'absorption nécessaire à la guérison de ces maladies. Hufeland conseille de régler par la volonté les déjections alvines journalières; à ce conseil excellent j'en ajoute un autre qui se rapporte plus particulièrement à l'hygiène du corps. En lisant et en écrivant, travail pendant lequel on retient involontairement son haleine, il est bon de faire exprès, de temps à autre, plusieurs inspirations profondes, même de quitter son bureau et de se promener dans la chambre. De plus, quand le travail exige une grande attention ou qu'on s'y livre le soir, il faut de temps en temps tenir les yeux fermés pendant quelques minutes. Le médecin comprend l'utilité de ce conseil, les gens du monde feront bien de le suivre.

CI

L'*hypocondrie* n'est, au fond, que le sentiment aigu et douloureux de la condition humaine dans un individu irrité où affaibli sous le rapport de l'âme et du corps.

CII

Nous avons beaucoup insisté sur les heureux effets que produit la *volonté* par son énergie; mais souvent il arrive aussi que, pour guérir les maladies de l'âme, la volonté doit abdiquer son pouvoir. Je veux dire qu'il est utile, dans certains cas, de ne pas nourrir de projets, de livrer ses voiles au vent de l'espérance et de se laisser aller au courant de la vie.

CIII

Souvent, et même presque toujours, des idées obscures agissent avec plus de force que des idées claires. Citons pour exemple la puissance des *passions*, ou ce simple fait de se réveiller à une heure dite. Mais il vaut mieux, pour notre santé physique et morale, que nos idées claires soient les plus fortes.

CIV

C'est avec raison que Kant appelle l'*imagination* active un mouvement de l'âme qui sert à la santé. Car, à le bien prendre, l'activité isolée de l'intelligence paralyse l'homme : l'âme qui s'absorbe dans des réflexions abstraites est comme une eau dormante qui reflète les objets, mais qui croupit insensiblement.

CV

Le même auteur indique avec beaucoup de justesse la cause des effets nuisibles que produit l'*habitude de veiller avant minuit*. C'est le moment où l'imagination a son plus haut degré d'activité ; elle excite alors trop vivement le système nerveux.

CVI

Consultons Lichtenberg, le peintre le plus subtil des états de l'âme, le Christophe Colomb de l'hypocondrie. « Souvent, dit-il, quand nous sommes couchés, nous éprouvons de vives douleurs dans les parties du corps qui subissent une pression. Mais, sachant que nous pouvons changer de position, comme il nous plaît, nous ne faisons pas attention à cette souffrance. » Il désigne l'*hypocondrie* par des expressions très caractéristiques ; il l'appelle tantôt « égoïsme pathologique », tantôt « pusillanimité ».

« Mon corps, dit-il ailleurs, est cette partie du monde que mes pensées peuvent changer. Dans tout le reste de l'univers, mon intelligence ne peut modifier l'ordre des choses. » Dans un autre passage, il raconte qu'un jour, atteint d'une maladie nerveuse, il se boucha les oreilles et s'en trouva mieux. « En effet, ajoute-t-il, à partir de ce moment, ce bourdonnement d'oreilles, symptôme ordinaire de cette maladie, me parut n'être en moi qu'un symptôme simulé. »

L'hypocondriaque ne puise que du poison au fond de ses tristes pensées; dans des réflexions semblables, il puisera des consolations.

CVII

Il y a une *hypocondrie* involontaire; c'est celle dont les médecins sont quelquefois affectés. Car, si l'hypocondrie est un verre grossissant, à travers lequel on découvre des souffrances qui autrement seraient invisibles, la science, qui nous montre les causes, l'enchaînement, les suites de tous les maux, n'est-elle pas aussi un microscope?

CVIII

S'il est vrai, comme les sages le disent, que l'art d'être heureux consiste à s'oublier soi-même, il consiste également à tendre avec énergie vers un but digne de notre activité.

CIX

Analysez le *plaisir*, le *bonheur*, vous y trouverez deux éléments (*homo duplex !*) : l'oubli de soi-même et la pleine possession de soi-même ; le sentiment de la vie porté à sa plus haute puissance, ou presque entièrement anéanti. Contradiction plus apparente que réelle ! Ce qu'on oublie, ce sont les chaînes ; ce qui se développe à un haut degré, c'est le libre mouvement de la vie.

CX

« Mais comment vouloir, puisque c'est précisément la force de volonté qui nous manque ? » — Si ce qui vous manque, c'est vous-même, que puis-je vous ordonner, sinon vous-même ?

CXI

Par le sentiment douloureux que produisent en nous les imperfections de ce monde, la Providence a voulu nous exciter à développer activement nos forces et à chercher le remède de tous ces maux.

CXII

Quiconque dit au fond de son âme qu'il est malade devient malheureux par *hypocondrie ;* quiconque, avec une étourderie impertinente, se déclare bien portant, peut devenir malheureux par sa

négligence. Il y a un milieu entre ces deux extrêmes : traitons-nous comme des gens d'une santé
faible et délicate, ce que nous sommes tous réellement, et vivons avec prudence, sans présomption
et sans crainte.

CXIII

Dans beaucoup de cas où il faut que le malade
ne songe pas à son mal, la puissance de l'âme sur
le corps a besoin d'être mise en mouvement par
une volonté étrangère ; ce serait trop exiger que
de vouloir qu'elle agisse par une impulsion personnelle.

— Pourtant, qui connaîtra, aussi bien que vous,
votre maladie, le traitement qu'elle demande, la
dose et l'opportunité du remède ? Il est donc essentiel de se recueillir et d'examiner ce qu'il est possible de faire.

CXIV

Il y a en général deux manières d'envisager la
vie : ou bien, posant son individualité en face du
monde, on cherche à la maintenir libre et indépendante, et l'on soutient une lutte qui développe
le caractère : c'est là méthode subjective ou morale
(Kant) ; ou bien, s'abandonnant volontairement au
courant du monde, s'accommodant aux temps et
aux choses, on se perçoit comme objet, et l'on se

traite soi-même comme une partie du tout : c'est la méthode objective ou poétique (Gœthe). Ces deux routes mènent au même but ; le choix dépend de la différence des caractères.

CXV

Chaque homme a devant lui un chemin tracé vers le but commun. Habitué à voir dans les choses leur côté moral, j'ai donné à mes études d'hygiène une tendance plus morale que leur nature ne semblait le comporter.

C'est au lecteur de tirer de ces réflexions ce qui est le mieux approprié à sa nature.

QUELQUES RÈGLES DE VIE

Marche deux heures tous les jours.
Couche-toi dès que tu as envie de dormir.
Dors sept heures toutes les nuits.
Lève-toi dès que tu t'éveilles.
Travaille dès que tu es levé.
Ne mange qu'à ta faim — et toujours lentement.
Ne bois qu'à ta soif.
Ne parle que lorsqu'il le faut, et ne dis que la moitié de ce que tu penses.
N'écris que ce que tu peux signer.
Ne fais que ce que tu peux dire.

N'oublie jamais que les autres compteront sur toi, mais que tu ne dois pas compter sur eux.

N'estime l'argent ni plus ni moins qu'il ne vaut : c'est un bon serviteur, c'est un mauvais maître.

Pardonne à l'avance à tout le monde, pour plus de sûreté; ne méprise pas les hommes; ne les hais pas davantage et ne ris pas d'eux outre mesure; plains-les.

Songe à la mort tous les matins en revoyant la lumière et tous les soirs, en rentrant dans l'ombre.

Quand tu souffriras beaucoup, regarde la douleur en face; elle te consolera elle-même et t'apprendra quelque chose.

Efforce-toi d'être simple, de devenir utile, de rester libre, et attends, pour nier Dieu, qu'on ait bien prouvé qu'il n'existe pas.

RÈGLES DE CONDUITE DU MÉDECIN

Fiez-vous à Dieu.

Soyez humble; aimez la paix; fuyez les grandeurs.

Ecoutez beaucoup et parlez peu; gardez les secrets.

Épargnez le faible; cédez au fort et supportez votre égal.

Faites votre devoir; ne différez pas le travail.

Soyez bienfaisant;

Gardez vos promesses;

Apprenez à souffrir; souvenez-vous de la mort.

D^r O

Regarder les situations en face.

Voir les choses comme elles sont ; les dire comme on les voit.

Ne trembler ni lorsqu'il y a lieu, parce que cela n'est pas brave, ni lorsqu'il n'y a pas lieu, parce que cela est ridicule ;

Signaler les dangers pour les prévenir, non pour les aggraver.

Tout dire, sans perdre l'esprit de justice ; tout entendre, sans perdre le sang-froid.

MARION (1).

Le baron James de Rothschild avait fait afficher sur les murs de sa banque les maximes suivantes, auxquelles il devait, disait-il, les succès qu'il avait obtenus :

Soyez prompt en toutes choses ;

Réfléchissez bien, puis décidez-vous promptement ;

Osez aller de l'avant ;

Examinez sérieusement les détails de vos affaires.

Souffrez patiemment les ennuis ; luttez bravement dans la vie.

Tenez l'intégrité comme sacrée.

Ne mentez jamais en affaires.

Ne faites pas de connaissances inutiles.

N'essayez jamais de paraître plus que vous n'êtes.

Payez vos dettes promptement et sachez sacrifier de l'argent à propos.

Fuyez les liqueurs fortes.

Employez bien votre temps.

Ne comptez pas sur la chance.

(1) *Discours de distribution des prix au concours général.*

Soyez poli envers tout le monde.

Ne vous découragez jamais.

Puis, travaillez ardemment, et vous serez certain du succès.

J. DE ROTHSCHILD.

L'homme est un ignorant et il le sera toujours; le jour où l'homme serait en possession de la vérité absolue, de la science intégrale, il ne serait plus l'homme, il disparaîtrait de la surface de la terre; l'*ignorance* est la condition de son bonheur et de sa vie.

Un *savant* est surtout celui qui sait distinguer ce qu'il sait de ce qu'il ne sait pas, et qui ne parle jamais que de ce qu'il sait.

Il ne faut pas étudier la *science* pour chercher ce qui peut combattre la *religion*, ou ce qui peut concorder avec elle : la conciliation ou le conflit peuvent se rencontrer, c'est tant mieux ou tant pis, mais c'est autre chose.

Il faut inspirer son *sentiment* et non pas l'imposer.

On dit quelquefois : *c'est naturel, c'est juste*, mais ce ne sont que des mots et on veut les imposer comme des raisons.

Savoir, c'est avoir, mais on en possède que ce que l'on sait avoir.

L'*expérience* avec le bon sens est la plus précieuse des qualités; sans le bon sens, c'est le pire des défauts; son vrai nom est alors *routine* et *préjugé*.

Pour qu'une *interprétation* soit vraie, il ne suffit pas qu'elle rende compte des faits et qu'on ne puisse la trouver fausse; il faut encore qu'elle soit prouvée vraie et que le contraire ne soit pas possible.

Je n'ai jamais *besoin* de ce qui me manque.

Il y a deux choses essentielles dans la vie : la *méthode* et l'*activité*. Si on n'a que la première de ces qualités, on est un engourdi, un animal à sang froid ; si on n'a que la seconde, on est un brouillon.

Le *bonheur* est là où on le trouve.

Que de gens cherchant à *tuer le temps !* C'est un assassinat comme un autre, mais on s'y fait, il n'y a que le premier pas qui coûte.

Il faut que la *raison* et l'*imagination* se développent parallèlement, sinon on semble avoir une épaule plus haute que l'autre.

A vingt ans, l'homme doit se dire : « Voilà ce que je veux être. » Il faut qu'il ait devant les yeux un *idéal* et qu'il le fasse le plus grand, le plus beau, le plus haut possible. Il faut surtout qu'il sache suivre le chemin qui y conduit, et qu'il ne se figure pas que tout chemin mène à Rome : ne demandez pas aux choses ce qui est non seulement opposé, mais encore contraire à leur essence; ne demandez pas aux carrières libérales les bénéfices pécuniaires ni à l'industrie les pures et saines jouissances de l'étude. Quand on aura bien choisi, il faut compter encore que l'on peut être arrêté en route par des accidents, par la mort, fût-on Cyrus ou Alexandre. On ne pourra peut-être pas atteindre le but, mais on l'aura tenté; d'autres continueront votre œuvre.

La *haine* est ce qu'il y a de plus clairvoyant après le génie.

On se fait plus d'amis et on arrive plus vite par son *caractère* que par son talent.

CLAUDE BERNARD (1).

(1) Extrait de *Science et Nature*. Paris, 1884-85, 2 vol.

TABLE ALPHABÉTIQUE

FIN DE LA TABLE ALPHABÉTIQUE DES MATIÈRES

TABLE DES MATIÈRES

FIN DE LA TABLE

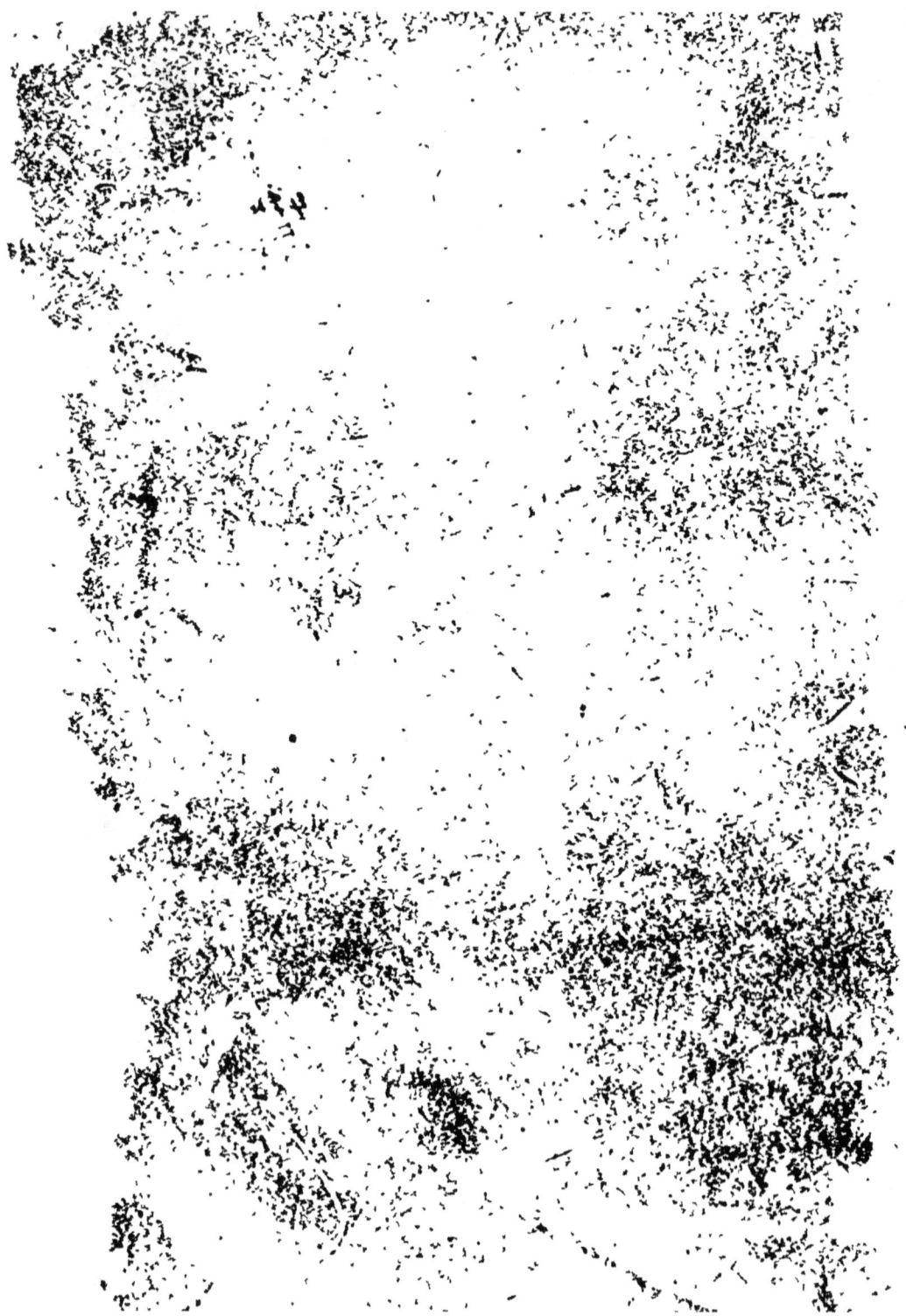

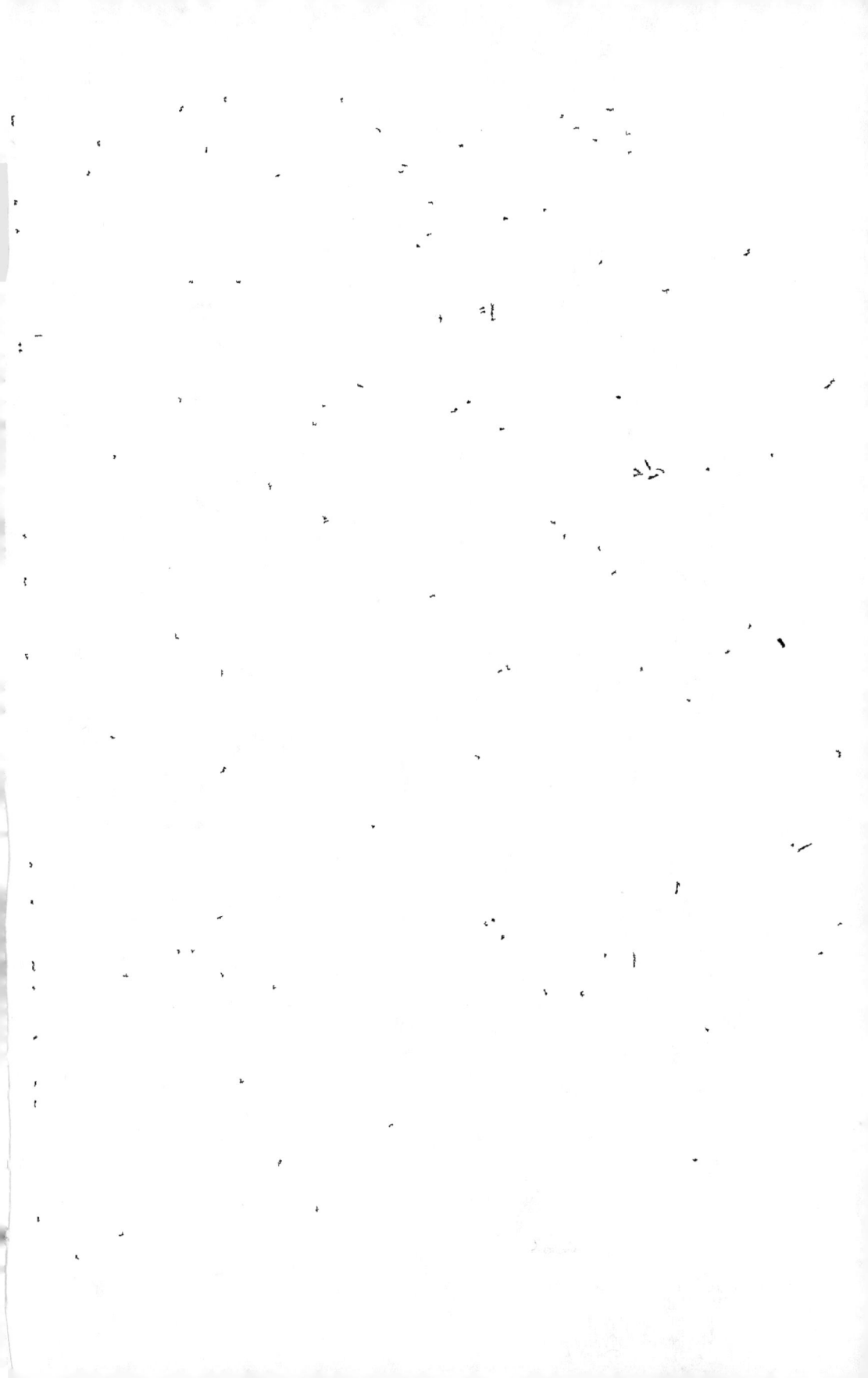

www.ingramcontent.com/pod-product-compliance
Lightning Source LLC
Chambersburg PA
CBHW071629270326
41928CB00010B/1846